# GESTÃO DE CARTEIRAS
# DE INVESTIMENTOS
TEORIA E PRÁTICA

Editora Appris Ltda.
1.ª Edição - Copyright© 2024 do autor
Direitos de Edição Reservados à Editora Appris Ltda.

Nenhuma parte desta obra poderá ser utilizada indevidamente, sem estar de acordo com a Lei nº 9.610/98. Se incorreções forem encontradas, serão de exclusiva responsabilidade de seus organizadores. Foi realizado o Depósito Legal na Fundação Biblioteca Nacional, de acordo com as Leis nos 10.994, de 14/12/2004, e 12.192, de 14/01/2010.

Catalogação na Fonte
Elaborado por: Josefina A. S. Guedes
Bibliotecária CRB 9/870

| | |
|---|---|
| D812g<br>2024 | Duarte Júnior, Antonio Marcos<br>   Gestão de carteiras de investimentos : teoria e prática / Antonio Marcos Duarte Júnior. – 1. ed. – Curitiba : Appris, 2024.<br>   324 p. ; 23 cm. – (Ciências Sociais. Seção Administração).<br><br>   Inclui referências.<br>   ISBN 978-65-250-4713-3<br><br>   1. Investimentos. 2. Fundo de investimentos. 3. Administração de risco financeiro. 4. Mercado de capitais. I. Título.<br><br>   CDD – 332.6 |

Catalogação na fonte elaborada por: Josefina A. S. Guedes - Bibliotecária CRB 9/870 Catalogação na fonte elaborada por: Josefina A. S. Guedes - Bibliotecária CRB 9/870
Livro de acordo com a normalização técnica da ABNT

**Appris editora**

Editora e Livraria Appris Ltda.
Av. Manoel Ribas, 2265 – Mercês
Curitiba/PR – CEP: 80810-002
Tel. (41) 3156 - 4731
www.editoraappris.com.br

Printed in Brazil
Impresso no Brasil

Antonio Marcos Duarte Júnior

# GESTÃO DE CARTEIRAS DE INVESTIMENTOS
## TEORIA E PRÁTICA

## FICHA TÉCNICA

| | |
|---|---|
| EDITORIAL | Augusto Coelho |
| | Sara C. de Andrade Coelho |
| COMITÊ EDITORIAL | Marli Caetano |
| | Andréa Barbosa Gouveia - UFPR |
| | Edmeire C. Pereira - UFPR |
| | Iraneide da Silva - UFC |
| | Jacques de Lima Ferreira - UP |
| SUPERVISOR DA PRODUÇÃO | Renata Cristina Lopes Miccelli |
| ASSESSORIA EDITORIAL | Jibril Keddeh |
| REVISÃO | Daniela Aparecida Mandú Neves |
| PRODUÇÃO EDITORIAL | Sabrina Costa da Silva |
| DIAGRAMAÇÃO | Jhonny Alves dos Reis |
| CAPA | Eneo Lage |

### COMITÊ CIENTÍFICO DA COLEÇÃO CIÊNCIAS SOCIAIS

**DIREÇÃO CIENTÍFICA** Fabiano Santos (UERJ-IESP)

**CONSULTORES**
- Alícia Ferreira Gonçalves (UFPB)
- Artur Perrusi (UFPB)
- Carlos Xavier de Azevedo Netto (UFPB)
- Charles Pessanha (UFRJ)
- Flávio Munhoz Sofiati (UFG)
- Elisandro Pires Frigo (UFPR-Palotina)
- Gabriel Augusto Miranda Setti (UnB)
- Helcimara de Souza Telles (UFMG)
- Iraneide Soares da Silva (UFC-UFPI)
- João Feres Junior (Uerj)
- Jordão Horta Nunes (UFG)
- José Henrique Artigas de Godoy (UFPB)
- Josilene Pinheiro Mariz (UFCG)
- Leticia Andrade (UEMS)
- Luiz Gonzaga Teixeira (USP)
- Marcelo Almeida Peloggio (UFC)
- Maurício Novaes Souza (IF Sudeste-MG)
- Michelle Sato Frigo (UFPR-Palotina)
- Revalino Freitas (UFG)
- Simone Wolff (UEL)

# AGRADECIMENTOS

Agradeço à professora Luiza Maria Oliveira da Silva, IME/UERJ, pelos comentários e pelas sugestões feitas para melhoria deste livro.

Agradeço também aos alunos das Faculdades Ibmec/RJ e DEIN/FEN/UERJ por todas as dúvidas e sugestões levantadas em sala de aula, as quais me levaram a retrabalhar partes do livro para melhorar a apresentação do conteúdo.

*A educação, qualquer que ela seja, é sempre uma
teoria do conhecimento posta em prática.*
*(Paulo Freire)*

*Os que se encantam com a prática sem a teoria são como os timoneiros que entram
no navio sem timão nem bússola, nunca tendo certeza do seu destino.*
*(Leonardo da Vinci)*

# APRESENTAÇÃO

Este é um livro na grande área de finanças aplicadas, rigorosamente fundamentado na Teoria Moderna das Carteiras, que une a prática e a teoria da gestão de carteiras de investimentos. O conteúdo abordado nestas páginas é fundamental para todos aqueles envolvidos no processo de gestão de carteiras de investimentos nos mercados financeiros, sejam eles *asset managers*, tesoureiros, gerentes de riscos de mercado e de crédito, *private bankers*, gestores de fundos de pensão, operadores de mercado, *compliance officers* ou auditores.

A natureza aplicada do livro, com a utilização de grande quantidade de dados reais coletados diretamente no mercado financeiro brasileiro, oferece ao leitor a oportunidade de verificar como a teoria e a prática se complementam para a gestão de carteiras de investimentos. Mais precisamente, nos capítulos deste livro, os leitores são conduzidos a observar, coletar, organizar, manusear e transformar os dados originais em informações relevantes para a tomada de decisão. Trata-se, portanto, de um livro com material que detalha cálculos e análises significativas para a efetiva tomada de decisão diária por parte de todos os envolvidos com a gestão de carteiras de investimentos.

O conteúdo do livro encontra-se dividido em dez capítulos:

i. No primeiro capítulo, introduzimos os conceitos de retorno, incerteza e riscos. A seguir, apresentamos o problema de tomada de decisão sob incerteza como motivação para a introdução da modelagem probabilística dos retornos de um único ativo. Consideramos diversas medidas de retorno e risco, com especial atenção às vantagens/desvantagens de cada medida. Uma das medidas de risco de mercado mais usadas nos mercados financeiros, o *Value-at-Risk*, a escolha de órgãos de regulamentação e fiscalização no Brasil e no exterior, recebe especial atenção neste primeiro capítulo.

ii. No segundo capítulo, introduzimos a distribuição Normal Multivariada, a qual será usada para a modelagem dos retornos de diversos ativos quando considerados conjuntamente. O problema de interpretação e estimação dos parâmetros de uma distribuição Normal Multivariada é ilustrado numericamente com exemplos extraídos dos mercados brasileiros de ações, câmbio e metais preciosos.

iii. No terceiro capítulo, consideramos o problema da modelagem dos retornos de uma carteira a partir da distribuição conjunta dos retornos de todos os ativos de interesse para o investidor. O conceito de diversificação é então introduzido e ilustrado numericamente. Exemplos com dados obtidos do mercado financeiro brasileiro são adotados primeiramente com duas taxas cambiais, a seguir com três ações e, por fim, com quatro metais preciosos. O conceito de cenários históricos é apresentado e ilustrado numericamente, em especial para a facilitação dos cálculos relacionados a medidas de retorno e risco de mercado de uma carteira com um número elevado de ativos.

iv. No quarto capítulo, estudamos o problema da construção de uma carteira de referência como parâmetro básico para a aferição do desempenho de uma carteira de investimento qualquer. Medidas de erros de acompanhamento são introduzidas como forma de controlar os eventuais desvios de uma carteira de investimento em relação aos retornos da carteira de referência escolhida.

v. No quinto capítulo, estão considerados vários conceitos fundamentais relacionados ao processo de investimento. Primeiro, a política de investimentos é detalhada, seguida da diferenciação entre os dois estilos de gestão – ativo versus passivo – com suas vantagens e desvantagens apresentadas. O conceito de gestão de riscos de uma carteira de investimento é estendido, cobrindo agora não apenas os riscos de mercado, mas também os riscos de liquidez, de crédito, operacionais e legais. A definição de controles internos é apresentada. Medidas de controles são apresentadas e classificadas. Comentários são feitos relativos a riscos operacionais, como aqueles relacionados à lavagem de dinheiro, financiamento de atividades ilícitas e terroristas, assim como os cada vez mais presentes riscos cibernéticos.

vi. No sexto capítulo, o modelo Média-Variância é esmiuçado, abordando conceitos como dominância entre carteiras de investimento, carteiras eficientes, fronteiras eficientes, incluídos exemplos numéricos da estruturação ótima de um fundo de fundos. As limitações do modelo Média-Variância são detalhadas, e extensões comentadas e amplamente referenciadas.

vii. No sétimo capítulo, apresentamos o problema de *hedge* ótimo. Em particular, concentramo-nos em ilustrações numéricas do problema de *hedge* de mínima variância com o uso de contratos futuros. A modelagem probabilística e o problema de otimização resultante são descritos e resolvidos, com aplicações a carteiras com ações e contratos futuros negociados na bolsa B3.

viii. No oitavo capítulo, nos concentramos inicialmente na derivação do modelo *Capital Asset Pricing Model*. Em um segundo instante, ilustramos as várias aplicações práticas desse modelo matemático, como o uso do alfa, beta e gama para a análise de carteiras de investimentos, as extensões para os chamados modelos de fatores, assim como seus usos para arbitragem (*Arbitrage Pricing Theory*) e análise de estilo de gestores.

ix. No nono capítulo, consideramos a avaliação do desempenho passado de carteiras de investimento, sejam elas geridas ativamente ou passivamente. Medidas de eficiência (como a razão de Sharpe) são apresentadas, assim como procedimentos gráficos (como o gráfico de Balzer). Diferentes metodologias são então comparadas numericamente com o uso de dados reais do mercado acionário brasileiro (fundos ativos e fundos de índice).

x. No décimo capítulo, consideramos o problema de analisar, comparar e selecionar gestores de carteiras de investimento, utilizando para tal modelos multicritérios de auxílio à decisão. Um exemplo prático, com dados reais, é usado para ilustrar a abordagem apresentada, com a aplicação de quatro critérios e quatorze subcritérios para ordenar (do melhor para o pior) cinco gestores de recursos de terceiros brasileiros.

O material do livro é oriundo de notas de aula de disciplinas lecionadas pelo autor ao nível de final de graduação e mestrado por mais de oito anos, ou seja, este material foi extensivamente testado em sala de aula, com várias turmas, tendo passado, portanto, por um processo de aprimoramento, até que o autor o considerasse pronto para publicação. Mais ainda, muitos dos exemplos numéricos disponibilizados estão baseados em consultorias realizadas pelo autor para bancos, seguradoras e gestoras de recursos de terceiros.

Não há na literatura nacional um livro disponível sobre gestão de carteiras de investimentos que cubra a teoria e, ao mesmo tempo, tenha viés aplicado, com foco específico nas características do mercado financeiro brasileiro. Os livros disponíveis na literatura de finanças no Brasil são materiais meramente traduzidos de outros idiomas (usualmente do inglês), com exemplos extraídos dos mercados financeiros de outros países, voltados às peculiaridades desses outros mercados, com dados e resultados que não se relacionam diretamente à realidade nacional. Portanto, a existência de material impresso que investiga e apresenta soluções para problemas práticos enfrentados por um gestor de carteiras de investimento atuando no Brasil é uma necessidade que o autor percebeu ao longo de seus vários anos atuando no mercado financeiro brasileiro, como executivo e como consultor, assim como lecionando, pesquisando e direcionando a carreira de inúmeros ex-alunos que hoje atuam em áreas de tesourarias, *private banking*, gestão de recursos de terceiros, gestão de riscos, auditoria (interna e externa), *compliance* e pesquisa (fundamentalista e quantitativa).

Há três grandes grupos que constituem os públicos-alvo deste livro:

i. Alunos de cursos de graduação com sólidas bases em matemática e finanças, em fase de conclusão de cursos como Ciências Econômicas, Administração de Empresas, Engenharia de Produção, Ciências Contábeis, Estatística e Atuária, que estejam particularmente interessados em trabalhar no mercado financeiro brasileiro.

ii. Alunos de cursos de pós-graduação (*lato sensu e stricto sensu*) em áreas de conhecimento como finanças, contabilidade, economia e engenharia econômica, especialmente aqueles que buscam aprofundar os seus conhecimentos para atuação profissional no mercado financeiro brasileiro.

iii. Profissionais que já atuam na gestão de carteiras de investimentos (fundos de pensão, tesourarias, *asset management, private banking* etc.) e que agora desejam relembrar (ou compreender) os fundamentos teóricos da Teoria Moderna das Carteiras.

Por fim, mencionamos que o autor pode disponibilizar para outros professores que escolham utilizar o livro como referência em suas disciplinas vasto material com exemplos resolvidos e comentados, todos já devidamente utilizados em testes e provas.

Boa leitura!

*Professor Antonio Marcos Duarte Júnior*
*Ph.D., Matemática Aplicada a Finanças, Princeton University*

# SUMÁRIO

## 1
### RETORNO, INCERTEZA E RISCOS: UM ATIVO ........................ 17
1.1 Retorno ...............................................................................17
1.2 Incerteza e Risco ..................................................................21
1.3 Algumas Medidas de Retorno .............................................33
1.4 Algumas Medidas de Risco .................................................37

## 2
### RETORNO, INCERTEZA E RISCOS: VÁRIOS ATIVOS ................... 51
2.1 Covariância e Correlação......................................................51
    2.1.1 Dois Ativos.................................................................51
    2.1.2 Três Ativos .................................................................57
    2.1.3 Vários Ativos ..............................................................64
2.2 A Distribuição Conjunta dos Retornos de Vários Ativos........66
    2.2.1 Dois Ativos.................................................................66
    2.2.2 Três Ativos .................................................................68
    2.1.3 Vários Ativos ..............................................................71
2.3 Os Parâmetros da Distribuição Normal Multivariada ...........72

## 3
### RETORNO, INCERTEZA E RISCOS: UMA CARTEIRA DE INVESTIMENTOS ......................................................... 79
3.1 Diversificação .......................................................................79
3.2 Um Exemplo Numérico Cambial .........................................83
3.3 Dois Exemplos Numéricos do Mercado Acionário ...............84
    3.3.1 Duas Ações.................................................................84
    3.3.2 Três Ações..................................................................86
3.4 Cenários Históricos ..............................................................88
    3.4.1 Duas Taxas de Câmbio ...............................................88
    3.4.2 Três Ações..................................................................92
    3.4.3 Quatro Metais Preciosos .............................................95

## 4
## CARTEIRA DE REFERÊNCIA E ERRO DE ACOMPANHAMENTO .... 103
    4.1 Carteira de Referência....................................................................103
        4.1.1 Classificação dos Ativos de uma Carteira de Investimentos ...............104
        4.1.2 Construção de uma Carteira de Referência...............................110
            4.1.2.1 Carteira de Referência Absoluta...........................................110
            4.1.2.2 Carteira de Referência com Concorrentes .................................110
            4.1.2.3 Carteira de Referência com Índices de Mercado .........................116
    4.2 Erro de Acompanhamento ......................................................122

## 5
## O PROCESSO DE INVESTIMENTO............................................ 131
    5.1 Gestão de Riscos e Controles Internos ..........................................132
    5.2 Política de Investimento.......................................................140
    5.3 Etapa de Planejamento .......................................................144
    5.4 A Etapa de Implementação ...................................................146
    5.5 A Etapa de Reavaliação ......................................................148

## 6
## O MODELO MÉDIA-VARIÂNCIA ............................................ 153
    6.1 Dominância entre Carteiras de Investimento...................................153
    6.2 Carteiras Eficientes e a Fronteira Eficiente....................................159
        6.2.1 Aproximação para a Fronteira Eficiente..................................162
    6.3 O Modelo Média-Variância (MMV)............................................166
        6.3.1 Carteira de Mínimo Risco Esperado .....................................167
        6.3.2 Carteira de Máximo Retorno Esperado ..................................169
        6.3.3 Carteiras Intermediárias ...............................................170
        6.3.4 Novas Restrições......................................................174
        6.3.5 Fronteira Eficiente com o Ativo Livre de Risco .........................176
    6.4 Extensões e Questões Computacionais.........................................182

## 7
## *HEDGE* DE MÍNIMA VARIÂNCIA............................................ 185
    7.1 *Hedge* de Mínima Variância com um Contrato Derivativo .....................186
    7.2 *Hedge* de Mínima Variância com Dois Contratos Futuros .....................189
    7.3 Dois Exemplos com Dados Reais ..............................................192
        7.3.1 Carteira com Um Ativo ................................................192

7.3.2 Carteira com Três Ativos..................................................198
7.4 Comentários Finais.........................................................202

# 8
## CAPITAL ASSET PRICING MODEL ............................................. 205
8.1 Motivação..................................................................205
8.2 A Equação do CAPM..........................................................214
8.3 Beta de uma Carteira.......................................................220
8.4 Duas Extensões do CAPM e suas Aplicações Práticas ........................223
    8.4.1 Teste de Jensen......................................................223
    8.4.2 Teste de Treynor e Mazuy.............................................225
8.5 Modelos de Fatores.........................................................228
    8.5.1 Análise de Estilos...................................................232
    8.5.2 *Arbitrage Pricing Theory* ..........................................236
        8.5.2.1 Um Fator de Mercado.........................................236
        8.5.2.2 Dois Fatores de Mercado ....................................240

# 9
## AVALIAÇÃO DO DESEMPENHO PASSADO DE CARTEIRAS........... 245
9.1 Carteiras Ativas ..........................................................246
    9.1.1 Relações de Dominância ..............................................246
    9.1.2 Razões de Eficiência.................................................249
    9.1.3 Janela Móvel.........................................................252
    9.1.4 Teste de Jensen......................................................263
    9.1.5 Teste de Treynor & Mazuy ............................................264
    9.1.6 Gráfico de Balzer....................................................265
    9.1.7 Análise de Farrar ...................................................272
9.2 Carteiras Passivas Indexadas ..............................................273
    9.2.1 Relações de Dominância ..............................................274
    9.2.2 Janelas Móveis.......................................................275
    9.2.3 Teste de Jensen......................................................277
    9.2.4 Teste de Treynor e Mazuy ............................................282
    9.2.5 Gráfico de Balzer....................................................284

# 10
## ANÁLISE DE GESTORES DE CARTEIRAS DE INVESTIMENTO....... 289
10.1 Análise de Decisão Multicritério: Uma Breve Introdução ..................290
10.2 Um Exemplo Prático........................................................292

10.2.1 Dados ...........................................................................292
10.2.2 TOPSIS ........................................................................301
10.2.3 Análises de Sensibilidade. ................................................310

**REFERÊNCIAS**. ........................................................... 317

# RETORNO, INCERTEZA E RISCOS: UM ATIVO

*A teoria sem a prática de nada vale, a prática sem a teoria é cega.*
*(Vladimir "Lenin" Ulyanov)*

Definimos o processo de investimento como a alocação de recursos financeiros com o propósito de obter ganhos ao final de um horizonte de investimento.

Assumimos que os ganhos obtidos no processo de investimento podem sempre ser medidos em alguma unidade monetária, assim como que o horizonte de investimento é especificado no momento da alocação inicial de recursos, podendo compreender desde o curto prazo (segundos ou minutos) até o longo prazo (anos ou décadas).

Definimos um ativo como qualquer bem que pode ser controlado ou possuído pelo investidor com o objetivo de gerar ganhos no futuro. No corrente texto, assumimos que os ativos de interesse para o processo de investimento incluem os valores mobiliários (ações, debêntures, cotas de fundos de investimentos etc.), títulos públicos (federais, estaduais ou municipais), *commodities* (mercado pronto e derivativos), assim como qualquer título cambial.

Neste capítulo, buscamos formalizar os conceitos de retorno, incerteza e risco para ativos quando considerados isoladamente, ou seja, sem relação com os demais ativos disponíveis para investimento. Adiantamos que, no capítulo seguinte, estenderemos os resultados vistos neste capítulo para conjuntos de ativos, ou seja, carteiras de investimento, quando então estaremos interessados em compreender como os retornos de um ativo afetam e são afetados pelos retornos dos demais ativos.

## 1.1 Retorno

De início, consideremos um problema muito simples no qual um investidor deseja comprar um ativo, em determinado momento, com o propósito de auferir ganhos ao final de um horizonte de investimento.

Assumimos que o preço de uma unidade do ativo de seu interesse esteja disponível para compra ao preço $P_0$ (em R$), que o investidor tenha escolhido comprar e manter o referido ativo por um horizonte de investimento de $\Delta t$ unidades de tempo (por exemplo, um dia), e que ao final deste período ele se desfará do ativo, que será vendido ao preço $P_{\Delta t}$ (em R$).

O retorno pode ser medido em unidades monetárias (como R$, € ou £) ou sem referência a qualquer unidade monetária. Como ficará claro ao longo do livro, por vezes é interessante apresentar o retorno em uma unidade monetária e, por vezes, tal referência monetária não é importante.

Consideremos primeiro o cálculo do retorno com referência a uma unidade monetária. Definimos retorno como uma medida dos ganhos ou das perdas auferidas por um investidor ao final do horizonte de investimento após a comparação dos preços $P_0$ e $P_{\Delta t}$. Três possibilidades são:

a. Caso $P_0 < P_{\Delta t}$, diremos que o investidor obteve ganhos com a operação de compra e posterior venda do ativo – em outros termos, o investidor obteve retorno positivo para o seu investimento.

b. Caso $P_0 > P_{\Delta t}$, diremos que o investidor obteve perdas com a operação – em outras palavras, o investidor obteve retorno negativo para o seu investimento.

c. Caso $P_0 = P_{\Delta t}$, diremos que o investidor não obteve nem ganho nem perda com a operação – em outros termos, o investidor obteve retorno igual a zero para o seu investimento.

Tomemos como ilustração numérica uma unidade do título público federal NTN-F 2027 que, às 15:00 do dia 31/05/2017, podia ser comprado por R$1.001,85; às 15:00 do dia seguinte, 01/06/2017, esse título podia ser vendido por R$1.002,89; enquanto no mesmo horário do próximo dia, 02/06/2017, o preço de venda unitário havia caído para R$998,27. Em outros termos, caso o horizonte de investimento tivesse sido fixado em um único dia, o investidor teria experimentado um ganho de R$1,04 (=R$1.002,89–R$1.001,85) por unidade negociada, enquanto para o horizonte de dois dias, a perda teria sido de R$3,58 (=R$998,27–R$1.001,85) por cada unidade negociada[1].

Consideremos agora a medição do retorno sem referência a uma unidade monetária. Dois possíveis cálculos são:

---

[1] O leitor pôde observar que não incluímos os custos relativos às operações de compra e venda da referida NTN-F, como corretagem, emolumentos, impostos sobre ganhos etc.

a. O retorno pode ser calculado como $\frac{(P_{\Delta t} - P_0)}{P_0}$. Nesse caso, o valor calculado é usualmente apresentado em percentual, sem unidade monetária.

b. O retorno pode ser calculado como $ln\left(\frac{P_{\Delta t}}{P_0}\right)$. Nesse caso, como no caso anterior, o valor medido é usualmente apresentado em percentual, sem unidade monetária.

Vale lembrar que as duas medidas percentuais anteriores estão relacionadas[2] entre si:

$$ln\left(\frac{P_{\Delta t}}{P_0}\right) \approx \frac{(P_{\Delta t} - P_0)}{P_0} \quad (1.1)$$

quando $P_{\Delta t} \approx P_0$, com a aproximação tanto mais precisa quanto menor o valor $|P_{\Delta t} - P_0|$.

Com o intuito de ilustrar numericamente o cálculo dos retornos percentuais, temos na Tabela 1.1 dados relativos à taxa cambial R\$/€ com fechamento diário para um período de duas semanas consecutivas de negociação. Observamos que, para dias consecutivos com pequenas variações (como de 12/05/2017 para 15/05/2017), as duas fórmulas produzem valores muito próximos ($\frac{3,4132 - 3,4116}{3,4116} \approx 0,0469\% \approx ln\left(\frac{3,4132}{3,4116}\right)$); enquanto para dias com variações maiores (como de 17/05/2017 para 18/05/2017), as diferenças se avolumam ($\frac{3,7397 - 3,5004}{3,5004} \approx 6,8364\%$ enquanto $ln\left(\frac{3,7397}{3,5004}\right) \approx 6,6128\%$).

Tabela 1.1 - Cálculo do retorno para R\$/€

| Dia | R\$/€ | $\frac{(P_{\Delta t} - P_0)}{P_0}$ | $ln\left(\frac{P_{\Delta t}}{P_0}\right)$ |
|---|---|---|---|
| 12/05/2017 | 3,4116 | - | - |
| 15/05/2017 | 3,4132 | 0,0469% | 0,0469% |
| 16/05/2017 | 3,4312 | 0,5274% | 0,5260% |

---

[2] Vale lembrar a aproximação matemática $ln(1 + x) \approx x$ quando $x \approx 0$ (KITCHEN, 1968), a qual implica que $ln\left(\frac{P_{\Delta t}}{P_0}\right) = ln\left(1 + \frac{P_{\Delta t}}{P_0} - 1\right) = ln\left(1 + \frac{P_{\Delta t} - P_0}{P_0}\right) \approx \frac{P_{\Delta t} - P_0}{P_0}$ quando $P_{\Delta t} \approx P_0$.

| Dia | R$/€ | $\dfrac{(P_{\Delta t} - P_0)}{P_0}$ | $ln\left(\dfrac{P_{\Delta t}}{P_0}\right)$ |
|---|---|---|---|
| 17/05/2017 | 3,5004 | 2,0168% | 1,9967% |
| 18/05/2017 | 3,7397 | 6,8364% | 6,6128% |
| 19/05/2017 | 3,6447 | -2,5403% | -2,5731% |
| 22/05/2017 | 3,6699 | 0,6914% | 0,6890% |
| 23/05/2017 | 3,6561 | -0,3760% | -0,3767% |
| 24/05/2017 | 3,6741 | 0,4923% | 0,4911% |
| 25/05/2017 | 3,6703 | -0,1034% | -0,1035% |
| 26/05/2017 | 3,6451 | -0,6866% | -0,6890% |

Fonte: o autor

A primeira medida de retorno ($P_{\Delta t} - P_0$) é particularmente útil para a marcação-a-mercado[3] das variações do valor do ativo na unidade monetária de negociação. No que se refere às duas medidas de retorno percentual, existem pequenas diferenças do ponto de vista de acuracidade e implicações para a modelagem de preços de ativos, as quais serão apresentadas adiante neste capítulo.

Nesse ponto, convém lembrar que, na prática do mercado financeiro brasileiro, há uma preferência dos analistas de mercado pela fórmula $\dfrac{(P_{\Delta t} - P_0)}{P_0}$.

Não há um motivo definitivo que leve à escolha de $\dfrac{(P_{\Delta t} - P_0)}{P_0}$ ou de $ln\left(\dfrac{P_{\Delta t}}{P_0}\right)$, adiantamos. A nossa única recomendação prática é que o analista escolha uma das duas e faça sempre os seus cálculos com aquela selecionada – ou seja, que evite efetuar o cálculo dos retornos de alguns ativos com uma fórmula e de outros ativos com a outra fórmula, dado que as diferenças (como ilustrado na Tabela 1.1) podem acabar incorporados às análises posteriores. Adiantamos que, apenas por uma questão de uniformidade na apresentação dos exemplos numéricos, no restante deste livro sempre utilizaremos a fórmula $ln\left(\dfrac{P_{\Delta t}}{P_0}\right)$ para o cálculo dos retornos dos ativos em percentual.

---

[3] O processo de "marcação-a-mercado" de um ativo está relacionado à incorporação das atuais condições de negociação observadas nos mercados financeiros ao preço do ativo.

## 1.2 Incerteza e Risco

No momento em que o investidor decide alocar recursos de forma a buscar ganhos, surgem as incertezas, sendo natural considerar a seguinte pergunta: o investidor obterá ganhos ou perdas ao final do horizonte de investimento estipulado? Em outros termos, o investidor pode até ter expectativas para o nível esperado de ganho, mas o valor efetivo (seja ganho, seja perda) somente será sabido (e, portanto, calculado precisamente) no final de seu horizonte de investimento.

É possível generalizar a argumentação do parágrafo anterior e colocar que qualquer investidor, no momento da alocação de seus recursos para investimento, enfrenta incertezas sobre seus resultados futuros (ganhos ou perdas), os quais somente serão calculados precisamente no final de seu horizonte de investimento.

Como um exemplo numérico simples, consideremos a Tabela 1.2 na qual assumimos que o investidor possui R$10 para alocar em uma entre três alternativas disponíveis (Ativo I, Ativo II ou Ativo III). Por hipótese, cada ativo poderá assumir somente dois valores no final do horizonte de investimento: um de ganho, relacionado ao cenário otimista, e outro de perda, relacionado ao cenário pessimista, sendo os dois cenários igualmente prováveis. Então, qual ativo o investidor deveria escolher?

Primeiro, notemos que, no caso do Ativo I, o investidor pode experimentar um ganho de R$1 (=R$11-R$10) ou uma perda de R$1 (=R$9-R$10) com probabilidades iguais a 50%; enquanto no caso do Ativo III, os ganhos e as perdas (também igualmente prováveis) sobem para R$9.

Tabela 1.2 - Três possibilidades para o preço ao final do horizonte de investimento

| Cenário | Probabilidade | Ativo I | Ativo II | Ativo III |
|---|---|---|---|---|
| Otimista | 50% | R$11 | R$15 | R$19 |
| Pessimista | 50% | R$9 | R$5 | R$1 |

Fonte: o autor

Esse é o problema clássico em finanças da tomada de decisão sob incerteza (KEENEY; RAIFFA, 1993), o qual pode ser resolvido com o uso de diferentes modelagens matemáticas, algumas das quais veremos nos capítulos seguintes. Uma possibilidade para a escolha entre os três ativos na Tabela 1.2 é encontrar a alternativa que maximiza a utilidade esperada do investidor (LUENBERGER, 2013).

Por exemplo, caso o investidor tenha uma função utilidade linear – ou seja, $U(w) = w$, em que $w$ representa o valor final do investimento –, obteremos no caso do Ativo I:

$$E(U) = 50\% \times U(11) + 50\% \times U(9) = 50\% \times 11 + 50\% \times 9 = 10 \quad (1.2)$$

É um exercício simples verificar que os valores esperados da função utilidade linear para os outros dois ativos são também iguais a 10, conforme consolidado na Tabela 1.3, o que leva a uma indiferença entre as três alternativas para alocação dos recursos por parte do investidor – ou seja, o investidor não deve exibir nenhuma preferência por um dos três ativos para uma função utilidade linear.

A utilização de outra função utilidade – como a função utilidade logaritmo, $U(w) = ln(w)$ – resulta no valor esperado para o Ativo I de

$$E(U) = 50\% \times U(11) + 50\% \times U(9) = 50\% \times ln(11) + 50\% \times ln(9) \approx 2,30 \quad (1.3)$$

e nos outros dois valores exibidos na Tabela 1.3 para essa mesma função utilidade, os quais deixamos como dever de casa para o leitor obter. No caso da função utilidade logaritmo, sob a hipótese de que o investidor deve preferir o ativo que lhe traz maior utilidade esperada, podemos observar da Tabela 1.3 que o investidor deve escolher o Ativo I para investimento.

A utilização de uma terceira função utilidade – como a função utilidade exponencial, $U(w) = e^w$ – resulta, no caso do Ativo I, em

$$E(U) = 50\% \times U(11) + 50\% \times U(9) = 50\% \times e^{11} + 50\% \times e^9 \approx 33.989 \quad (1.4)$$

e nos demais valores exibidos na Tabela 1.3 para essa mesma função utilidade, os quais deixamos mais uma vez como dever de casa para o leitor. Nesse caso, vemos que a escolha deve recair sobre o Ativo III, o qual apresenta a máxima utilidade esperada.

Tabela 1.3 - Utilidade esperada para três investimentos

| Função Utilidade | Ativo I | Ativo II | Ativo III |
|---|---|---|---|
| Linear $(U(w)=w)$ | 10 | 10 | 10 |
| Logaritmo $(U(w)=ln(w))$ | 2,30 | 2,16 | 1,47 |
| Exponencial $(U(w)=e^w)$ | 33.989 | 1.634.583 | 89.241.152 |

Fonte: o autor

Nesse ponto, é razoável perguntar sobre o porquê de resultados tão distintos. O motivo básico pelo qual as escolhas resultam diferentes está relacionado a dois pontos importantes (KEENEY; RAIFFA, 1993):

a. À função de utilidade usada que, como veremos adiante, está diretamente relacionada ao perfil de risco do investidor[4].
b. À incerteza embutida em cada uma das três alternativas de investimento[5].

Podemos definir risco como qualquer medida (numérica) da incerteza embutida em um investimento. Diremos que quanto maior resultar tal medida, maior será o risco de investir no referido ativo.

Agora necessitamos responder uma pergunta: se há incertezas presentes no processo de tomada de decisão para investimento, como modelá-las do ponto de vista matemático? Essa é uma pergunta tão importante para o processo de gestão de investimentos que nós nos preocuparemos em respondê-la continuamente, em cada capítulo, até o final deste livro. No restante deste capítulo, nos concentraremos em responder essa pergunta para o caso específico de um único ativo.

Consideremos, por exemplo, a medida de retorno percentual $\frac{(P_{\Delta t}-P_0)}{P_0}$ apresentada anteriormente. No momento inicial do investimento, sabemos o valor do preço do ativo[6] (ou seja, $P_0$), mas não sabemos o valor que o ativo terá ao final do horizonte de investimento (ou seja, desconhecemos $P_{\Delta t}$), o qual somente poderá ser observado (ou calculado) decorridas $\Delta t$ unidades de tempo.

---
[4] Em outros termos, se o investidor aceita correr mais riscos ou não quando efetua um investimento.
[5] Ou seja, as diferenças entre os valores sob os cenários otimista e pessimista para cada ativo sob consideração.
[6] O qual pode ser observado no mercado ou calculado com informações obtidas do mercado naquele momento, com a sua "marcação-a-mercado".

Uma possibilidade para a modelagem matemática do processo de tomada de decisão de investimento é assumir que o retorno percentual (ou seja, $\frac{(P_{\Delta t} - P_0)}{P_0}$) é uma variável aleatória (MARKOWITZ, 1959). Lembremos que uma variável aleatória é tal que o seu valor nunca pode ser previamente conhecido precisamente, embora seja possível conhecer a sua distribuição de probabilidade (JAMES, 2015). Um exemplo de variável aleatória comumente utilizada para a modelagem dos retornos de ativos é a distribuição Normal (FORBES *et al.*, 2011)[7].

Consideremos o exemplo numérico de modelar a evolução anual do preço do grama de ouro. Na Figura 1.1, temos disponibilizada a densidade de probabilidade da distribuição Normal usada para modelar os retornos percentuais anuais do preço do grama do ouro no mercado nacional no final de 2016[8]. Como o leitor deve lembrar, a distribuição Normal requer a especificação de dois parâmetros:

a. A média, usualmente denotada pela legra grega $\mu$, que no caso da Figura 1.1 é igual à previsão de apreciação do grama do ouro, segundo o investidor. Para efeito de ilustração numérica, suponhamos que tal apreciação esperada tenha sido projetada em 10%. Essa quantidade é também a moda da distribuição (KRISHNAMOORTHY, 2006), conforme ilustrado na referida figura.

b. O desvio padrão, usualmente denotado pela letra grega $\sigma$, que na Figura 1.1 é igual a 20%, valor obtido de uma estimativa para a variação anual do grama do ouro calculada com dados históricos em período de 10 anos (2007-2016)[9].

---

[7] Lembrando, a densidade de probabilidade de uma distribuição Normal com parâmetros $\mu$ e $\sigma$ é dada por
$$f(x) = \left(\frac{1}{\sqrt{2\pi}\sigma}\right) e^{-\frac{1}{2}\left(\frac{x-\mu}{\sigma}\right)^2} \text{ com } x \in \mathbb{R}.$$

[8] Veremos adiante como chegar a esta densidade de probabilidade partindo dos retornos anuais do grama do ouro.

[9] Veremos como calcular esta quantidade adiante, ainda neste capítulo.

Figura 1.1 - Retornos anuais do grama do ouro

Fonte: o autor

A adoção da distribuição Normal para a modelagem de retornos de ativos foi proposta por Markowitz (1952), em um artigo seminal de finanças que quase quarenta anos depois rendeu ao seu autor o Prêmio Teoria John von Neumann (1989) e, no ano seguinte, o Prêmio Nobel da Economia (1990). Essa é também uma das hipóteses básicas do conhecido Modelo Média-Variância (MARKOWITZ, 1959), que revolucionou a solução do problema da seleção de investimentos financeiros sob incerteza desde a sua publicação, e que será paulatinamente descortinado com o avançar dos próximos capítulos.

Se denotarmos a variável aleatória que representa o retorno anual do valor do grama de ouro por $R$, no caso específico da Figura 1.1 podemos escrever em notação matemática que $R \sim N\left(10\%, 20\%^2\right)$ – ou seja, o retorno $R$ "segue" uma distribuição Normal com média 10% e desvio padrão 20% (JAMES, 2015)[10].

Neste ponto, é importante reconhecer que várias críticas podem ser colocadas contra o uso da distribuição Normal para a modelagem dos retornos de ativos. Por exemplo, podemos observar da Figura 1.1 que a distribuição dos retornos anuais do grama de ouro resulta ser simétrica ao redor do valor esperado de 10%, algo que até pode ser aceito no caso de alguns ativos, como o ouro, mas certamente não no caso de ativos como opções ou ativos com opções embutidas, os quais apresentam retornos assimétricos, como ilustrado com vários exemplos em Duarte Jr. e Maia (1997) para o caso do mercado nacional de derivativos e de renda fixa. Outra crítica comum no caso de

---

[10] A densidade de probabilidade, nesse caso, é dada por $f(x) = \left(\dfrac{1}{\sqrt{2\pi} \times 20\%}\right) e^{-\frac{1}{2}\left(\frac{x-10\%}{20\%}\right)^2}$ com $x \in \mathbb{R}$.

mercados financeiros menos desenvolvidos (como o brasileiro) é que vários retornos "atípicos" são usualmente detectados quando da análise estatística de dados financeiros, algo que o uso da distribuição Normal não consegue capturar corretamente, como ilustrado numericamente em Ferreira, Duarte Jr. e Mendes (2000) para quatro dos mercados acionários latino-americanos. Revisitaremos esse assunto adiante, mas por enquanto seguiremos com a adoção da distribuição Normal para a modelagem dos retornos de ativos.

Uma vez que a distribuição dos retornos percentuais de um ativo é assumida como uma distribuição Normal, surge a pergunta: qual a distribuição resultante para o preço (em R$) do ativo? A resposta a essa pergunta depende da medida de retorno percentual utilizada:

a. Caso o retorno seja calculado como $\frac{(P_{\Delta t} - P_0)}{P_0}$, temos que

$$\frac{(P_{\Delta t} - P_0)}{P_0} = R \Rightarrow P_{\Delta t} = P_0 \times (1+R) \tag{1.5}$$

Devemos lembrar que o valor de $P_0$ é conhecido no momento do investimento, mas não o valor de $P_{\Delta t}$, que resulta agora dependente da variável aleatória $R$. Em outros termos, no momento inicial do investimento, o preço que poderemos observar ao final do horizonte de investimento é também uma variável aleatória, que, no caso em questão, resulta ser também uma distribuição Normal[11]. Como no caso da Figura 1.1, temos que $R \sim N(10\%, 20\%^2)$, logo, é possível verificar de (1.5) que $P_{\Delta t} \sim N(P_0 \times 110\%, (P_0 \times 20\%)^2)$. Por exemplo, se lembrarmos que o preço do grama do ouro fechou 2016 em $P_0 = R\$130,00$, a densidade de probabilidade resultante para o preço do grama do ouro no fim de um horizonte de investimento de um ano é tal que $P_{1\,ano} \sim N(143,00, (26,00)^2)$, cuja densidade de probabilidade está exibida na Figura 1.2.

b. Caso o retorno seja calculado como $ln\left(\frac{P_{\Delta t}}{P_0}\right)$, temos que

---

[11] Lembrando, se a variável aleatória $R$ é tal que $R \sim N(\mu, \sigma^2)$, então a variável aleatória $Y = \alpha \times (1+R)$ resulta em $Y \sim N(\alpha \times (1+\mu), (\alpha \times \sigma)^2)$, conforme verificado em Ross (2014).

$$ln\left(\frac{P_{\Delta t}}{P_0}\right) = R \Rightarrow P_{\Delta t} = P_0 \times e^R \tag{1.6}$$

Mais uma vez, como o valor de $P_0$ é conhecido no momento do investimento, o valor de $P_{\Delta t}$ é desconhecido e dependente de $R$. Nesse caso, dizemos que $P_{\Delta t}$ segue uma distribuição Lognormal[12] com parâmetros $ln(P_0)+10\%$ e $20\%$. Com o preço do grama do ouro ao redor de R$130,00, a densidade de probabilidade para o preço do grama do ouro em um ano apresenta, conforme exibido na Figura 1.3, uma distribuição Lognormal com parâmetros $ln(130,00)+10\%$ e $20\%$.

Figura 1.2 - Preço do grama de ouro em um ano ($\frac{P_{\Delta t} - P_0}{P_0}$)

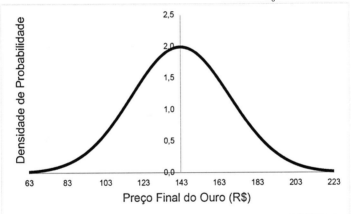

Fonte: o autor

---

[12] Dizemos que uma variável aleatória $X$ segue uma distribuição Lognormal com parâmetros $\gamma$ e $\varphi$ se vale que $X = e^{\gamma + \varphi Z}$, com $Z \sim N(0,1)$. O leitor pode obter em Ross (2014) que, se $R \sim N(\mu, \sigma^2)$, então podemos escrever que $R = \mu + \sigma Z$, em que $Z \sim N(0,1)$. Agora, partindo da equação 1.6, podemos escrever que $P_{\Delta t} = P_0 \times e^R = e^{\ln(P_0)+R} = e^{\ln(P_0)+\mu+\sigma Z}$, ou seja, $P_{\Delta t}$ segue uma distribuição Lognormal com parâmetros $\ln(P_0) + \mu$ e $\sigma$. Sugerimos fortemente que o leitor busque se inteirar das características mais importantes da distribuição Lognormal, sendo Forbes *et al.* (2011) e Krishnamoorthy (2006) duas boas referências para esse fim.

Figura 1.3 - Preço do grama de ouro em um ano ($ln\left(\frac{P_{\Delta t}}{P_0}\right)$)

Fonte: o autor

Podemos observar dois pontos interessantes nas últimas três figuras exibidas:

a. A distribuição dos preços do grama de ouro no fim de um ano, quando calculando o retorno como $\frac{(P_{\Delta t} - P_0)}{P_0}$, continua simétrica, como a comparação da Figura 1.1 e da Figura 1.2 permite atestar.

b. Por outro lado, a comparação da Figura 1.2 e da Figura 1.3 permite constatar que a distribuição dos preços do grama de ouro em um ano para retornos calculados com $ln\left(\frac{P_{\Delta t}}{P_0}\right)$ resulta assimétrica, com caudas mais longas para valores elevados e caudas limitadas para valores menores.

Essa última constatação é um importante fator de diferenciação entre as medidas de retorno $\frac{(P_{\Delta t} - P_0)}{P_0}$ e $ln\left(\frac{P_{\Delta t}}{P_0}\right)$: enquanto no primeiro caso a modelagem exibida na equação (1.5) permite que valores negativos sejam observados para o preço do grama do ouro, no caso da equação (1.6) isso nunca poderá ocorrer[13].

---

[13] Esta é uma consequência do fato de uma variável aleatória que segue uma distribuição Lognormal ter probabilidade zero de assumir valores negativos, enquanto uma variável aleatória que segue uma distribuição Normal sempre apresentar uma probabilidade estritamente positiva de assumir valores negativos, conforme Krishnamoorthy (2006).

Naturalmente, é mais realista assumir que o preço do grama do ouro nunca será negativo[14], sendo esse um ponto que favorece o uso de $ln\left(\dfrac{P_{\Delta t}}{P_0}\right)$ como medida de retorno, embora na prática do mercado financeiro brasileiro, como já mencionado, os cálculos sejam feitos pela maioria dos analistas com $\dfrac{(P_{\Delta t} - P_0)}{P_0}$.

Duas perguntas interessantes que surgem neste instante são:

a. Supondo que $R \sim N(\mu, 20\%^2)$, qual o efeito do valor de $\mu$ sobre a distribuição do preço final em um ano (i.e., $P_{\Delta t}$)?

b. Supondo que $R \sim N(10\%, \sigma^2)$, qual o efeito do valor de $\sigma$ sobre a distribuição do preço final em um ano (i.e., $P_{\Delta t}$)?

Para efeito de ilustração gráfica, consideramos inicialmente os impactos da variação de $\mu$ sobre as densidades de probabilidade dadas na Figura 1.2 e Figura 1.3. A Figura 1.4 exibe a densidade de probabilidade de $P_{\Delta t}$ para três valores de $\mu$ (0%, 10% e 20%), com $\sigma$ mantido fixo em 20%, no caso em que o retorno é calculado com $\dfrac{(P_{\Delta t} - P_0)}{P_0}$. Vemos que o efeito da alteração de $\mu$ é tal que a densidade de probabilidade é simplesmente "transladada" para a direita quando há aumento de $\mu$, ou para a esquerda, quando há redução de $\mu$. Nas duas situações, notamos que o formato da densidade de probabilidade não é alterado.

---

[14] Assumir o contrário é equivalente a dizer que o investidor deve ser pago para aceitar receber um grama de ouro. Para ilustrar o quão absurda seria a situação do preço do ouro resultar negativo, lembremos que existem várias cidades que oferecem dinheiro a outras cidades para que as últimas recebam o seu lixo em aterros sanitários. Caso um valor negativo fosse possível para o preço de um grama de ouro, isso seria equivalente a considerar que um metal precioso como o ouro seria tão indesejado quanto o lixo (dado que alguém teria que ser pago para aceitar receber um grama de ouro!), o que, obviamente, não é razoável.

Figura 1.4 – Preço do grama de ouro em um ano ($\frac{P_{\Delta t} - P_0}{P_0}$)

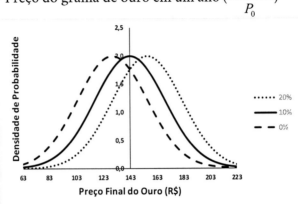

Fonte: o autor

Por sua vez, a Figura 1.5 exibe a densidade de probabilidade de $P_{\Delta t}$ para os mesmos três valores de $\mu$ (0%, 10% e 20%), com $\sigma$ mantido fixo em 20%, no caso em que o retorno é calculado com $ln\left(\frac{P_{\Delta t}}{P_0}\right)$. Vemos que o efeito da alteração de $\mu$ é tal que a moda da densidade de probabilidade é movida para a direita quando há aumento de $\mu$, e para a esquerda quando há redução de $\mu$. Podemos observar também alterações no formato da densidade de probabilidade quando o valor de $\mu$ varia.

Figura 1.5 - Preço do grama de ouro em um ano ($ln\left(\frac{P_{\Delta t}}{P_0}\right)$)

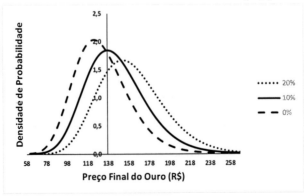

Fonte: o autor

A Figura 1.6 exibe a densidade de probabilidade de $P_{\Delta t}$ para três valores de $\sigma$ (10%, 20% e 30%), com $\mu$ mantido fixo em 10%, no caso em que o retorno é calculado com $\frac{(P_{\Delta t} - P_0)}{P_0}$. Vemos que o efeito da alteração de $\sigma$ é tal que a densidade de probabilidade é "comprimida" com a redução de $\sigma$, e "achatada" com o aumento de $\sigma$, sem alteração da moda da distribuição.

A Figura 1.7 exibe a densidade de probabilidade de $P_{\Delta t}$ para os mesmos três valores de $\sigma$ (10%, 20% e 30%), com $\mu$ mantido fixo em 10%, no caso em que o retorno é calculado com $\ln\left(\frac{P_{\Delta t}}{P_0}\right)$. Observamos que o efeito da alteração de $\sigma$ é tal que a densidade de probabilidade é "comprimida" com a redução de $\sigma$, e "achatada" com o aumento de $\sigma$, com alterações substanciais no formato da densidade de probabilidade quando o valor de $\sigma$ varia.

Resumindo, os parâmetros $\mu$ e $\sigma$ impõem efeitos distintos à densidade de probabilidade do preço de um ativo no futuro:

a. O primeiro parâmetro, $\mu$, apresenta a tendência de deslocar a densidade de probabilidade, com aumento da moda quando há aumento do parâmetro, ou redução da moda, quando há redução no valor de $\mu$. Podemos observar também, partindo de (1.5), que

$$E(P_{\Delta t}) = E(P_0 \times (1+R)) = P_0 \times (1 + E(R)) = P_0 \times (1+\mu) \quad (1.7)$$

De agora em diante, associaremos o parâmetro $\mu$ com o nível de retorno que se pode esperar ao investir em um ativo: quanto maior o valor de $\mu$, maior o valor esperado de $P_{\Delta t}$.

b. O segundo parâmetro, $\sigma$, apresenta a tendência de concentrar a densidade de probabilidade quando sofre redução ou aumentar a sua dispersão, quando sofre aumento. Mais uma vez, partindo de (1.5), podemos verificar que

$$Var(P_{\Delta t}) = Var(P_0 \times R) = P_0^2 \times Var(R) = P_0^2 \times \sigma^2 \quad (1.8)$$

De agora em diante, associaremos o parâmetro $\sigma$ com o nível de incerteza que se pode esperar ao investir em um ativo, de forma que quanto maior o seu valor, maior a incerteza sobre o preço futuro $P_{\Delta t}$.

Figura 1.6 – Preço do grama de ouro em um ano ($\frac{P_{\Delta t} - P_0}{P_0}$)

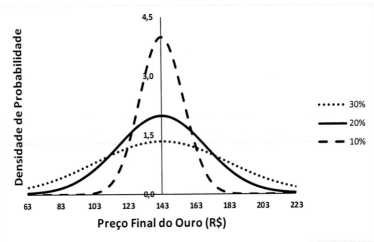

Fonte: o autor

Figura 1.7 – Preço do grama de ouro em um ano ($ln\left(\frac{P_{\Delta t}}{P_0}\right)$)

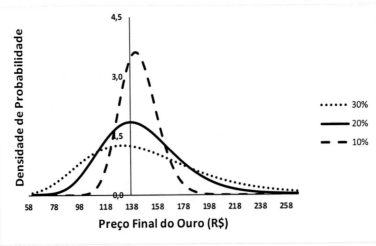

Fonte: o autor

## 1.3 Algumas Medidas de Retorno

As quatro medidas mais utilizadas na prática dos mercados financeiros para a quantificação do retorno de um ativo ao longo do tempo são: retorno médio, retorno mediano, retorno médio geométrico e retorno acumulado.

Assumimos no restante deste capítulo que o valor de mercado de um ativo negociado foi coletado com determinada periodicidade. Um exemplo numérico é dado na Tabela 1.4 para o preço de fechamento diário de ações preferenciais de Petróleo Brasileiro SA (PETR4) na Bolsa B3 para o mês de abril de 2017, conforme a segunda coluna[15].

Na terceira coluna da Tabela 1.4 estão exibidos os retornos diários, todos calculados com $ln\left(\frac{P_{i+1}}{P_i}\right)$, em que $P_i$ e $P_{i+1}$ denotam os preços de fechamento de PETR4 em dois dias consecutivos. Por exemplo, para os dias 10/04/2017 e 11/04/2017, temos $ln\left(\frac{14,68}{14,94}\right) \approx -1,76\%$; enquanto para os dias 19/04/2017 e 20/04/2017, temos $ln\left(\frac{13,88}{13,60}\right) \approx 2,04\%$. A Figura 1.8 exibe os retornos diários apresentados como uma série temporal.

Uma vez calculados os retornos diários de PETR4, pode ser de interesse o cálculo do retorno médio, definido simplesmente como a média aritmética dos retornos já obtidos. Se considerarmos a série temporal com os dezoito retornos diários disponibilizados na Tabela 1.4 e os denotarmos genericamente como $r_1, r_2, \ldots, r_{18}$, então o retorno médio, $\bar{r}$, é obtido de[16]

$$\bar{r} = \frac{r_1 + r_2 + \ldots + r_{18}}{18} = \frac{1,23\% + 1,22\% + \ldots + 1,73\%}{18} \approx -0,20\% \quad (1.9)$$

---

[15] Ou seja, preços de fechamento de mercado diários coletados do último dia útil de março de 2017 até o último dia útil de abril. Nesse caso, dizemos que temos uma série temporal para o preço PETR4 com periodicidade diária.

[16] No caso geral de uma amostra com $n$ observações, o retorno médio de $r_1, r_2, \ldots, r_n$ é estimado como $\bar{r} = \frac{r_1 + r_2 + \ldots + r_n}{n}$.

Tabela 1.4 – Dados históricos de PETR4

| Dia | Preço (R$) | Retorno Diário | Retorno Acumulado |
|---|---|---|---|
| 31/03/2017 | 14,49 | - | - |
| 03/04/2017 | 14,67 | 1,23% | 1,23% |
| 04/04/2017 | 14,85 | 1,22% | 2,45% |
| 05/04/2017 | 14,57 | -1,90% | 0,55% |
| 06/04/2017 | 14,53 | -0,27% | 0,28% |
| 07/04/2017 | 14,70 | 1,16% | 1,44% |
| 10/04/2017 | 14,94 | 1,62% | 3,06% |
| 11/04/2017 | 14,68 | -1,76% | 1,30% |
| 12/04/2017 | 14,65 | -0,20% | 1,10% |
| 13/04/2017 | 14,08 | -3,97% | -2,87% |
| 17/04/2017 | 14,28 | 1,41% | -1,46% |
| 18/04/2017 | 14,10 | -1,27% | -2,73% |
| 19/04/2017 | 13,60 | -3,61% | -6,34% |
| 20/04/2017 | 13,88 | 2,04% | -4,30% |
| 24/04/2017 | 14,03 | 1,07% | -3,23% |
| 25/04/2017 | 14,34 | 2,19% | -1,04% |
| 26/04/2017 | 14,00 | -2,40% | -3,44% |
| 27/04/2017 | 13,73 | -1,95% | -5,39% |
| 28/04/2017 | 13,97 | 1,73% | -3,65% |

Fonte: o autor

Figura 1.8 - Retornos diários de PETR4

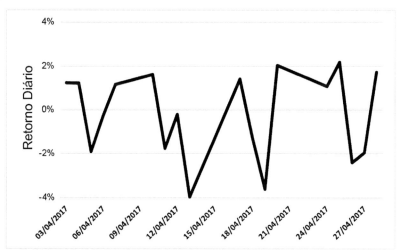

Fonte: o autor

Seguindo com a notação do parágrafo anterior, definimos o retorno mediano como a mediana dos dezoito retornos diários obtidos para PETR4, denotado $r_{mediano}$ [17]

$$r_{mediano} = \text{mediana}\{r_1, r_2, \ldots, r_{18}\} = \text{mediana}\{1,23\%, 1,22\%, \ldots, 1,73\%\} \approx 0,44\% \quad (1.10)$$

que, como podemos observar, difere do retorno médio obtido em (1.9)[18].

Uma terceira possibilidade para medida de retorno envolve o cálculo do retorno médio geométrico, definido como a média geométrica dos retornos, denotado $r_{geométrico}$, que no caso dos retornos diários na Tabela 1.4 resulta igual a[19] com resultado próximo ao do retorno médio.

---

[17] No caso geral de uma amostra com $n$ observações, o retorno mediano de $r_1, r_2, \ldots, r_n$ é estimado como $r_{mediano} = \text{mediana}\{r_1, r_2, \ldots, r_n\}$.

[18] O motivo para essa diferença se encontra no fato da mediana ser um estimador robusto (HUBER; RONCHETTI, 2009), ao contrário da média aritmética. Em momentos de estresse no mercado, quando os retornos calculados são maiores em valor absoluto, as estimativas robustas resultam mais confiáveis e estáveis, como ilustrado numericamente no caso do mercado financeiro brasileiro e dos mercados latino-americanos de ações em Duarte Jr. (1999); Duarte Jr. e Mendes (1998a, 1998b) e Ferreira, Duarte Jr. e Mendes (2000).

[19] No caso geral de uma amostra com $n$ observações, o retorno médio geométrico de $r_1, r_2, \ldots, r_n$ é calculado como $r_{geométrico} = \sqrt[n]{(1+r_1) \times (1+r_2) \times \ldots \times (1+r_n)} - 1$.

$$r_{geométrico} = \sqrt[18]{(1+r_1) \times (1+r_2) \times \ldots \times (1+r_{18})} - 1 = \qquad (1.11)$$
$$= \sqrt[18]{(1+1,23\%) \times (1+1,22\%) \times \ldots \times (1+1,73\%)} - 1 \approx -0,22\%$$

Uma quarta possibilidade é o cálculo do retorno acumulado ao longo do tempo. Nesse caso, supomos que o investidor realiza a sua alocação em um ativo em um determinado instante e, então, passa a calcular os retornos sempre em relação ao valor inicial da compra. Para o caso dos dados na Tabela 1.4, assumindo o valor inicial de compra igual ao valor de fechamento no dia 31/03/2017, denotado genericamente por $P_0$, e que os valores de PETR4 no fechamento dos demais dezoito dias de negociação de abril de 2017 são denotados por $P_0$, então, os retornos acumulados serão obtidos como $ln\left(\frac{P_1}{P_0}\right), ln\left(\frac{P_2}{P_0}\right), \ldots, ln\left(\frac{P_{18}}{P_0}\right)$. Por exemplo, o retorno acumulado do fechamento do dia 31/03/2017 até o fechamento do mercado no dia 24/04/2017 é $ln\left(\frac{14,03}{14,49}\right) \approx -3,23\%$, conforme exibido na quarta coluna da Tabela 1.4.

A Figura 1.9 exibe os retornos acumulados obtidos para PETR4 como uma série temporal. Podemos observar que, após ligeira alta, o retorno acumulado passa a ser negativo de 13/04/2017 em diante, ilustrando que o investimento em PETR4 no mês de abril de 2017 teria levado a perdas.

Nesse ponto, é importante mencionar que, quando comparadas, dentre essas quatro possibilidades de cálculo não há uma que possa ser considerada como marcadamente superior às demais. A escolha da fórmula de cálculo do retorno depende da análise de interesse, como ilustraremos em vários exemplos numéricos no restante do livro.

Figura 1.9 – Retornos acumulados para PETR4

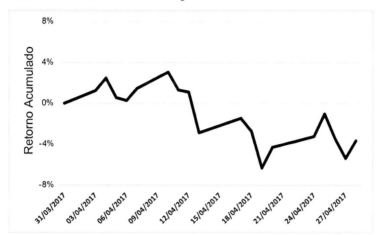

Fonte: o autor

## 1.4 Algumas Medidas de Risco

Assim como medidas de retorno foram obtidas na seção precedente, é possível obter medidas de risco (ou seja, medidas de dispersão) para os dados $r_1, r_2, \ldots, r_{18}$ de PETR4 na Tabela 1.4.

Uma primeira possibilidade é o desvio padrão, que pode ser estimado como[20]

$$\sigma = \sqrt{\frac{(r_1 - \bar{r})^2 + (r_2 - \bar{r})^2 + \ldots + (r_{18} - \bar{r})^2}{18}} = \qquad (1.12)$$

$$= \sqrt{\frac{(1,23\% + 0,20\%)^2 + (1,22\% + 0,20\%)^2 + \ldots + (1,73\% + 0,20\%)^2}{18}} \approx 1,94\%$$

em que $\bar{r}$ é estimado conforme (1.9).

---

[20] No caso geral de uma amostra com $n$ observações, o desvio padrão dos retornos $r_1, r_2, \ldots, r_n$ pode ser estimado como $\sigma = \sqrt{\dfrac{(r_1 - \bar{r})^2 + (r_2 - \bar{r})^2 + \ldots + (r_n - \bar{r})^2}{n}}$, com $\bar{r} = \dfrac{r_1 + r_2 + \ldots + r_n}{n}$.

Uma segunda possibilidade para a estimação do desvio padrão, é adotar o estimador[21]

$$\sigma = \sqrt{\frac{(r_1-\bar{r})^2+(r_2-\bar{r})^2+\ldots+(r_{18}-\bar{r})^2}{(18-1)}} =$$

$$= \sqrt{\frac{(1,23\%+0,20\%)^2+(1,22\%+0,20\%)^2+\ldots+(1,73\%+0,20\%)^2}{17}} \approx 2,00\%$$

(1.13)

em que $\bar{r}$ é estimado conforme (1.9).

Livros de estatística ao nível de graduação (STEVENSON, 2001) costumam se referir aos estimadores (1.12) e (1.13) como as estimativas obtidas para o desvio padrão com a "população" ou a "amostra", respectivamente. Por sua vez, livros de estatística matemática ao nível de mestrado (BICKEL; DOKSUM, 2000) e doutorado (LEHMANN, 1983) costumam se referir à estatística (1.12) como o estimador de máxima verossimilhança sob a hipótese de normalidade, e à estatística (1.13) como o estimador não viciado de variância uniformemente mínima sob a hipótese de normalidade. Existem propriedades específicas que favorecem um ou outro estimador, conforme detalhado em Lehmann (1983), sendo essa uma discussão de estatística matemática muito acima do nível demandado aqui. Para o nosso interesse específico, faremos a escolha de estimar o desvio padrão sempre com (1.12) no restante deste livro, deixando o leitor livre para usar (1.13) se assim preferir[22].

Em finanças é comum associar o conceito de risco ao de desempenho financeiro insatisfatório, o que motiva a consideração de medidas de dispersão que estão baseadas somente nos "menores valores" observados para o retorno em seu cálculo, conforme argumentado em Duarte Jr. e Maia (1997). Por exemplo, considerem1.17os a Figura 1.10, em que temos a representação gráfica dos retornos que são usados para o cálculo do desvio padrão, todos ordenados e representados como pequenas bolas pretas. Na

---

[21] No caso geral de uma amostra com $n$ observações, o desvio padrão dos retornos $r_1, r_2, \ldots, r_n$ pode ser estimado como $\sigma = \sqrt{\frac{(r_1-\bar{r})^2+(r_2-\bar{r})^2+\ldots+(r_n-\bar{r})^2}{n}}$, com $\bar{r} = \frac{r_1+r_2+\ldots+r_n}{n}$.

[22] O erro mais comum de analistas de risco na prática do mercado financeiro brasileiro, conforme observado pelo autor, é efetuar a estimação por vezes com (1.12) e, em outras oportunidades, com (1.13). Desde que o analista escolha um estimador e faça sempre os seus cálculos com o mesmo estimador, ele não cometerá erros nas suas análises.

mesma figura, podemos observar o retorno médio, estimado conforme (1.9). Quando do cálculo do desvio padrão, todas as bolas pretas são usadas, quer estejam acima ou abaixo do retorno médio estimado.

Figura 1.10 – Cálculo do desvio padrão

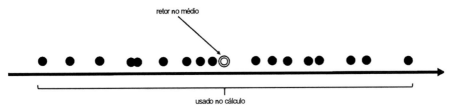

Fonte: o autor

Uma alternativa ao desvio padrão é a utilização do semidesvio padrão, no qual somente os pontos abaixo do retorno médio são usados no cálculo, conforme indicado na Figura 1.11. Em outros termos, no cálculo do semidesvio padrão somente os retornos que estiverem abaixo do retorno médio devem ser considerados no cálculo, com os retornos acima do retorno médio descartados. A motivação para esse estimador de riscos é de fácil compreensão: retornos acima do retorno médio podem ser considerados como "resultados bons", e não devem ser usados no cálculo de uma medida de risco; por outro lado, retornos abaixo do retorno médio devem ser considerados "resultados ruins", e necessitam entrar nos cálculos.

Figura 1.11 – Cálculo do semidesvio padrão

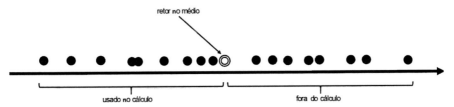

Fonte: o autor

A fórmula (1.12) deve ser alterada no caso do semidesvio padrão para[23]

$$\sigma = \sqrt{\frac{\left(\text{mínimo}\{0; r_1 - \bar{r}\}\right)^2 + \left(\text{mínimo}\{0; r_2 - \bar{r}\}\right)^2 + \ldots + \left(\text{mínimo}\{0; r_{18} - \bar{r}\}\right)^2}{18}} \approx 1,49\% \quad (1.14)$$

cujo cálculo está detalhado, passo a passo, na Tabela 1.5 para os retornos de PETR4, lembrando que $\bar{r} \approx -0,20\%$, conforme (1.9).

Tabela 1.5 – Cálculo do semidesvio padrão para PETR4

| Dia | Preço (R$) | Retorno Diário | mínimo$\{0; r_i + 0,20\%\}$ | $(\text{mínimo}\{0; r_i + 0,20\%\})^2$ |
|---|---|---|---|---|
| 31/03/2017 | 14,49 | - | - | - |
| 03/04/2017 | 14,67 | 1,23% | 0,00% | 0,00000% |
| 04/04/2017 | 14,85 | 1,22% | 0,00% | 0,00000% |
| 05/04/2017 | 14,57 | -1,90% | -1,70% | 0,02892% |
| 06/04/2017 | 14,53 | -0,27% | -0,07% | 0,00005% |
| 07/04/2017 | 14,70 | 1,16% | 0,00% | 0,00000% |
| 10/04/2017 | 14,94 | 1,62% | 0,00% | 0,00000% |
| 11/04/2017 | 14,68 | -1,76% | -1,55% | 0,02411% |
| 12/04/2017 | 14,65 | -0,20% | 0,00% | 0,00000% |
| 13/04/2017 | 14,08 | -3,97% | -3,77% | 0,14179% |
| 17/04/2017 | 14,28 | 1,41% | 0,00% | 0,00000% |
| 18/04/2017 | 14,10 | -1,27% | -1,07% | 0,01135% |
| 19/04/2017 | 13,60 | -3,61% | -3,41% | 0,11611% |
| 20/04/2017 | 13,88 | 2,04% | 0,00% | 0,00000% |
| 24/04/2017 | 14,03 | 1,07% | 0,00% | 0,00000% |
| 25/04/2017 | 14,34 | 2,19% | 0,00% | 0,00000% |
| 26/04/2017 | 14,00 | -2,40% | -2,20% | 0,04825% |

---

[23] No caso geral de uma amostra com $n$ observações, o semidesvio padrão dos retornos $r_1, r_2, \ldots, r_n$ pode ser estimado como $\sqrt{\dfrac{\left(\text{mínimo}\{0; r_1 - \bar{r}\}\right)^2 + \left(\text{mínimo}\{0; r_2 - \bar{r}\}\right)^2 + \ldots + \left(\text{mínimo}\{0; r_n - \bar{r}\}\right)^2}{n}}$, com $\bar{r} = \dfrac{r_1 + r_2 + \ldots + r_n}{n}$. É possível calcular o semidesvio padrão também com o uso do estimador $\sqrt{\dfrac{\left(\text{mínimo}\{0; r_1 - \bar{r}\}\right)^2 + \left(\text{mínimo}\{0; r_2 - \bar{r}\}\right)^2 + \ldots + \left(\text{mínimo}\{0; r_n - \bar{r}\}\right)^2}{n-1}}$, com $n-1$ no denominador.

| Dia | Preço (R$) | Retorno Diário | mínimo$\{0; r_i + 0,20\%\}$ | $(\text{mínimo}\{0; r_i + 0,20\%\})^2$ |
|---|---|---|---|---|
| 27/04/2017 | 13,73 | -1,95% | -1,74% | 0,03043% |
| 28/04/2017 | 13,97 | 1,73% | 0,00% | 0,00000% |
|  |  |  | Semidesvio Padrão | ≈ 1,49% |

Fonte: o autor

Outra medida comumente adotada por analistas de risco no exterior, cuja motivação e derivação são similares ao do semidesvio padrão, é o chamado *downside deviation*. A diferença básica entre o semidesvio padrão e o *downside deviation* reside na substituição do retorno médio pelo mínimo retorno aceitável, conforme ilustrado visualmente na Figura 1.12. Em outros termos, no cálculo do *downside deviation,* o analista pode definir explicitamente o nível mínimo de retorno que lhe traz satisfação (em vez de simplesmente adotar o retorno médio, como na Figura 1.11), devendo utilizar somente os retornos abaixo desse valor no processo de cálculo do risco[24]. Existem várias possibilidades para a escolha do mínimo retorno aceitável, sendo uma comumente adotada aquela que utiliza alguma taxa de juros de curto prazo[25].

Figura 1.12 – Cálculo do *downside deviation*

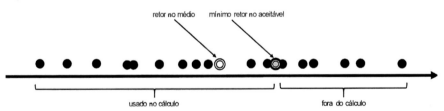

Fonte: o autor

---
[24] O leitor deve observar que o mínimo retorno aceitável pode ser fixado como sendo igual ao retorno médio, caso em que o *downside deviation* captura o cálculo do semidesvio padrão como um caso particular. Portanto, a possibilidade de escolher o mínimo retorno aceitável resulta em mais flexibilidade na modelagem matemática adotada pelo gestor de carteiras de investimento.

[25] Por exemplo, no caso brasileiro, três possibilidades razoáveis para o mínimo retorno aceitável são a taxa da poupança, a taxa embutida nos certificados de depósito interbancário e a taxa SELIC.

Para o cálculo do *downside deviation*, a fórmula (1.14) deve ser alterada para[26]

$$\sigma = \sqrt{\frac{\left(\text{mínimo}\{0; r_1 - r_{MRA}\}\right)^2 + \left(\text{mínimo}\{0; r_2 - r_{MRA}\}\right)^2 + \ldots \left(\text{mínimo}\{0; r_{18} - r_{MRA}\}\right)^2}{18}} \approx 1,76\% \quad (1.15)$$

na qual $r_{MRA}$ denota o mínimo retorno aceitável. O cálculo detalhado do *downside deviation* para os dados de PETR4 estão exibidos na Tabela 1.6, com o valor do mínimo retorno aceitável fixado em +0,25% (i.e., $r_{MRA}$=+0,25%).

Tabela 1.6 – Cálculo do *downside deviation* para PETR4

| Dia | Preço (R$) | Retorno Diário | mínimo$\{0; r_i - 0,25\%\}$ | (mínimo$\{0; r_i - 0,25\%\})^2$ |
|---|---|---|---|---|
| 31/03/2017 | 14,49 | - | - | |
| 03/04/2017 | 14,67 | 1,23% | 0,00% | 0,00000% |
| 04/04/2017 | 14,85 | 1,22% | 0,00% | 0,00000% |
| 05/04/2017 | 14,57 | -1,90% | -2,15% | 0,04638% |
| 06/04/2017 | 14,53 | -0,27% | -0,52% | 0,00276% |
| 07/04/2017 | 14,70 | 1,16% | 0,00% | 0,00000% |
| 10/04/2017 | 14,94 | 1,62% | 0,00% | 0,00000% |
| 11/04/2017 | 14,68 | -1,76% | -2,01% | 0,04022% |
| 12/04/2017 | 14,65 | -0,20% | -0,45% | 0,00207% |
| 13/04/2017 | 14,08 | -3,97% | -4,22% | 0,17796% |
| 17/04/2017 | 14,28 | 1,41% | 0,00% | 0,00000% |
| 18/04/2017 | 14,10 | -1,27% | -1,52% | 0,02306% |
| 19/04/2017 | 13,60 | -3,61% | -3,86% | 0,14903% |
| 20/04/2017 | 13,88 | 2,04% | 0,00% | 0,00000% |
| 24/04/2017 | 14,03 | 1,07% | 0,00% | 0,00000% |
| 25/04/2017 | 14,34 | 2,19% | 0,00% | 0,00000% |
| 26/04/2017 | 14,00 | -2,40% | -2,65% | 0,07020% |
| 27/04/2017 | 13,73 | -1,95% | -2,20% | 0,04829% |

---

[26] No caso geral de uma amostra com $n$ observações, o *downside deviation* dos retornos $r_1, r_2, \ldots, r_n$ pode ser estimado como $\sqrt{\frac{\left(\text{mínimo}\{0; r_1 - r_{MRA}\}\right)^2 + \left(\text{mínimo}\{0; r_2 - r_{MRA}\}\right)^2 + \ldots + \left(\text{mínimo}\{0; r_n - r_{MRA}\}\right)^2}{n}}$, com $r_{MRA}$ denotando o mínimo retorno aceitável fixado pelo analista.

| Dia | Preço (R$) | Retorno Diário | mínimo$\{0; r_i - 0,25\%\}$ | $\left(\text{mínimo}\{0; r_i - 0,25\%\}\right)^2$ |
|---|---|---|---|---|
| 28/04/2017 | 13,97 | 1,73% | 0,00% | 0,00000% |
| | | | *Downside Deviation* | ≈ 1,76% |

Fonte: o autor

Outra possibilidade de medida de risco de mercado é o chamado *Value-at-Risk* (VaR), que ganhou espaço como a medida de risco mais utilizada por analistas a nível mundial. Hoje, muitas das recomendações do *Bank for International Settlements* para o cálculo das exposições a risco de mercado para bancos internacionalmente ativos, assim como várias resoluções estabelecidas pelo Conselho Monetário Nacional para controle das carteiras proprietárias das instituições autorizadas a operar no mercado financeiro brasileiro, estão baseadas no cálculo do VaR.

Se denotarmos a distribuição de probabilidade dos retornos de um ativo para um determinado horizonte de investimento como sendo $R$, e se fixarmos um nível de significância[27] no valor $\alpha$, então, o VaR pode ser definido como a solução $X$ de um problema de maximização com restrição probabilística dado por

$$\text{Maximizar:} \quad X \qquad (1.16)$$
$$\text{Sujeito a:} \quad Pr\{R \leq X\} = \alpha$$
$$-\infty < X < +\infty$$

Por exemplo, se fixarmos $\alpha = 1\%$, o VaR será o maior valor do primeiro percentil da distribuição acumulada de $R$.

A Figura 1.13 facilita a compreensão do VaR. Vemos representada esquematicamente nessa figura a densidade de probabilidade do retorno de um determinado ativo. O VaR é igual ao valor no eixo horizontal que corresponde a ter a área cinza, na cauda esquerda da densidade de probabilidade, exatamente igual ao nível de significância escolhido.

---

[27] Adiantamos que os valores usualmente adotados na prática do mercado financeiro brasileiro para o nível de significância são 1%, 5% e 10%, nessa ordem.

Figura 1.13 – Interpretação gráfica do *value-at-risk*

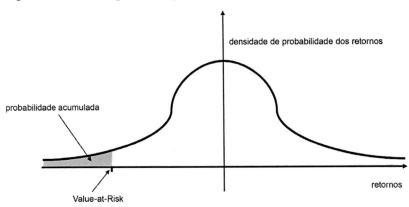

Fonte: o autor

Como um exemplo numérico, reconsideremos a Figura 1.1, na qual está exibida a distribuição dos retornos de uma grama do ouro para um horizonte de investimento de um ano. Se denotarmos a variável aleatória que modela os retornos anuais do grama de ouro por $R \sim N(10\%, 20\%^2)$ e fixarmos o nível de significância em $\alpha = 5\%$, a resolução de (1.16) nesse caso nos leva a

$$Pr\{R \leq X\} = 5\% \Rightarrow Pr\left\{\frac{R-10\%}{20\%} \leq \frac{X-10\%}{20\%}\right\} = 5\% \Rightarrow \Phi\left(\frac{X-10\%}{20\%}\right) = 5\% \Rightarrow \quad (1.17)$$
$$\Rightarrow X = 10\% + 20\% \times \Phi^{-1}(5\%) \approx 10\% + 20\% \times (-1,645) \approx -22,90\%$$

em que $\Phi(\cdot)$ denota a probabilidade acumulada de uma distribuição Normal Padrão[28]. Ou seja, vemos que o VaR para o horizonte de investimento de um ano de um grama de ouro ao nível de significância de 5%, sob a hipótese de que $R \sim N(10\%, 20\%^2)$, resulta ser aproximadamente $-22,90\%$.

O mais interessante do VaR é que essa medida de risco pode ser interpretada do ponto de vista probabilístico:

---

[28] Lembremos que esta é uma notação matemática comum em livros de probabilidade. Lembremos também que, se a variável aleatória $Y$ segue uma distribuição Normal Padrão, com $Y \sim N(0,1)$, temos

que: (a) $Pr\{Y \leq -2,326\} = \Phi(-2,326) \approx 1\% \Rightarrow \Phi^{-1}(1\%) \approx -2,326$ ,

(b) $Pr\{Y \leq -1,645\} = \Phi(-1,645) \approx 5\% \Rightarrow \Phi^{-1}(5\%) \approx -1,645$ , e

(c) $Pr\{Y \leq -1,282\} = \Phi(-1,282) \approx 10\% \Rightarrow \Phi^{-1}(10\%) \approx -1,282$ . Mais informações sobre os valores aqui citados para a distribuição Normal Padrão podem ser obtidas em Forbes *et al.* (2011).

a. Podemos dizer que, com probabilidade de 5%, observaremos um retorno inferior a −22,90% para o grama de ouro no fim do horizonte de investimento de um ano. Em outros termos, podemos dizer que, com probabilidade 5%, as perdas no próximo ano serão mais severas do que −22,90%.
b. Podemos também dizer que, com probabilidade de 95%, será possível observar um retorno superior a −22,90% para o grama do ouro no fim do horizonte de investimento de um ano.

É possível generalizar os resultados de (1.17) para o caso em que a distribuição de retorno é Normal, e tal que $R \sim N(\mu, \sigma^2)$, o que resulta em

$$Pr\{R \leq X\} = \alpha \Rightarrow Pr\{R - \mu \leq X - \mu\} = \alpha \Rightarrow Pr\left\{\frac{R-\mu}{\sigma} \leq \frac{X-\mu}{\sigma}\right\} = \alpha \Rightarrow \quad (1.18)$$

$$\Rightarrow \Phi\left(\frac{X-\mu}{\sigma}\right) = \alpha \Rightarrow \frac{X-\mu}{\sigma} = \Phi^{-1}(\alpha) \Rightarrow \ldots \Rightarrow X = \mu + \sigma \times \Phi^{-1}(\alpha)$$

ou seja, o VaR para um nível de significância de $\alpha$ é dado (sob a hipótese de que os retornos seguem uma distribuição Normal) por $\mu + \sigma \times \Phi^{-1}(\alpha)$.

Como uma ilustração numérica do uso desse resultado na prática, consideremos obter o VaR ao nível de significância de 5% para uma posição de 250kg de ouro quando a cotação do grama se encontrava em R$130,00. Sob a hipótese de que o retorno anual do grama de ouro segue uma distribuição $R \sim N(10\%, 20\%^2)$ temos que a distribuição dos retornos da posição de 250kg, com o grama do ouro em R$130,00, resulta ser[29] $N(3.250.000, 6.500.000^2)$ Usando agora (1.18), temos que o VaR pode ser calculado como $3.250.000 + 6.500.000 \times \Phi^{-1}(5\%) \approx 3.250.000 + 6.500.000 \times (-1,645) \approx -R\$7.441.548,58$. A interpretação probabilística desse valor é tal que com 5% de probabilidade, ao final de um ano, o proprietário de 250kg de ouro terá uma perda pior do que −R$7.441.548,58.

A estimação do VaR não se restringe aos casos nos quais a distribuição do retorno do ativo é assumida como sendo Normal, como ilustrado até aqui. Em outros termos, a resolução de (1.16) pode ser feita para qualquer distribuição de probabilidade do retorno de um ativo – embora seja importante mencionar que ao assumir uma distribuição Normal, o analista

---

[29] Lembrando, se $R \sim N(\mu, \sigma^2)$ e temos que $W = \gamma \times R$, então, $W \sim N(\gamma \times \mu, (\gamma \times \sigma)^2)$, conforme verificado em Ross (2014). No caso do exemplo numérico em questão temos que $R \sim N(10\%, 20\%^2)$ com $\gamma = 250.000 \times 130$, o que resulta em $250.000 \times 130 \times R \sim N(3.250.000, 6.500.000^2)$.

facilitará sobremaneira os seus cálculos para a obtenção do VaR, conforme ilustrado no parágrafo precedente.

A estimação do VaR pode ser feita com o uso de duas abordagens (JORION, 2006):

    a. Abordagem Analítica, conforme ilustrado anteriormente, na qual os retornos dos ativos são assumidos como normalmente distribuídos (por exemplo, $R \sim N(\mu, \sigma^2)$). Vemos, nesse caso, que a estimação segue um processo dito paramétrico (BICKEL; DOKSUM, 2000), no qual é suficiente a determinação dos parâmetros da distribuição (ou seja, $\mu$ e $\sigma$).

    b. Abordagens Numéricas, nas quais nenhuma hipótese de modelagem probabilística precisa ser feita sobre a distribuição dos retornos dos ativos. Nesse caso, a estimação segue um processo dito não-paramétrico (GIBBONS; CHAKRABORTI, 1992), no qual deve-se estimar a densidade de probabilidade inteira da distribuição de retornos, ou então especificamente algum percentil dessa mesma distribuição. As duas abordagens numéricas mais conhecidas são a Simulação Histórica e a Simulação Monte Carlo. Ilustraremos no restante deste capítulo o uso da Simulação Histórica para a taxa de câmbio R$/€, e sugerimos Duarte Jr. (1997a) e Jorion (2006) para os leitores interessados no método de Simulação Monte Carlo.

Por exemplo, consideremos as variações mensais da taxa de câmbio R$/€ do fechamento de janeiro de 1999 até o fechamento de novembro de 2017, com um total de 226 observações, mostradas parcialmente na Tabela 1.7. A Figura 1.14 apresenta uma estimativa não-paramétrica para a densidade de probabilidade das referidas variações cambiais mensais com o uso de técnicas não-paramétricas descritas em Botev, Grotowski e Kroese (2010). Muito embora a Figura 1.14 até possa lembrar a densidade de probabilidade de uma distribuição Normal (comparar com a Figura 1.1), como essa foi obtida não-parametricamente, não foram necessárias quaisquer hipóteses prévias[30]. A Figura 1.15 apresenta a distribuição de probabilidade acumulada, obtida a partir da Figura 1.14.

---

[30] Em outros termos, não fizemos a suposição inicial de que a distribuição fosse Normal, podendo resultar qualquer distribuição de probabilidade.

Tabela 1.7 – Retornos mensais para a taxa de câmbio R$/€

| Mês | Taxa de Fechamento (R$/€) | Retorno Mensal |
|---|---|---|
| Jan./99 | 2,25682 | - |
| Fev./99 | 2,28006 | 1,02% |
| Mar./99 | 1,85897 | -20,42% |
| Abr./99 | 1,75873 | -5,54% |
| Maio/99 | 1,79989 | 2,31% |
| ... | ... | ... |
| Jul./17 | 3,70270 | -1,93% |
| Ago./17 | 3,74350 | 1,10% |
| Set./17 | 3,74300 | -0,01% |
| Out./17 | 3,81400 | 1,88% |
| Nov./17 | 3,83610 | 0,58% |

Fonte: o autor

Dessas duas figuras é possível obter, por exemplo, o quinto percentil da distribuição (ou seja, $\alpha = 5\%$), o que resulta na estimativa $-7,89\%$. Isso nos permite dizer que, especificamente para o período analisado, a estimativa não-paramétrica para o VaR dos retornos da taxa de câmbio mensal R$/€ é igual a $-7,89\%$ para o nível de significância de 5%.

Consideremos agora um investidor brasileiro que possuísse investimentos em € no fechamento de novembro de 2017, mas medisse os seus resultados em R$. Para ilustração numérica, assumimos que ele tivesse uma exposição total de €500.000 no fechamento de novembro de 2017, quando a taxa de câmbio era de R$3,83610/€1, conforme o último valor mostrado na Tabela 1.7. Podemos obter o valor aproximado para o VaR de sua exposição cambial ao nível de significância de 5% como sendo $(R\$3,83610/€1) \times €500.000 \times -7,89\% \approx -R\$151.334,15$. Isso nos permite afirmar que, com 5% de probabilidade, o referido investidor poderia ter uma perda pior (medida em R$) do que $-R\$151.334,15$ para a sua exposição cambial (medida em €) para o mês seguinte (ou seja, dezembro de 2017).

Figura 1.14 – Densidade estimada para os retornos da taxa de câmbio R$/€

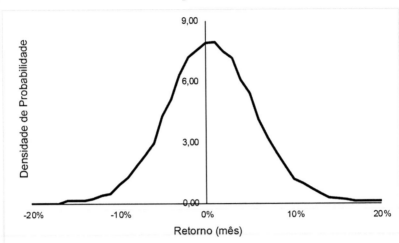

Fonte: o autor

Figura 1.15 – Probabilidade acumulada dos retornos da taxa de câmbio R$/€

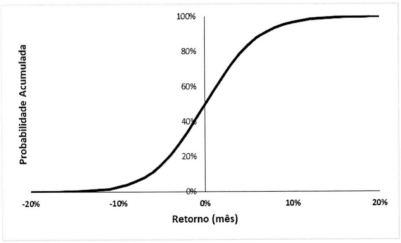

Fonte: o autor

O valor do VaR do parágrafo anterior foi obtido sem que fizéssemos qualquer hipótese sobre a distribuição dos retornos mensais da taxa de câmbio R$/€. Naturalmente, é possível supor, de início, que a distribuição dos retornos mensais da taxa de câmbio R$/€ seguia uma distribuição Normal para o período considerado na Tabela 1.7. Nesse caso, tomamos uma abordagem paramétrica ao problema de determinar o VaR, sendo suficiente para a determinação completa da densidade de probabilidade a estimação dos parâmetros $\mu$ e $\sigma$, conforme Bickel e Doksum (2000). Ao estimarmos os dois referidos parâmetros como a média dos retornos mensais e o desvio padrão dos retornos, obtemos (com as 226 observações coletadas)

$$\mu = \frac{1,02\% - 20,42\% + \ldots + 1,88\% + 0,58\%}{226} \approx 0,23\% \qquad (1.19)$$

e

$$\sigma = \sqrt{\frac{(1,02\% - 0,23\%)^2 + (-20,42\% - 0,23\%)^2 + \ldots + (1,88\% - 0,23\%)^2 + (0,58\% - 0,23\%)^2 +}{226}} \approx 5,09\% \qquad (1.20)$$

Das estimativas acima resulta que, sob a hipótese de normalidade, a distribuição dos retornos mensais da taxa de câmbio R\$/€ seguia a distribuição $N(0,23\%, 5,09\%^2)$ para o período considerado na Tabela 1.7. A Figura 1.16 compara diretamente a densidade não-paramétrica obtida para os retornos mensais da taxa de câmbio R\$/€ (dada na Figura 1.14) com a densidade de uma distribuição $N(0,23\%, 5,09\%^2)$. Podemos constatar apenas pequenas diferenças entre as duas curvas.

Figura 1.16 – Densidades dos retornos da taxa de câmbio R\$/€

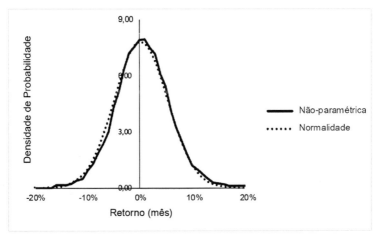

Fonte: o autor

O VaR, sob a hipótese de normalidade ao nível de significância de 5%, resulta ser aproximadamente $0,23\% + 5,09\% \times \Phi^{-1}(5\%) \approx 0,23\% + 5,09\% \times (-1,645) \approx -8,13\%$ um valor diferente da quantidade equivalente obtida a partir da Figura 1.14, ou seja, $-7,89\%$. Se o cálculo para a posição de €500.000 for repetido para o final de novembro de 2017, o VaR resultará ser $(R\$3,83610/€1) \times €500000 \times -8,13\% \approx -R\$155.937,46$ (contra $-R\$151.334,15$, representando uma diferença de aproximadamente R\$4.603,31 entre as abordagens paramétrica e não-paramétrica).

Um ponto que costuma confundir analistas de mercado é: como a mesma medida de risco pode diferir dependendo do método de cálculo? Qual está correta? A resposta é que não há uma medida correta ou errada, mas sim medidas concorrentes, cujos valores dependem do processo de estimação utilizado pelo analista[31].

Esse último exemplo numérico é suficiente para ilustrar que estimativas obtidas para o VaR de um determinado ativo podem diferir dependendo de como os cálculos forem feitos. Um exemplo detalhado, com dados reais do mercado de derivativos brasileiro, pode ser lido em Duarte (1997a), artigo no qual o autor discute e ilustra numericamente as possíveis diferenças nos valores do VaR dependendo do método de cálculo utilizado, especialmente quando situações de estresse são incorporadas na análise, como é comum ocorrer no mercado financeiro brasileiro.

---

[31] Por exemplo, qual a medida correta entre (1.12) e (1.13)? Não há medida correta, mas apenas estimativas diferentes, oriundas de estimadores diferentes, com características próprias, conforme discutido em Lehmann (1983).

# RETORNO, INCERTEZA E RISCOS: VÁRIOS ATIVOS

*Uma boa carteira de investimentos é muito mais que uma longa lista de ações e debêntures.*

(Harry M. Markowitz)

No capítulo anterior, definimos os conceitos de retorno, incerteza e riscos para ativos quando considerados isoladamente. Neste capítulo, estendemos os resultados do capítulo anterior para investimentos em vários ativos considerados simultaneamente.

## 2.1 Covariância e Correlação

### 2.1.1 Dois Ativos

Consideremos inicialmente o problema de investir em dois ativos. Por exemplo, consideremos um investidor brasileiro que possui posições em ativos no exterior em duas moedas apenas: € e US$. Vamos assumir que esse investidor deseja compreender como as flutuações das taxas de câmbio R$/€ e R$/US$ impactam os seus retornos medidos em R$. Para tal, é fundamental entender como as duas taxas cambiais se comportam quando consideradas conjuntamente.

A Tabela 2.1 resume a evolução dos valores de fechamento diários das duas taxas para o mês de agosto de 2017, assim como os seus retornos[1].

---

[1] Por exemplo, $ln\left(3,68990 / 3,70295\right) \approx -0,35\%$, $ln\left(3,69155 / 3,68990\right) \approx 0,04\%$, e assim por diante. Analogamente, temos que $ln\left(3,12525 / 3,11795\right) \approx 0,23\%$, $ln\left(3,11935 / 3,12525\right) \approx -0,19\%$ e assim por diante.

Tabela 2.1 – Fechamentos diários de duas taxas de câmbio

| Dia | R$/€ | R$/US$ | Ret. R$/€ | Ret. R$/€ |
|---|---|---|---|---|
| 31/07/2017 | 3,70295 | 3,11795 | - | - |
| 01/08/2017 | 3,68990 | 3,12525 | -0,35% | 0,23% |
| 02/08/2017 | 3,69155 | 3,11935 | 0,04% | -0,19% |
| 03/08/2017 | 3,69340 | 3,11325 | 0,05% | -0,20% |
| 04/08/2017 | 3,68675 | 3,12505 | -0,18% | 0,38% |
| 07/08/2017 | 3,68795 | 3,12495 | 0,03% | 0,00% |
| 08/08/2017 | 3,67530 | 3,12940 | -0,34% | 0,14% |
| 09/08/2017 | 3,71080 | 3,15195 | 0,96% | 0,72% |
| 10/08/2017 | 3,73750 | 3,17515 | 0,72% | 0,73% |
| 11/08/2017 | 3,77350 | 3,17375 | 0,96% | -0,04% |
| 14/08/2017 | 3,75585 | 3,20160 | -0,47% | 0,87% |
| 15/08/2017 | 3,71950 | 3,17245 | -0,97% | -0,91% |
| 16/08/2017 | 3,71020 | 3,14555 | -0,25% | -0,85% |
| 17/08/2017 | 3,72195 | 3,17815 | 0,32% | 1,03% |
| 18/08/2017 | 3,70125 | 3,14555 | -0,56% | -1,03% |
| 21/08/2017 | 3,73885 | 3,16800 | 1,01% | 0,71% |
| 22/08/2017 | 3,71860 | 3,17975 | -0,54% | 0,37% |
| 23/08/2017 | 3,71860 | 3,14160 | 0,00% | -1,21% |
| 24/08/2017 | 3,71490 | 3,14680 | -0,10% | 0,17% |
| 25/08/2017 | 3,76885 | 3,15390 | 1,44% | 0,23% |
| 28/08/2017 | 3,79500 | 3,16205 | 0,69% | 0,26% |
| 29/08/2017 | 3,78795 | 3,16295 | -0,19% | 0,03% |
| 30/08/2017 | 3,75785 | 3,15965 | -0,80% | -0,10% |
| 31/08/2017 | 3,75065 | 3,14725 | -0,19% | -0,39% |

Fonte: o autor

Os retornos diários obtidos na Tabela 2.1 estão exibidos na Figura 2.1, em que podemos perceber uma tendência de que aumentos/diminuições na taxa R$/€ sejam acompanhados de aumentos/diminuições na taxa R$/US$. Em outros termos, podemos observar a tendência de que desvalorizações do R$ contra o € sejam acompanhadas de desvalorizações do R$ contra o US$, assim como que valorizações do R$ contra o € sejam acompanhadas de valorizações do R$ contra o US$.

Figura 2.1 – Retornos diários observados para duas taxas de câmbio

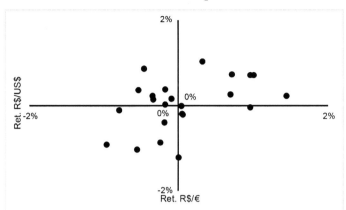

Fonte: o autor

Se denotarmos os retornos diários das taxas R$/€ e R$/US$ por $R_{R\$/€}$ e $R_{R\$/US\$}$, respectivamente, é possível obter estimativas para a tendência dos movimentos conjuntos dessas duas variáveis aleatórias. A covariância (JAMES, 2015) pode ser definida como[2]

$$Cov(R_{R\$/€}, R_{R\$/US\$}) = \sigma_{R\$/€, R\$/US\$} = \qquad (2.1)$$
$$= E((R_{R\$/€} - E(R_{R\$/€})) \times (R_{R\$/US\$} - E(R_{R\$/US\$}))) =$$
$$= \ldots = E(R_{R\$/€} \times R_{R\$/US\$}) - (E(R_{R\$/€}) \times E(R_{R\$/US\$}))$$

---
[2] Para o caso geral de dois ativos $A$ e $B$, cujos retornos são modelados pelas variáveis aleatórias $R_A$ e $R_B$, respectivamente, temos que

Uma segunda medida de tendência de movimentos conjuntos de duas variáveis aleatórias, a qual pode ser obtida a partir do cálculo da covariância, é a correlação (JAMES, 2015), definida como[3]

$$Corr\left(R_{R\$/€}, R_{R\$/US\$}\right) = \rho_{R\$/€, R\$/US\$} = \frac{Cov\left(R_{R\$/€}, R_{R\$/US\$}\right)}{\sqrt{Var\left(R_{R\$/€}\right)} \times \sqrt{Var\left(R_{R\$/US\$}\right)}} \quad (2.2)$$

em que $Var\left(R_{R\$/€}\right)$ e $Var\left(R_{R\$/US\$}\right)$ denotam as variâncias das variáveis aleatórias $R_{R\$/€}$ e $R_{R\$/US\$}$, respectivamente.

É possível obtermos estimativas para a covariância e a correlação, dados os retornos diários das taxas de câmbio R$/€ e R$/US$ disponibilizadas na Tabela 2.1. Denotamos os valores dos retornos exibidos na Tabela 2.1 de agora em diante por $\left(r_1^{R\$/€}, r_1^{R\$/US\$}\right)$, $\left(r_2^{R\$/€}, r_2^{R\$/US\$}\right), \ldots, \left(r_{23}^{R\$/€}, r_{23}^{R\$/US\$}\right)$.[4]

A estimativa de máxima verossimilhança para a covariância dos retornos das duas taxas de câmbio sob a hipótese de normalidade (BICKEL; DOKSUM, 2000) é[5]

---

$Cov\left(R_A, R_B\right) = E\left(\left(R_A - E\left(R_A\right)\right) \times \left(R_B - E\left(R_B\right)\right)\right) = \ldots = E\left(R_A \times R_B\right) - \left(E\left(R_A\right) \times E\left(R_B\right)\right)$.

É importante notar a simetria $Cov\left(R_A, R_B\right) = Cov\left(R_B, R_A\right)$, o que requer um único cálculo para cada par de ativos. Outro ponto importante a ser observado é que $Cov\left(R_A, R_A\right) = E\left(\left(R_A - E\left(R_A\right)\right) \times \left(R_A - E\left(R_A\right)\right)\right) = E\left(\left(R_A - E\left(R_A\right)\right)^2\right) = Var\left(R_A\right)$, ou seja, a covariância de uma variável aleatória com si mesma é dada por sua variância.

[3] Para o caso geral de dois ativos $A$ e $B$, cujos retornos são modelados pelas variáveis aleatórias $R_A$ e $R_B$, respectivamente, temos que $Corr\left(R_A, R_B\right) = \frac{Cov\left(R_A, R_B\right)}{\sqrt{Var\left(R_A\right)} \times \sqrt{Var\left(R_B\right)}}$. É importante notar a simetria $Corr\left(R_A, R_B\right) = Corr\left(R_B, R_A\right)$, o que requer um único cálculo para cada par de ativos. Outro ponto importante a ser observado é que $Corr\left(R_A, R_A\right) = \frac{Cov\left(R_A, R_A\right)}{\sqrt{Var\left(R_A\right)} \times \sqrt{Var\left(R_A\right)}} = \frac{Var\left(R_A\right)}{Var\left(R_A\right)} = 1$, ou seja, a correlação de uma variável aleatória com si mesma é sempre igual a um. Outro resultado interessante é que $-1 \leq Corr\left(R_A, R_B\right) \leq 1$, o que confere poder de interpretação para a correlação, conforme ilustrado adiante.

[4] Por exemplo, $\left(r_1^{R\$/€}, r_1^{R\$/US\$}\right) = \left(-0,35\%, 0,23\%\right) \left(r_2^{R\$/€}, r_2^{R\$/US\$}\right) = \left(0,04\%, -0,19\%\right)$, e assim por diante, até $\left(r_{23}^{R\$/€}, r_{23}^{R\$/US\$}\right) = \left(-0,19\%, -0,39\%\right)$.

[5] No caso geral de uma amostra com $n$ pares de observações, $\left(r_1^A, r_1^B\right), \ldots, \left(r_n^A, r_n^B\right)$, para os retornos de dois ativos, $A$ e $B$, temos que a estimativa de máxima verossimilhança sob a hipótese de

$$\hat{\sigma}_{R\$/\euro, R\$/US\$} = \frac{\left(r_1^{R\$/\euro} - \bar{r}^{R\$/\euro}\right) \times \left(r_1^{R\$/US\$} - \bar{r}^{R\$/US\$}\right) + \ldots + \left(r_{23}^{R\$/\euro} - \bar{r}^{R\$/\euro}\right) \times \left(r_{23}^{R\$/US\$} - \bar{r}^{R\$/US\$}\right)}{23} = \quad (2.3)$$

$$= \frac{(-0,35\% - 0,06\%) \times (0,23\% - 0,04\%) + \ldots + (-0,19\% - 0,06\%) \times (-0,39\% - 0,04\%)}{23} \approx 0,00159\%$$

em que $\bar{r}^{R\$/\euro} = \dfrac{r_1^{R\$/\euro} + \ldots + r_{23}^{R\$/\euro}}{23} = \dfrac{-0,35\% + 0,04\% + \ldots - 0,19\%}{23} \approx 0,06\%$ e

$\bar{r}^{R\$/US\$} = \dfrac{r_1^{R\$/US\$} + \ldots + r_{23}^{R\$/US\$}}{23} = \dfrac{0,23\% - 0,19\% + \ldots - 0,39\%}{23} \approx 0,04\%$.

A estimativa de máxima verossimilhança para a correlação para as duas taxas de câmbio, sob a hipótese de normalidade (BICKEL; DOKSUM, 2000), é dada por[6]

$$\hat{\rho}_{R\$/\euro, R\$/US\$} = \frac{\hat{\sigma}_{R\$/\euro, R\$/US\$}}{\hat{\sigma}_{R\$/\euro} \times \hat{\sigma}_{R\$/US\$}} = \quad (2.4)$$

$$= \frac{\dfrac{\left(r_1^{R\$/\euro} - \bar{r}^{R\$/\euro}\right) \times \left(r_1^{R\$/US\$} - \bar{r}^{R\$/US\$}\right) + \ldots + \left(r_{23}^{R\$/\euro} - \bar{r}^{R\$/\euro}\right) \times \left(r_{23}^{R\$/US\$} - \bar{r}^{R\$/US\$}\right)}{23}}{\sqrt{\dfrac{\left(r_1^{R\$/\euro} - \bar{r}^{R\$/\euro}\right)^2 + \ldots + \left(r_{23}^{R\$/\euro} - \bar{r}^{R\$/\euro}\right)^2}{23}} \times \sqrt{\dfrac{\left(r_1^{R\$/US\$} - \bar{r}^{R\$/US\$}\right)^2 + \ldots + \left(r_{23}^{R\$/US\$} - \bar{r}^{R\$/US\$}\right)^2}{23}}}$$

---

normalidade é dada por $\sigma_{A,B} = \dfrac{\left(r_1^A - \bar{r}^A\right) \times \left(r_1^B - \bar{r}^B\right) + \ldots + \left(r_n^A - \bar{r}^A\right) \times \left(r_n^B - \bar{r}^B\right)}{n}$,

com $\bar{r}^A = \dfrac{r_1^A + \ldots + r_n^A}{n}$ e $\bar{r}^B = \dfrac{r_1^B + \ldots + r_n^B}{n}$.

[6] No caso geral de uma amostra com $n$ pares de observações, $\left(r_1^A, r_1^B\right)$,

$\ldots, \left(r_n^A, r_n^B\right)$, para os retornos de dois ativos, $A$ e $B$, temos que

$\rho_{A,B} = \dfrac{\sigma_{A,B}}{\sigma_A \times \sigma_B}$, com $\sigma_{A,B} = \dfrac{\left(r_1^A - \bar{r}^A\right) \times \left(r_1^B - \bar{r}^B\right) + \ldots + \left(r_n^A - \bar{r}^A\right) \times \left(r_n^B - \bar{r}^B\right)}{n}$,

$\sigma_A = \sqrt{\dfrac{\left(r_1^A - \bar{r}^A\right)^2 + \ldots + \left(r_n^A - \bar{r}^A\right)^2}{n}}$ e

$\sigma_B = \sqrt{\dfrac{\left(r_1^B - \bar{r}^B\right)^2 + \ldots + \left(r_n^B - \bar{r}^B\right)^2}{n}}$.

em que

$$\hat{\sigma}_{R\$/\text{\euro}} = \sqrt{\frac{\left(r_1^{R\$/\text{\euro}} - \bar{r}^{R\$/\text{\euro}}\right)^2 + \ldots + \left(r_{23}^{R\$/\text{\euro}} - \bar{r}^{R\$/\text{\euro}}\right)^2}{23}} = \sqrt{\frac{(-0{,}35\% - 0{,}06\%)^2 + \ldots + (-0{,}19\% - 0{,}06\%)^2}{23}} \approx 0{,}62\%$$

e $\hat{\sigma}_{R\$/US\$} = \sqrt{\dfrac{\left(r_1^{R\$/US\$} - \bar{r}^{R\$/US\$}\right)^2 + \ldots + \left(r_{23}^{R\$/US\$} - \bar{r}^{R\$/US\$}\right)^2}{23}} = \sqrt{\dfrac{(0{,}23\% - 0{,}04\%)^2 + \ldots + (-0{,}39\% - 0{,}04\%)^2}{23}} \approx 0{,}60\%$ são

estimativas de máxima verossimilhança para o desvio padrão dos retornos das duas taxas (conforme o capítulo anterior), o que resulta em

$$\hat{\rho}_{R\$/\text{\euro},R\$/US\$} = \frac{\hat{\sigma}_{R\$/\text{\euro},R\$/US\$}}{\hat{\sigma}_{R\$/\text{\euro}} \times \hat{\sigma}_{R\$/US\$}} \approx \frac{0{,}00159\%}{0{,}62\% \times 0{,}60\%} \approx 0{,}43 \qquad (2.5)$$

Vemos que as estimativas obtidas para covariância e correlação são positivas[7], o que traz evidência estatística de que, quando há desvalorização do R$ frente ao €, tende a ocorrer também desvalorização do R$ frente ao US$, valendo a mesma conclusão para as situações de valorização do R$ frentes às duas moedas, em linha com os comentários que havíamos feito para a Figura 2.1 anteriormente[8].

Existem outras possíveis estimativas para a covariância entre duas variáveis aleatórias, como[9]

---

[7] De (2.4) podemos observar que o sinal da correlação é sempre igual ao da covariância, uma vez que $\sigma_{R\$/\text{\euro}} > 0$, $\sigma_{R\$/\text{\euro}} > 0$ e $\sigma_{R\$/US\$} > 0$.

[8] Lembrando, uma correlação positiva entre duas variáveis aleatórias sinaliza que o aumento de uma é usualmente acompanhado do aumento da outra. Por sua vez, a correlação negativa entre duas variáveis aleatórias sinaliza que o aumento de uma é usualmente acompanhado da diminuição da outra. Por fim, uma correlação próxima a zero sinaliza que o aumento da uma variável aleatória não traz qualquer informação sobre o que esperar da outra variável aleatória (i.e., se aumento, diminuição ou manutenção). Para maiores detalhes sobre a interpretação dos valores da correlação sugerimos a leitura de Tukey (1977).

[9] No caso geral de uma amostra com $n$ pares de observações, $\left(r_1^A, r_1^B\right), \ldots, \left(r_n^A, r_n^B\right)$, para os retornos de dois ativos, $A$ e $B$, temos que $\sigma_{A,B} = \dfrac{\left(r_1^A - \bar{r}^A\right) \times \left(r_1^B - \bar{r}^B\right) + \ldots + \left(r_n^A - \bar{r}^A\right) \times \left(r_n^B - \bar{r}^B\right)}{n-1}$, com $\bar{r}^A = \dfrac{r_1^A + \ldots + r_n^A}{n}$ e $\bar{r}^B = \dfrac{r_1^B + \ldots + r_n^B}{n}$. Essa estimativa é denominada a Estimativa Não Viciada de Variância Uniformemente Mínima para a covariância sob a hipótese de normalidade, conforme Bickel e Doksum (2000). Aproveitamos para mencionar que, no restante deste livro, preferiremos utilizar as estimativas de máxima verossimilhança, como em (2.3), por uma mera questão de uniformização dos cálculos.

$$\hat{\sigma}_{R\$/\epsilon, R\$/US\$} = \frac{\left(r_1^{R\$/\epsilon} - \overline{r}^{R\$/\epsilon}\right) \times \left(r_1^{R\$/US\$} - \overline{r}^{R\$/US\$}\right) + \ldots + \left(r_{23}^{R\$/\epsilon} - \overline{r}^{R\$/\epsilon}\right) \times \left(r_{23}^{R\$/US\$} - \overline{r}^{R\$/US\$}\right)}{22} = \quad (2.6)$$

$$= \frac{(-0,35\% - 0,06\%) \times (0,23\% - 0,04\%) + \ldots + (-0,19\% - 0,06\%) \times (-0,39\% - 0,04\%)}{22} \approx 0,00166\%$$

em que $\overline{r}^{R\$/\epsilon} \approx 0,06\%$ e $\overline{r}^{R\$/US\$} \approx 0,04\%$, conforme estimado anteriormente. Em outros termos, como já visto no caso do desvio padrão – ver (1.11) e (1.12) –, a escolha do denominador[10] leva a estimadores diferentes[11].

É possível também considerar outros estimadores para a correlação, agora baseado na estimativa de covariância dada em (2.6), como

$$\hat{\rho}_{R\$/\epsilon, R\$/US\$} = \frac{\dfrac{\left(r_1^{R\$/\epsilon} - \overline{r}^{R\$/\epsilon}\right) \times \left(r_1^{R\$/US\$} - \overline{r}^{R\$/US\$}\right) + \ldots + \left(r_{23}^{R\$/\epsilon} - \overline{r}^{R\$/\epsilon}\right) \times \left(r_{23}^{R\$/US\$} - \overline{r}^{R\$/US\$}\right)}{22}}{\sqrt{\dfrac{\left(r_1^{R\$/\epsilon} - \overline{r}^{R\$/\epsilon}\right)^2 + \ldots + \left(r_{23}^{R\$/\epsilon} - \overline{r}^{R\$/\epsilon}\right)^2}{22}} \times \sqrt{\dfrac{\left(r_1^{R\$/US\$} - \overline{r}^{R\$/US\$}\right)^2 + \ldots + \left(r_{23}^{R\$/US\$} - \overline{r}^{R\$/US\$}\right)^2}{22}}} \quad (2.7)$$

em que, o leitor deve observar, as estimativas de

$$\hat{\sigma}_{R\$/\epsilon} = \sqrt{\frac{\left(r_1^{R\$/\epsilon} - \overline{r}^{R\$/\epsilon}\right)^2 + \ldots + \left(r_{23}^{R\$/\epsilon} - \overline{r}^{R\$/\epsilon}\right)^2}{22}} \quad \text{e}$$

$$\hat{\sigma}_{R\$/US\$} = \sqrt{\frac{\left(r_1^{R\$/US\$} - \overline{r}^{R\$/US\$}\right)^2 + \ldots + \left(r_{23}^{R\$/US\$} - \overline{r}^{R\$/US\$}\right)^2}{22}} \quad \text{devem ser também}$$

adaptadas ao novo denominador (BICKEL; DOKSUM, 2000). A estimativa da correlação nesse caso não é alterada, sendo 0,43, como obtido em (2.5).

### 2.1.2 Três Ativos

Até aqui buscamos compreender a tendência de movimento conjuntos quando considerados apenas dois ativos. Vemos de (2.1) e (2.2) que a covariância e a correlação estão definidas para o caso dos retornos de dois ativos, apenas. Uma pergunta natural nesse ponto é: e se tivermos que considerar uma carteira com três ativos? O que muda?

Para tal, consideremos os dados na Tabela 2.2 para as três ações de maior capitalização de mercado do setor financeiro brasileiro no fim de

---

[10] No caso específico dos retornos $R_{R\$/\epsilon}$ e $R_{R\$/US\$}$ dados na Tabela 2.1, 23 no caso de (2.3) e 22 no caso de (2.6).

[11] Assim como no caso dos estimadores (1.11) e (1.12), sugerimos a leitura de Lehmann (1983) para as devidas comparações entre (2.3) e (2.6) para aqueles leitores interessados em mais detalhes estatísticos.

2017, todas negociadas na bolsa B3: Banco Bradesco S/A (BBDC4), Banco do Brasil S/A (BBAS3) e Itaú-Unibanco Holding S/A (ITUB4)[12].

Tabela 2.2 – Fechamentos diários de três ações

| Dia | BBDC4 | BBAS3 | ITUB4 | Ret. BBDC4 | Ret. BBAS3 | Ret. ITUB4 |
|---|---|---|---|---|---|---|
| 31/07/2017 | 30,19 | 28,70 | 37,32 | - | - | - |
| 01/08/2017 | 30,56 | 29,30 | 38,50 | 1,22% | 2,07% | 3,11% |
| 02/08/2017 | 30,96 | 30,48 | 38,90 | 1,30% | 3,95% | 1,03% |
| 03/08/2017 | 30,95 | 30,68 | 38,81 | -0,03% | 0,65% | -0,23% |
| 04/08/2017 | 30,98 | 30,87 | 38,71 | 0,10% | 0,62% | -0,26% |
| 07/08/2017 | 31,34 | 31,35 | 39,32 | 1,16% | 1,54% | 1,56% |
| 08/08/2017 | 31,67 | 31,35 | 39,80 | 1,05% | 0,00% | 1,21% |
| 09/08/2017 | 31,69 | 30,77 | 39,55 | 0,06% | -1,87% | -0,63% |
| 10/08/2017 | 31,39 | 30,92 | 39,05 | -0,95% | 0,49% | -1,27% |
| 11/08/2017 | 31,67 | 30,90 | 39,25 | 0,89% | -0,06% | 0,51% |
| 14/08/2017 | 32,30 | 31,09 | 39,96 | 1,97% | 0,61% | 1,79% |
| 15/08/2017 | 32,38 | 30,94 | 39,73 | 0,25% | -0,48% | -0,58% |
| 16/08/2017 | 32,38 | 30,69 | 39,81 | 0,00% | -0,81% | 0,20% |
| 17/08/2017 | 32,11 | 30,15 | 39,49 | -0,84% | -1,78% | -0,81% |
| 18/08/2017 | 32,77 | 30,42 | 39,87 | 2,03% | 0,89% | 0,96% |
| 21/08/2017 | 32,76 | 30,82 | 39,58 | -0,03% | 1,31% | -0,73% |
| 22/08/2017 | 33,50 | 31,99 | 40,42 | 2,23% | 3,73% | 2,10% |
| 23/08/2017 | 33,80 | 32,01 | 40,86 | 0,89% | 0,06% | 1,08% |
| 24/08/2017 | 33,91 | 32,12 | 41,20 | 0,32% | 0,34% | 0,83% |
| 25/08/2017 | 33,94 | 32,00 | 41,08 | 0,09% | -0,37% | -0,29% |
| 28/08/2017 | 33,42 | 31,70 | 40,72 | -1,54% | -0,94% | -0,88% |
| 29/08/2017 | 33,99 | 31,49 | 41,09 | 1,69% | -0,66% | 0,90% |
| 30/08/2017 | 33,65 | 31,17 | 40,87 | -1,01% | -1,02% | -0,54% |
| 31/08/2017 | 33,58 | 30,70 | 40,35 | -0,21% | -1,52% | -1,28% |

Fonte: o autor

---

[12] Notemos que agora temos 23 ternos ordenados para os retornos calculados dos três ativos,

$\left( r_1^{BBDC4}, r_1^{BBAS3}, r_1^{ITUB4} \right) = \left( 1,22\%, 2,07\%, 3,11\% \right)$,

$\left( r_2^{BBDC4}, r_2^{BBAS3}, r_2^{ITUB4} \right) = \left( 1,30\%, 3,95\%, 1,03\% \right)$, e assim por diante, até $\left( r_{23}^{BBDC4}, r_{23}^{BBAS3}, r_{23}^{ITUB4} \right) = \left( -0,21\%, -1,52\%, -1,28\% \right)$.

As Figuras 2.2, 2.3 e 2.4 exibem a disposição gráfica no plano dos retornos para cada uma das três possíveis combinações de pares das ações. Por exemplo, podemos observar que os retornos estão concentrados no primeiro e terceiro quadrantes nas três figuras. Conforme Tukey (1977), essa observação é uma indicação de que há tendência de que os preços dos três ativos aumentem/diminuam de forma conjunta.

Figura 2.2 – Retornos diários observados para duas ações: BBDC4 e BBAS3

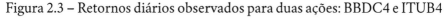

Fonte: o autor

Figura 2.3 – Retornos diários observados para duas ações: BBDC4 e ITUB4

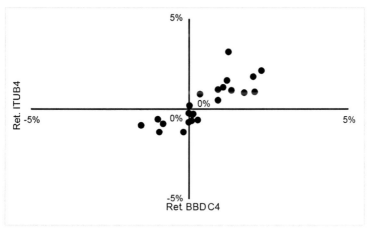

Fonte: o autor

Figura 2.4 – Retornos diários observados para duas ações: BBAS3 e ITUB4

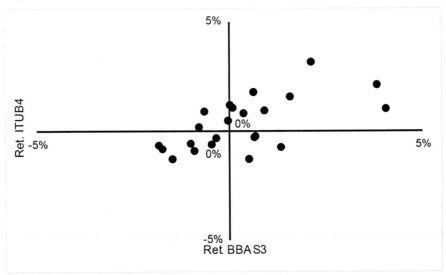

Fonte: o autor

Com três ou mais ativos em uma carteira, temos que calcular a covariância e/ou correlação para cada possível par e, então, arrumá-los em uma matriz de covariância e/ou correlação (ROSS, 2014), conforme ilustrado adiante. Por exemplo, a estimativa de máxima verossimilhança para a covariância dos retornos de BBDC4 e BBAS3 sob a hipótese de normalidade é

$$\hat{\sigma}_{BBDC4,BBAS3} = \tag{2.8}$$

$$= \frac{\left(r_1^{BBDC4} - \overline{r}^{BBDC4}\right)\times\left(r_1^{BBAS3} - \overline{r}^{BBAS3}\right) + \ldots + \left(r_{23}^{BBDC4} - \overline{r}^{BBDC4}\right)\times\left(r_{23}^{BBAS3} - \overline{r}^{BBAS3}\right)}{23} \approx$$

$$\approx \frac{(1,22\% - 0,46\%)\times(2,07\% - 0,29\%) + \ldots + (-0,21\% - 0,46\%)\times(-1,52\% - 0,29\%)}{23} \approx 0,00878\%$$

em que

$$\overline{r}^{BBDC4} = \frac{r_1^{BBDC4} + \ldots + r_{23}^{BBDC4}}{23} = \frac{1,22\% + \ldots - 0,21\%}{23} \approx 0,46\% \text{ e}$$

$$\overline{r}^{BBAS3} = \frac{r_1^{BBAS3} + \ldots + r_{23}^{BBAS3}}{23} = \frac{2,07\% + \ldots - 1,52\%}{23} \approx 0,29\%.$$

Prosseguindo, é possível encontrar estimativas para a covariância para os pares BBDC4-ITUB4 e BBAS3-ITUB4, que resultam ser aproximadamente 0,00949% e 0,01062%, respectivamente. Deixamos a obtenção desses últimos dois valores como um exercício de fixação para o leitor.

O desvio padrão dos retornos de cada uma das três ações necessita ser calculado para a montagem da matriz de covariância. Por exemplo, no caso de BBDC4, temos

$$\hat{\sigma}_{BBDC4} = \sqrt{\frac{\left(r_1^{BBDC4} - \bar{r}^{BBDC4}\right)^2 + \ldots + \left(r_{23}^{BBDC4} - \bar{r}^{BBDC4}\right)^2}{23}} \quad (2.9)$$

$$\approx \sqrt{\frac{(1,22\% - 0,46\%)^2 + \ldots + (-0,21\% - 0,46\%)^2}{23}} \approx 1,01\%$$

conforme ilustrado no capítulo anterior. O cálculo de $\sigma_{BBAS3}$ e $\sigma_{ITUB4}$ resulta em aproximadamente 1,48% e 1,14%, respectivamente, os quais deixamos como exercício para o leitor.

Definimos a matriz de covariância para os retornos das três ações como sendo

$$\begin{pmatrix} \sigma_{BBDC4}^2 & \sigma_{BBDC4,BBAS3} & \sigma_{BBDC4,ITUB4} \\ \sigma_{BBDC4,BBAS3} & \sigma_{BBAS3}^2 & \sigma_{BBAS3,ITUB4} \\ \sigma_{BBDC4,ITUB4} & \sigma_{BBAS3,ITUB4} & \sigma_{ITUB4}^2 \end{pmatrix} \quad (2.10)$$

que resulta ser uma matriz simétrica (ROSS, 2014), dado que $\sigma_{BBDC4,BBAS3} = \sigma_{BBAS3,BBDC4}$, $\sigma_{BBDC4,ITUB4} = \sigma_{ITUB4,BBDC4}$ e $\sigma_{ITUB4,BBAS3} = \sigma_{BBAS3,ITUB4}$.

A estimativa de máxima verossimilhança para a matriz de covariância sob a hipótese de normalidade (JOHNSON; WICHERN, 2007) é construída com os valores obtidos como em (2.8) e (2.9), resultando em[13]

---

[13] No caso geral de uma amostra com $n$ ternos ordenados de observações, $\left(r_1^A, r_1^B, r_1^C\right)$, ..., $\left(r_n^A, r_n^B, r_n^C\right)$ para os retornos de três ativos, $A$, $B$ e C, temos que a estimativa de máxima verossimilhança sob a hipótese de normalidade da matriz de covariância é dada por $\begin{pmatrix} \hat{\sigma}_A^2 & \hat{\sigma}_{A,B} & \hat{\sigma}_{A,C} \\ \hat{\sigma}_{A,B} & \hat{\sigma}_B^2 & \hat{\sigma}_{B,C} \\ \hat{\sigma}_{A,C} & \hat{\sigma}_{B,C} & \hat{\sigma}_C^2 \end{pmatrix}$, onde $\hat{\sigma}_A^2 = \dfrac{\left(r_1^A - \bar{r}^A\right)^2 + \ldots + \left(r_n^A - \bar{r}^A\right)^2}{n}$

$$\begin{pmatrix} \hat{\sigma}_{BBDC4}^2 & \hat{\sigma}_{BBDC4,BBAS3} & \hat{\sigma}_{BBDC4,ITUB4} \\ \hat{\sigma}_{BBDC4,BBAS3} & \hat{\sigma}_{BBAS3}^2 & \hat{\sigma}_{BBAS3,ITUB4} \\ \hat{\sigma}_{BBDC4,ITUB4} & \hat{\sigma}_{BBAS3,ITUB4} & \hat{\sigma}_{ITUB4}^2 \end{pmatrix} \approx \quad (2.11)$$

$$\approx \begin{pmatrix} 1{,}01\%^2 & 0{,}00878\% & 0{,}00949\% \\ 0{,}00878\% & 1{,}48\%^2 & 0{,}01062\% \\ 0{,}00949\% & 0{,}01062\% & 1{,}14\%^2 \end{pmatrix} \approx$$

$$\approx \begin{pmatrix} 0{,}0001016 & 0{,}0000878 & 0{,}0000949 \\ 0{,}0000878 & 0{,}0002198 & 0{,}0001062 \\ 0{,}0000949 & 0{,}0001062 & 0{,}0001304 \end{pmatrix}$$

Assim como as covariâncias foram obtidas para os três pares possíveis de ações, as correlações podem ser estimadas a seguir. Por exemplo, temos que

$$\hat{\rho}_{BBDC4,BBAS3} = \frac{\hat{\sigma}_{BBDC4,BBAS3}}{\hat{\sigma}_{BBDC4} \times \hat{\sigma}_{BBAS3}} \approx \frac{0{,}00878\%}{1{,}01\% \times 1{,}48\%} \approx 0{,}59 \quad (2.12)$$

Analogamente, é possível obter $\hat{\rho}_{BBDC4,ITUB4}$ e $\hat{\rho}_{BBAS3,ITUB4}$, cujas estimativas resultarão ser aproximadamente 0,82 e 0,63, respectivamente, como o leitor pode verificar.

---

$$\hat{\sigma}_{B,C} = \frac{\left(r_1^B - \bar{r}^B\right) \times \left(r_1^C - \bar{r}^C\right) + \ldots + \left(r_n^B - \bar{r}^B\right) \times \left(r_n^C - \bar{r}^C\right)}{n},$$

$$\hat{\sigma}_B^2 = \frac{\left(r_1^B - \bar{r}^B\right)^2 + \ldots + \left(r_n^B - \bar{r}^B\right)^2}{n}, \quad \hat{\sigma}_C^2 = \frac{\left(r_1^C - \bar{r}^C\right)^2 + \ldots + \left(r_n^C - \bar{r}^C\right)^2}{n},$$

$$\hat{\sigma}_{A,B} = \frac{\left(r_1^A - \bar{r}^A\right) \times \left(r_1^B - \bar{r}^B\right) + \ldots + \left(r_n^A - \bar{r}^A\right) \times \left(r_n^B - \bar{r}^B\right)}{n}$$

$$\hat{\sigma}_{B,C} = \frac{\left(r_1^B - \bar{r}^B\right) \times \left(r_1^C - \bar{r}^C\right) + \ldots + \left(r_n^B - \bar{r}^B\right) \times \left(r_n^C - \bar{r}^C\right)}{n}$$

e $\hat{\sigma}_{A,C} = \dfrac{\left(r_1^A - \bar{r}^A\right) \times \left(r_1^C - \bar{r}^C\right) + \ldots + \left(r_n^A - \bar{r}^A\right) \times \left(r_n^C - \bar{r}^C\right)}{n}.$

Definimos a matriz de correlação para os retornos das três ações como (ROSS, 2014)

$$\begin{pmatrix} 1,00 & \rho_{BBDC4,BBAS3} & \rho_{BBDC4,ITUB4} \\ \rho_{BBDC4,BBAS3} & 1,00 & \rho_{BBAS3,ITUB4} \\ \rho_{BBDC4,ITUB4} & \rho_{BBAS3,ITUB4} & 1,00 \end{pmatrix} \qquad (2.13)$$

que resulta ser uma matriz simétrica, como no caso de (2.10).

A estimativa de máxima verossimilhança para a matriz de correlação sob a hipótese de normalidade (JOHNSON; WHICHERN, 2007) é construída com estimativas como em (2.12), resultando em[14]

$$\begin{pmatrix} 1,00 & \hat{\rho}_{BBDC4,BBAS3} & \hat{\rho}_{BBDC4,ITUB4} \\ \hat{\rho}_{BBDC4,BBAS3} & 1,00 & \hat{\rho}_{BBAS3,ITUB4} \\ \hat{\rho}_{BBDC4.ITUB4} & \hat{\rho}_{BBAS3.ITUB4} & 1,00 \end{pmatrix} \approx \begin{pmatrix} 1,00 & 0,59 & 0,82 \\ 0,59 & 1,00 & 0,63 \\ 0,82 & 0,63 & 1,00 \end{pmatrix} \qquad (2.14)$$

---

[14] No caso geral de uma amostra com $n$ ternos ordenados de observações, $\left(r_1^A, r_1^B, r_1^C\right)$, ..., $\left(r_n^A, r_n^B, r_n^C\right)$ para os retornos de três ativos, $A$, $B$ e $C$, temos que a estimativa de máxima verossimilhança sob a hipótese de normalidade da matriz de correlação é dada por $\begin{pmatrix} 1 & \hat{\rho}_{A,B} & \hat{\rho}_{A,C} \\ \hat{\rho}_{A,B} & 1 & \hat{\rho}_{B,C} \\ \hat{\rho}_{A,C} & \hat{\rho}_{B,C} & 1 \end{pmatrix}$, em que

$\hat{\rho}_{A,B} = \dfrac{\hat{\sigma}_{A,B}}{\hat{\sigma}_A \times \hat{\sigma}_B}$, $\hat{\rho}_{A,C} = \dfrac{\hat{\sigma}_{A,C}}{\hat{\sigma}_A \times \hat{\sigma}_C}$, $\hat{\rho}_{B,C} = \dfrac{\hat{\sigma}_{B,C}}{\hat{\sigma}_B \times \hat{\sigma}_C}$,

$\hat{\sigma}_A = \sqrt{\dfrac{\left(r_1^A - \bar{r}^A\right)^2 + ... + \left(r_n^A - \bar{r}^A\right)^2}{n}}$, $\hat{\sigma}_B = \sqrt{\dfrac{\left(r_1^B - \bar{r}^B\right)^2 + ... + \left(r_n^B - \bar{r}^B\right)^2}{n}}$,

$\hat{\sigma}_C = \sqrt{\dfrac{\left(r_1^C - \bar{r}^C\right)^2 + ... + \left(r_n^C - \bar{r}^C\right)^2}{n}}$,

$\hat{\sigma}_{A,B} = \dfrac{\left(r_1^A - \bar{r}^A\right) \times \left(r_1^B - \bar{r}^B\right) + ... + \left(r_n^A - \bar{r}^A\right) \times \left(r_n^B - \bar{r}^B\right)}{n}$, e

$\hat{\sigma}_{B,C} = \dfrac{\left(r_1^B - \bar{r}^B\right) \times \left(r_1^C - \bar{r}^C\right) + ... + \left(r_n^B - \bar{r}^B\right) \times \left(r_n^C - \bar{r}^C\right)}{n}$

Nesse ponto, é interessante observar que existe uma relação direta entre (2.10) e (2.13), que pode ser escrita na forma matricial como[15]

$$\begin{pmatrix} \sigma_{BBDC4}^2 & \sigma_{BBDC4,BBAS3} & \sigma_{BBDC4,ITUB4} \\ \sigma_{BBDC4,BBAS3} & \sigma_{BBAS3}^2 & \sigma_{BBAS3,ITUB4} \\ \sigma_{BBDC4,ITUB4} & \sigma_{BBAS3,ITUB4} & \sigma_{ITUB4}^2 \end{pmatrix} = \quad (2.15)$$

$$= \begin{pmatrix} \sigma_{BBDC4} & 0 & 0 \\ 0 & \sigma_{BBAS3} & 0 \\ 0 & 0 & \sigma_{ITUB4} \end{pmatrix} \times \begin{pmatrix} 1,00 & \rho_{BBDC4,BBAS3} & \rho_{BBDC4,ITUB4} \\ \rho_{BBDC4,BBAS3} & 1,00 & \rho_{BBAS3,ITUB4} \\ \rho_{BBDC4,ITUB4} & \rho_{BBAS3,ITUB4} & 1,00 \end{pmatrix} \times$$

$$\times \begin{pmatrix} \sigma_{BBDC4} & 0 & 0 \\ 0 & \sigma_{BBAS3} & 0 \\ 0 & 0 & \sigma_{ITUB4} \end{pmatrix}$$

### 2.1.3 Vários Ativos

A notação matemática da extensão para o caso de uma carteira com $n$ ativos pode ser feita agora.

Denotando as variáveis aleatórias com os retornos dos $n$ ativos por $R_1, \ldots, R_n$, devemos obter a matriz de covariância e/ou correlação entre elas. Nesse caso, definimos a notação

$$\sigma_{ij} = Cov(R_i, R_j) = E\big((R_i - E(R_i)) \times (R_j - E(R_j))\big) = \quad (2.16)$$
$$= \ldots = E(R_i \times R_j) - \big(E(R_i) \times E(R_j)\big) \quad \forall i, j = 1, \ldots, n$$

com a matriz de covariância resultando em

---

[15] No caso geral de três ativos, $A$, $B$ e $C$, temos que

$$\begin{pmatrix} \sigma_A^2 & \sigma_{A,B} & \sigma_{A,C} \\ \sigma_{A,B} & \sigma_B^2 & \sigma_{B,C} \\ \sigma_{A,C} & \sigma_{B,C} & \sigma_C^2 \end{pmatrix} = \begin{pmatrix} \sigma_A & 0 & 0 \\ 0 & \sigma_B & 0 \\ 0 & 0 & \sigma_C \end{pmatrix} \times \begin{pmatrix} 1,00 & \rho_{A,B} & \rho_{A,C} \\ \rho_{A,B} & 1,00 & \rho_{B,C} \\ \rho_{A,C} & \rho_{B,C} & 1,00 \end{pmatrix} \times \begin{pmatrix} \sigma_A & 0 & 0 \\ 0 & \sigma_B & 0 \\ 0 & 0 & \sigma_C \end{pmatrix},$$

dado que conforme definido em (2.2) vale, por definição,

que $\sigma_{A,B} = \rho_{A,B} \times \sigma_A \times \sigma_B$, $\sigma_{A,C} = \rho_{A,C} \times \sigma_A \times \sigma_C$, $\sigma_{B,C} = \rho_{B,C} \times \sigma_B \times \sigma_C$.

$$\begin{pmatrix} \sigma_1^2 & \sigma_{12} & \cdots & \sigma_{1n} \\ \sigma_{12} & \sigma_2^2 & \cdots & \sigma_{2n} \\ \vdots & \vdots & \ddots & \vdots \\ \sigma_{1n} & \sigma_{2n} & \cdots & \sigma_n^2 \end{pmatrix} \quad (2.17)$$

dado que $\sigma_{ij} = Cov(R_i, R_j) = Cov(R_j, R_i) = \sigma_{ji}$ para $i \neq j$, e que $\sigma_{ii} = Cov(R_i, R_i) = Var(R_i) = \sigma_i^2$ para $i = j$, conforme já mencionado. Então, essa matriz deve ser estimada.

A correlação entre os retornos de dois ativos quaisquer pode ser escrita como

$$\rho_{ij} = \frac{Cov(R_i, R_j)}{\sqrt{Var(R_i)} \times \sqrt{Var(R_j)}} \quad \forall i,j = 1,\ldots,n \quad (2.18)$$

de onde resulta a matriz de correlação

$$\begin{pmatrix} 1 & \rho_{12} & \cdots & \rho_{1n} \\ \rho_{12} & 1 & \cdots & \rho_{2n} \\ \vdots & \vdots & \ddots & \vdots \\ \rho_{1n} & \rho_{2n} & \cdots & 1 \end{pmatrix} \quad (2.19)$$

dado que $\rho_{ij} = \rho_{ji}$ para $i \neq j$, e que

$$\rho_{ii} = \frac{Cov(R_i, R_i)}{\sqrt{Var(R_i)} \times \sqrt{Var(R_i)}} = \frac{Var(R_i)}{Var(R_i)} = 1 \text{ para } i = j.$$

Por fim, vale mencionar que é possível também estender a igualdade dada em (2.15) para o caso de $n$ ativos, resultando em

$$\begin{pmatrix} \sigma_1^2 & \sigma_{12} & \cdots & \sigma_{1n} \\ \sigma_{12} & \sigma_2^2 & \cdots & \sigma_{2n} \\ \vdots & \vdots & \ddots & \vdots \\ \sigma_{1n} & \sigma_{2n} & \cdots & \sigma_n^2 \end{pmatrix} = \qquad (2.20)$$

$$= \begin{pmatrix} \sigma_1^2 & \rho_{12}\sigma_1\sigma_2 & \cdots & \rho_{1n}\sigma_1\sigma_n \\ \rho_{12}\sigma_1\sigma_2 & \sigma_2^2 & \cdots & \rho_{2n}\sigma_2\sigma_n \\ \vdots & \vdots & \ddots & \vdots \\ \rho_{1n}\sigma_1\sigma_n & \rho_{2n}\sigma_2\sigma_n & \cdots & \sigma_n^2 \end{pmatrix} =$$

$$= \begin{pmatrix} \sigma_1 & 0 & \cdots & 0 \\ 0 & \sigma_2 & \cdots & 0 \\ \vdots & \vdots & \ddots & \vdots \\ 0 & 0 & \cdots & \sigma_n \end{pmatrix} \times \begin{pmatrix} 1 & \rho_{12} & \cdots & \rho_{1n} \\ \rho_{12} & 1 & \cdots & \rho_{2n} \\ \vdots & \vdots & \ddots & \vdots \\ \rho_{1n} & \rho_{2n} & \cdots & 1 \end{pmatrix} \times \begin{pmatrix} \sigma_1 & 0 & \cdots & 0 \\ 0 & \sigma_2 & \cdots & 0 \\ \vdots & \vdots & \ddots & \vdots \\ 0 & 0 & \cdots & \sigma_n \end{pmatrix}$$

## 2.2 A Distribuição Conjunta dos Retornos de Vários Ativos

### 2.2.1 Dois Ativos

Reconsideremos agora o caso dos dados oferecidos na Tabela 2.1.

Lembrando, obtivemos os valores médios dos retornos diários das duas variáveis partindo dos dados na Tabela 2.1, tendo obtido

$$\bar{r}^{R\$/\mathbb{\euro}} = \frac{r_1^{R\$/\mathbb{\euro}} + \ldots + r_{23}^{R\$/\mathbb{\euro}}}{23} = \frac{-0{,}35\% + 0{,}04\% + \ldots - 0{,}19\%}{23} \approx 0{,}06\%$$

e $\bar{r}^{R\$/US\$} = \dfrac{r_1^{R\$/US\$} + \ldots + r_{23}^{R\$/US\$}}{23} = \dfrac{0{,}23\% - 0{,}19\% + \ldots - 0{,}39\%}{23} \approx 0{,}04\%$ . Se definirmos

$\mu_{R\$/\mathbb{\euro}} = \bar{r}^{R\$/\mathbb{\euro}}$ e $\mu_{R\$/US\$} = E\left(R_{R\$/US\$}\right)$ como sendo o valor esperado das variáveis aleatórias que modelam os retornos $R_{R\$/\mathbb{\euro}}$ e $R_{R\$/US\$}$, então, podemos usar $\mu_{R\$/\euro} = \overline{r}^{R\$/\euro}$ e $\mu_{R\$/US\$} = \overline{r}^{R\$/US\$}$ como seus estimadores de máxima verossimilhança sob a hipótese de normalidade (BICKEL; DOKSUM, 2000).

Diante do valor obtido em (2.5), notamos que a matriz de correlação de máxima verossimilhança estimada sob a hipótese de normalidade é dada por

$$\begin{pmatrix} 1,00 & \hat{\rho}_{R\$/\euro, R\$/US\$} \\ \hat{\rho}_{R\$/\euro, R\$/US\$} & 1,00 \end{pmatrix} \approx \begin{pmatrix} 1,00 & 0,43 \\ 0,43 & 1,00 \end{pmatrix} \qquad (2.21)$$

Analogamente, a matriz de covariância equivalente estimada é dada por

$$\begin{pmatrix} \hat{\sigma}_{R\$/\euro}^2 & \hat{\sigma}_{R\$/\euro, R\$/US\$} \\ \hat{\sigma}_{R\$/\euro, R\$/US\$} & \hat{\sigma}_{R\$/US\$}^2 \end{pmatrix} \approx \begin{pmatrix} 0,62\%^2 & 0,00159\% \\ 0,00159\% & 0,60\%^2 \end{pmatrix} \approx \qquad (2.22)$$

$$\approx \begin{pmatrix} 0,0000382 & 0,0000159 \\ 0,0000159 & 0,0000355 \end{pmatrix}$$

em função dos resultados exibidos em (2.3) e (2.4).

A obtenção dos retornos esperados e das matrizes de correlação e de covariância são fundamentais para o bom entendimento dos movimentos conjuntos das variáveis aleatórias $R_{R\$/\euro}$ e $R_{R\$/US\$}$, mas uma pergunta permanece: qual a distribuição conjunta dessas duas variáveis aleatórias?

É possível oferecer várias respostas à última pergunta. Uma possibilidade, na qual basearemos muitos dos resultados a serem apresentados no restante deste livro, é que $R_{R\$/\euro}$ e $R_{R\$/US\$}$ seguem, conjuntamente, uma variável aleatória Normal Bivariada[16] (JOHNSON; WICHERN, 2007) cuja densidade de probabilidade é dada por

---

[16] De uma forma geral, dizemos que duas variáveis aleatórias $X$ e $Y$ seguem uma distribuição Normal Bivariada se a densidade de probabilidade conjunta das duas é tal que $f_{X,Y}(x,y) = \left( \dfrac{1}{2\pi\sigma_X\sigma_Y\sqrt{1-\rho_{X,Y}^2}} \right) \times e^{\left( -\dfrac{z}{2(1-\rho^2)} \right)}$,

em que $z = \left(\dfrac{x-\mu_X}{\sigma_X}\right)^2 + 2\rho_{X,Y}\left(\dfrac{x-\mu_X}{\sigma_X}\right)\left(\dfrac{y-\mu_Y}{\sigma_Y}\right) + \left(\dfrac{y-\mu_Y}{\sigma_Y}\right)^2$, $(x,y) \in \mathbb{R}^2$, $\sigma_X$ e $\sigma_Y$

denotam o desvio padrão das variáveis $X$ e $Y$, $\rho_{X,Y}$ denota a correlação das duas variáveis e, por fim, $\mu_X$ e

$$f_{R_{R\$/\epsilon},\, R_{R\$/US\$}}(x,y) = \left( \frac{1}{2 \times \pi \times 0{,}62\% \times 0{,}60\% \times \sqrt{1-0{,}43^2}} \right) \times e^{\left(-\frac{z}{2\times(1-0{,}43^2)}\right)} \quad (2.23)$$

em que

$$z = \left(\frac{x-0{,}06\%}{0{,}62\%}\right)^2 + 2 \times 0{,}43 \times \left(\frac{x-0{,}06\%}{0{,}62\%}\right) \times \left(\frac{y-0{,}04\%}{0{,}60\%}\right) + \left(\frac{y-0{,}04\%}{0{,}60\%}\right)^2 \quad (2.24)$$

com $(x,y) \in \mathbb{R}^2$. Em notação probabilística, diremos que $\begin{pmatrix} R_{R\$/\epsilon} \\ R_{R\$/US\$} \end{pmatrix} \sim N\left( \begin{pmatrix} 0{,}06\% \\ 0{,}04\% \end{pmatrix}, \begin{pmatrix} 0{,}62\%^2 & 0{,}0000159 \\ 0{,}0000159 & 0{,}60\%^2 \end{pmatrix} \right)$, cuja densidade de probabilidade está exibida na Figura 2.5

Figura 2.5 - Densidade de probabilidade para $R_{R\$/\epsilon}$ e $R_{R\$/US\$}$

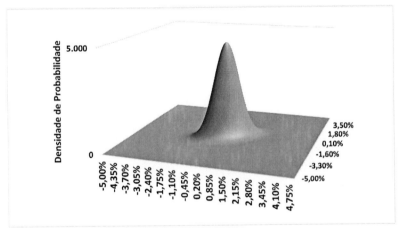

Fonte: o autor

### 2.2.2 Três Ativos

---

$\mu_Y$ denotam o valor esperado das variáveis $X$ e $Y$. A notação vetorial para a representação desta distribuição é $\begin{pmatrix} X \\ Y \end{pmatrix} \sim N\left( \begin{pmatrix} \mu_X \\ \mu_Y \end{pmatrix}, \begin{pmatrix} \sigma_X^2 & \rho_{X,Y}\sigma_X\sigma_Y \\ \rho_{X,Y}\sigma_X\sigma_Y & \sigma_Y^2 \end{pmatrix} \right)$, conforme Johnson e Wichern (2007).

Reconsideremos agora o caso dos dados oferecidos na Tabela 2.2: os preços das ações BBDC4, BBAS3 e ITUB4.

Temos em (2.11) a matriz de covariância para os três ativos e em (2.14) a matriz de correlação, ambas estimativas de máxima verossimilhança sob a hipótese de normalidade. Podemos agora lembrar os valores já obtidos para as médias do retornos diários de cada uma das três ações, o que resultou em

$$\bar{r}^{BBDC4} = \frac{r_1^{BBDC4} + \ldots + r_{23}^{BBDC4}}{23} = \frac{1,22\% + \ldots - 0,21\%}{23} \approx 0,46\%,$$

$$\bar{r}^{BBAS3} = \frac{r_1^{BBAS3} + \ldots + r_{23}^{BBAS3}}{23} = \frac{2,07\% + \ldots - 1,52\%}{23} \approx 0,29\% \text{ e}$$

$$\bar{r}^{ITUB4} = \frac{r_1^{ITUB4} + \ldots + r_{23}^{ITUB4}}{23} = \frac{3,11\% + \ldots - 1,28\%}{23} \approx 0,34\%.$$

Se definirmos $\mu_{BBDC4} = E(R_{BBDC4})$, $\mu_{BBAS3} = E(R_{BBAS3})$ e $\mu_{ITUB4} = E(R_{ITUB4})$ como sendo o valor esperado das variáveis aleatórias que modelam os retornos $R_{BBDC4}$, $R_{BBAS3}$ e $R_{ITUB4}$, então, podemos usar $\hat{\mu}_{BBDC4} = \bar{r}^{BBDC4}$, $\hat{\mu}_{BBAS3} = \bar{r}^{BBAS3}$ e $\hat{\mu}_{ITUB4} = \bar{r}^{ITUB4}$ como seus estimadores de máxima verossimilhança sob a hipótese de normalidade (BICKEL; DOKSUM, 2000).

Assumindo que as três variáveis aleatórias $R_{BBDC4}$, $R_{BBAS3}$ e $R_{ITUB4}$ sigam conjuntamente uma distribuição Normal Trivariada[17] (JOHNSON; WICHERN, 2007), a sua densidade de probabilidade é dada por

---

[17] Dizemos que as três variáveis aleatórias $X$, $Y$ e $W$ seguem uma distribuição Normal Trivariada se a densidade de probabilidade conjunta delas é dada por $f_{X,Y,W}(x,y,w) = \left(\dfrac{1}{\sqrt{(2\pi)^3 |\Sigma_{X,Y,W}|}}\right) \times e^{\left(-\frac{z}{2}\right)}$,

em que $z = \begin{pmatrix} x - \mu_X & y - \mu_Y & w - \mu_W \end{pmatrix} \times \begin{pmatrix} \sigma_X^2 & \rho_{X,Y}\sigma_X\sigma_Y & \rho_{X,W}\sigma_X\sigma_W \\ \rho_{X,Y}\sigma_X\sigma_Y & \sigma_Y^2 & \rho_{Y,W}\sigma_Y\sigma_W \\ \rho_{X,W}\sigma_X\sigma_W & \rho_{Y,W}\sigma_Y\sigma_W & \sigma_W^2 \end{pmatrix}^{-1} \times \begin{pmatrix} x - \mu_X \\ y - \mu_Y \\ w - \mu_W \end{pmatrix}$,

$$f_{R_{BBDC4}, R_{BBAS3}, R_{ITUB4}}(x, y, w) = \left( \frac{1}{\sqrt{(2\pi)^3 \times 5,78 \times 10^{-13}}} \right) \times e^{\left(-\frac{z}{2}\right)} \quad (2.25)$$

em que

$$z = \begin{pmatrix} x - 0,46\% & y - 0,29\% & w - 0,34\% \end{pmatrix} \times \begin{pmatrix} 0,0001016 & 0,0000878 & 0,0000949 \\ 0,0000878 & 0,0002198 & 0,0001062 \\ 0,0000949 & 0,0001062 & 0,0001304 \end{pmatrix}^{-1} \times \begin{pmatrix} x - 0,46\% \\ y - 0,29\% \\ w - 0,34\% \end{pmatrix} \quad (2.26)$$

com $(x, y, w) \in \mathbb{R}^3$, e o determinante da matriz de covariância aproximadamente igual a $\begin{vmatrix} 0,0001016 & 0,0000878 & 0,0000949 \\ 0,0000878 & 0,0002198 & 0,0001062 \\ 0,0000949 & 0,0001062 & 0,0001304 \end{vmatrix} \approx 5,78 \times 10^{-13}$.

Podemos escrever $\begin{pmatrix} R_{BBDC4} \\ R_{BBAS3} \\ R_{ITUB4} \end{pmatrix} \sim N \left( \begin{pmatrix} 0,46\% \\ 0,29\% \\ 0,34\% \end{pmatrix}, \begin{pmatrix} 0,0001016 & 0,0000878 & 0,0000949 \\ 0,0000878 & 0,0002198 & 0,0001062 \\ 0,0000949 & 0,0001062 & 0,0001304 \end{pmatrix} \right)$ para denotar

de forma compacta que as três variáveis aleatórias $R_{BBDC4}$, $R_{BBAS3}$ e $R_{ITUB4}$ seguem conjuntamente uma distribuição Normal Trivariada.

$(x, y, w) \in \mathbb{R}^3$, $\Sigma_{X,Y,W} = \begin{pmatrix} \sigma_X^2 & \rho_{X,Y}\sigma_X\sigma_Y & \rho_{X,W}\sigma_X\sigma_W \\ \rho_{X,Y}\sigma_X\sigma_Y & \sigma_Y^2 & \rho_{Y,W}\sigma_Y\sigma_W \\ \rho_{X,W}\sigma_X\sigma_W & \rho_{Y,W}\sigma_Y\sigma_W & \sigma_W^2 \end{pmatrix}$ denota a matriz de covariância, $|\Sigma_{X,Y,W}|$ denota o seu determinante e $\Sigma_{X,Y,W}^{-1} = \begin{pmatrix} \sigma_X^2 & \rho_{X,Y}\sigma_X\sigma_Y & \rho_{X,W}\sigma_X\sigma_W \\ \rho_{X,Y}\sigma_X\sigma_Y & \sigma_Y^2 & \rho_{Y,W}\sigma_Y\sigma_W \\ \rho_{X,W}\sigma_X\sigma_W & \rho_{Y,W}\sigma_Y\sigma_W & \sigma_W^2 \end{pmatrix}^{-1}$

a sua matriz inversa. A notação vetorial para a representação dessa distribuição é $\begin{pmatrix} X \\ Y \\ W \end{pmatrix} \sim N \left( \begin{pmatrix} \mu_X \\ \mu_Y \\ \mu_W \end{pmatrix}, \begin{pmatrix} \sigma_X^2 & \rho_{X,Y}\sigma_X\sigma_Y & \rho_{X,W}\sigma_X\sigma_W \\ \rho_{X,Y}\sigma_X\sigma_Y & \sigma_Y^2 & \rho_{Y,W}\sigma_Y\sigma_W \\ \rho_{X,W}\sigma_X\sigma_W & \rho_{Y,W}\sigma_Y\sigma_W & \sigma_W^2 \end{pmatrix} \right)$.

Sugerimos fortemente a leitura de Johnson e Wichern (2007) para os leitores interessados em características da distribuição Normal Trivariada.

## 2.1.3 Vários Ativos

A notação matemática da extensão para o caso de uma carteira com $n$ ativos pode ser feita agora.

Denotando as variáveis aleatórias com os retornos dos $n$ ativos por $R_1,\ldots,R_n$ e assumindo que, conjuntamente, elas seguem uma distribuição Normal Multivariada (JOHNSON; WICHERN, 2007), podemos obter a estimativa de máxima verossimilhança para a matriz de covariância

$$\Sigma = \begin{pmatrix} \sigma_1^2 & \sigma_{12} & \cdots & \sigma_{1n} \\ \sigma_{12} & \sigma_2^2 & \cdots & \sigma_{2n} \\ \vdots & \vdots & \ddots & \vdots \\ \sigma_{1n} & \sigma_{2n} & \cdots & \sigma_n^2 \end{pmatrix}$$

a qual denotaremos simplesmente por $\hat{\Sigma}$; assim como as estimativas para os valores esperados dos retornos, denotados doravante por $\mu_1,\ldots,\mu_n$. Além disso, denotamos o determinante e a inversa da estimativa de máxima verossimilhança da matriz de covariância por $|\hat{\Sigma}|$ e $\hat{\Sigma}^{-1}$, respectivamente. A densidade de probabilidade da distribuição conjunta das $n$ variáveis é dada por

$$f_{R_1,\ldots,R_n}(x_1,\ldots,x_n) = \left(\frac{1}{\sqrt{(2\pi)^n |\hat{\Sigma}|}}\right) \times e^{\left(-\frac{z}{2}\right)} \qquad (2.27)$$

em que

$$z = (x_1 - \mu_1 \ \cdots \ x_n - \mu_n) \times \Sigma^{-1} \times \begin{pmatrix} x_1 - \mu_1 \\ \vdots \\ x_n - \mu_n \end{pmatrix}, \text{ com } (x_1,\ldots,x_n) \in \mathbb{R}^n.$$

Aproveitamos esta oportunidade para adiantar a afirmação de que essa hipótese de modelagem probabilística para a distribuição conjunta dos retornos de $n$ ativos é basilar para a compreensão do Modelo Média-Variância (MARKOWITZ, 1959), um dos pilares da chamada Teoria Moderna das Carteiras

(BODIE; KANE; MARCUS, 2013; MAGINN *et al.*, 2007; SHARPE; ALEXANDER, 1990), o qual será apresentado em detalhes em outro capítulo deste livro.

## 2.3 Os Parâmetros da Distribuição Normal Multivariada

Neste ponto, é importante entendermos como eventuais alterações nos parâmetros de uma distribuição Normal Multivariada – valores esperados dos retornos e de sua matriz de covariância – impactam o formato da densidade de probabilidade. De forma similar ao feito no Capítulo 1 para uma variável aleatória (conforme ilustrado na Figura 1.4 e na Figura 1.6), consideramos nesta seção uma distribuição Normal Bivariada para visualização das alterações em sua densidade de probabilidade. Especificamente, consideremos os retornos de dois ativos $A$ e $B$ com retornos denotados por $R_A$ e $R_B$, tais que

$$\begin{pmatrix} R_A \\ R_B \end{pmatrix} \sim N\left( \begin{pmatrix} \mu_A \\ \mu_B \end{pmatrix}, \begin{pmatrix} \sigma_A^2 & \rho_{A,B}\sigma_A\sigma_B \\ \rho_{A,B}\sigma_A\sigma_B & \sigma_B^2 \end{pmatrix} \right).$$

Como situação padrão consideremos o caso em que

$\mu_A = \mu_B = 0,0$, $\sigma_A = \sigma_B = 1,0$ e $\rho_{A,B} = -0,5$. Assim, temos

$\begin{pmatrix} R_A \\ R_B \end{pmatrix} \sim N\left( \begin{pmatrix} 0,0 \\ 0,0 \end{pmatrix}, \begin{pmatrix} 1,0 & -0,5 \\ -0,5 & 1,0 \end{pmatrix} \right)$, cuja densidade de probabilidade é dada por

$$f_{R_A, R_B}(x_A, x_B) = \left( \frac{1}{2 \times \pi \times \sqrt{0,75}} \right) \times e^{\left( -\frac{\left(x_A^2 - x_A \times x_B + x_B^2\right)}{1,5} \right)} \quad (2.28)$$

que se encontra exibida na Figura 2.6.

Figura 2.6 – Densidade de probabilidade para uma distribuição Normal Bivariada ($\mu_A = \mu_B = 0,0$, $\sigma_A = \sigma_B = 1,0$ e $\rho_{A,B} = -0,5$)

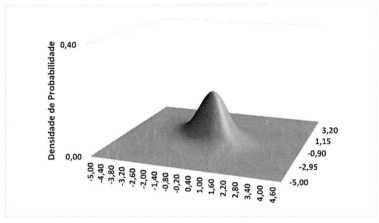

Fonte: o autor

Consideremos agora variar apenas o valor de $\mu_A$ com os demais quatro parâmetros mantidos, como na Figura 2.6. A Figura 2.7 ilustra a situação em que $\mu_A = -2,0$, enquanto a Figura 2.8 ilustra a situação correspondente a $\mu_A = +2,0$.

Figura 2.7 – Densidade de probabilidade para uma distribuição Normal Bivariada ($\mu_A = -2,0$, $\mu_B = 0,0$, $\sigma_A = \sigma_B = 1,0$ e $\rho_{A,B} = -0,5$)

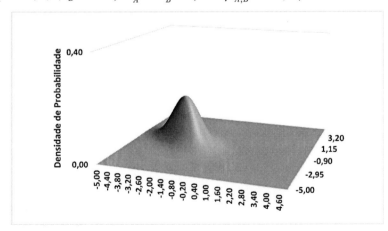

Fonte: o autor

Figura 2.8 – Densidade de probabilidade para uma distribuição Normal Bivariada ($\mu_A = +2,0$, $\mu_B = 0,0$, $\sigma_A = \sigma_B = 1,0$ e $\rho_{A,B} = -0,5$)

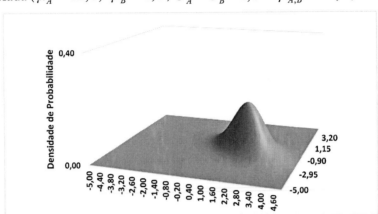

Fonte: o autor

A comparação dessas três últimas figuras ilustra que alterações no valor do parâmetro $\mu_A$ produzem apenas deslocamentos na moda da densidade de probabilidade, sem alteração no formato da superfície[18]. De fato, os parâmetros $\mu_A$ e $\mu_B$ são conhecidos como os parâmetros de localização da distribuição Normal Bivariada (TUKEY, 1977) e, adiantamos, estarão relacionados nos próximos capítulos aos níveis de retorno dos ativos.

Como segundo exemplo, fixamos $\mu_A = \mu_B = 0,0$, $\sigma_B = 1,0$ e $\rho_{A,B} = -0,5$, e testamos diferentes valores para $\sigma_A$. Inicialmente, na Figura 2.9 temos $\sigma_A = 0,5$, enquanto na Figura 2.10, $\sigma_A = 2,0$.

---

[18] O leitor deve notar a semelhança com o que observamos na Figura 1.4.

Figura 2.9 – Densidade de probabilidade para uma distribuição Normal Bivariada ($\mu_A = \mu_B = 0,0$, $\sigma_A = 0,5$, $\sigma_B = 1,0$ e $\rho_{A,B} = -0,5$)

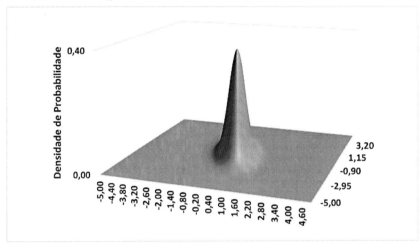

Fonte: o autor

Figura 2.10 – Densidade de probabilidade para uma distribuição Normal Bivariada ($\mu_A = \mu_B = 0,0$, $\sigma_A = 2,0$, $\sigma_B = 1,0$ e $\rho_{A,B} = -0,5$)

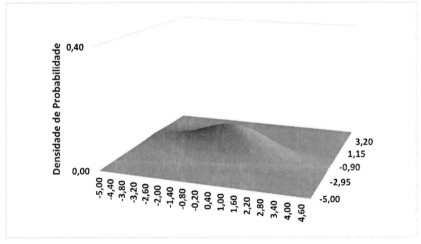

Fonte: o autor

A comparação dessas duas últimas figuras com a Figura 2.6 ilustra que alterações no valor do parâmetro $\sigma_A$ não produzem deslocamentos na moda da densidade de probabilidade, mas alterações substanciais no formato da superfície: valores menores de $\sigma_A$ tendem a concentrar a distribuição ao redor da moda (alongando a superfície, conforme a Figura 2.9); enquanto valores maiores de $\sigma_A$ tendem a dispersar a distribuição ao redor da moda (achatando a superfície, conforme exibido na Figura 2.10)[19]. De fato, os parâmetros $\sigma_A$ e $\sigma_B$ são conhecidos como os parâmetros de dispersão da distribuição Normal Bivariada (TUKEY, 1977) e, adiantamos, estarão relacionados às incertezas embutidas nos retornos dos ativos, com valores maiores de $\sigma_A$ e $\sigma_B$ relacionados a ativos mais arriscados.

Por fim, consideremos alterações somente na correlação, $\rho_{A,B}$, com os demais parâmetros fixados. A Figura 2.11 apresenta a densidade de probabilidade quando $\rho_{A,B} = +0,5$, com, $\mu_A = \mu_B = 0,0$ e $\sigma_A = \sigma_B = 1,0$. Uma comparação direta entre a Figura 2.6 ($\rho_{A,B} = -0,5$) e a Figura 2.11 ($\rho_{A,B} = +0,5$) mostra que a superfície sofre uma rotação, sem alteração da localização da moda e da concentração da densidade. Em outros termos, a correlação está relacionada diretamente ao modo como os retornos de uma variável impactam os retornos da outra variável (TUKEY, 1977).

Figura 2.11 – Densidade de probabilidade para uma distribuição Normal Bivariada ($\mu_A = \mu_B = 0,0$, $\sigma_A = \sigma_B = 1,0$ e $\rho_{A,B} = +0,5$)

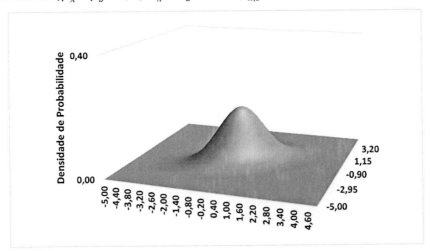

Fonte: o autor

---

[19] O leitor deve notar a semelhança com o que observamos na Figura 1.6.

Ao contrário da simples troca do sinal da correlação, que causa somente rotações na superfície da densidade de probabilidade, a alteração do valor da correlação causa alterações no formato da superfície. Por exemplo, a Figura 2.12 e a Figura 2.13 apresentam as superfícies para $\rho_{A,B} = -0,7$ e $\rho_{A,B} = -0,9$, respectivamente, com os demais parâmetros fixados (ou seja, $\mu_A = \mu_B = 0,0$ e $\sigma_A = \sigma_B = 1,0$). A comparação dessas duas figuras com a Figura 2.6 revela que o aumento da correlação (em valor absoluto) tende a "afinar" a superfície, sem alteração da sua moda ou qualquer efeito de rotação.

Figura 2.12 – Densidade de probabilidade para uma distribuição Normal Bivariada ($\mu_A = \mu_B = 0,0$, $\sigma_A = \sigma_B = 1,0$ e $\rho_{A,B} = -0,7$)

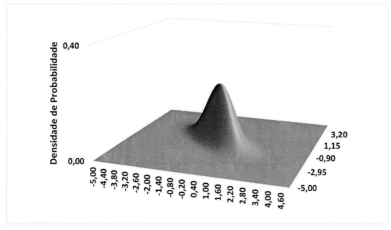

Fonte: o autor

Figura 2.13 – Densidade de probabilidade para uma distribuição Normal Bivariada ($\mu_A = \mu_B = 0,0$, $\sigma_A = \sigma_B = 1,0$ e $\rho_{A,B} = -0,9$)

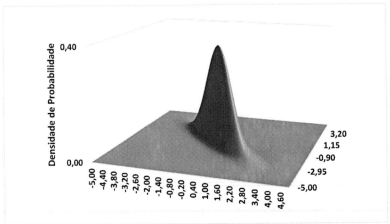

Fonte: o autor

Vale mencionar aqui que os resultados visualmente ilustrados pelas Figuras 2.6, 2.11, 2.12 e 2.13 estão diretamente relacionados a um dos conceitos mais importantes na Teoria Moderna das Carteiras – diversificação –, como abordaremos detalhadamente já no início do próximo capítulo.

# RETORNO, INCERTEZA E RISCOS: UMA CARTEIRA DE INVESTIMENTOS

*Nem tudo que reluz é ouro.*

*(William Shakespeare)*

Nos dois capítulos anteriores, vimos como pode ser feita a modelagem da distribuição de probabilidade dos retornos de um único ativo (Capítulo 1) e de um conjunto de ativos (Capítulo 2). Neste capítulo, estamos interessados em entender a modelagem probabilística dos retornos de uma carteira de investimento. Para compreender a distribuição dos retornos de uma carteira de investimentos, necessitaremos analisar vários ativos conjuntamente, levando em consideração como os retornos de um ativo impactam os retornos dos demais ativos e vice-versa.

Lembrando, definimos no primeiro capítulo uma carteira de investimentos como um conjunto consolidado de investimentos realizados em diferentes ativos com o propósito de obter ganhos ao final de um horizonte de investimento.

## 3.1 Diversificação

Um primeiro conceito importante para o entendimento da distribuição de retornos de uma carteira é denominado diversificação. Para compreendê-lo, utilizamos um exemplo numérico com apenas dois ativos.

Assumimos que temos uma carteira com dois ativos, $A$ e $B$, cujos retornos denotamos por $R_A$ e $R_B$. Assumimos que, conjuntamente, essas duas variáveis aleatórias seguem uma distribuição Normal Bivariada, $\begin{pmatrix} R_A \\ R_B \end{pmatrix} \sim N\left( \begin{pmatrix} \mu_A \\ \mu_B \end{pmatrix}, \begin{pmatrix} \sigma_A^2 & \rho_{A,B}\sigma_A\sigma_B \\ \rho_{A,B}\sigma_A\sigma_B & \sigma_B^2 \end{pmatrix} \right)$.

Consideramos a seguir uma carteira de investimentos $P$, na qual denotamos os montantes investidos nos ativos $A$ e $B$ por $x_A$ e $x_B$, respectivamente. Se $R_P$ for a variável aleatória que modela os retornos da carteira de investimentos, por definição temos que

$$R_P = x_A \times R_A + x_B \times R_B \tag{3.1}$$

o que nos leva diretamente à pergunta: qual a distribuição de probabilidade da variável aleatória $R_P$? Conforme provado em Johnson e Wichern (2007), a distribuição de $R_P$ é Normal, $R_P \sim N\left(\mu_P, \sigma_P^2\right)$ em que $\mu_P = x_A \times \mu_A + x_B \times \mu_B$ e $\sigma_P^2 = x_A^2 \times \sigma_A^2 + 2 \times \rho_{A,B} \times x_A \times \sigma_A \times x_B \times \sigma_B + x_B^2 \times \sigma_B^2$.[1]

Para efeito de ilustração numérica, simplificamos o exemplo para a situação em que $\mu_A = \mu_B = 0$ e $\sigma_A = \sigma_B = 1$, com $\rho_{A,B}$ assumindo valores tal que $-1 \le \rho_{A,B} \le 1$ — ou seja, temos $\begin{pmatrix} R_A \\ R_B \end{pmatrix} \sim N\left(\begin{pmatrix} 0 \\ 0 \end{pmatrix}, \begin{pmatrix} 1 & \rho_{A,B} \\ \rho_{A,B} & 1 \end{pmatrix}\right)$.

Assumimos também que temos uma carteira de investimentos na qual a alocação em cada um dos ativos é a mesma: R$1,00. Fixando a notação matemática, $x_A = x_B = 1,0$.

Se o retorno da carteira composta pelas alocações de R$1,00 em $A$ e $B$ for denotada por $R_P$, então

$$R_P = x_A \times R_A + x_B \times R_B = 1 \times R_A + 1 \times R_B = R_A + R_B \tag{3.2}$$

---

[1] Se um conjunto de variáveis aleatórias segue uma distribuição Normal Multivariada, qualquer combinação linear dessas variáveis aleatórias segue uma distribuição Normal. Sugerimos Johnson e Wichern (2007) para o leitor interessado na demonstração rigorosa desse resultado. Para o caso geral, no qual temos $n$ ativos com retornos denotados por $R_1, \ldots, R_n$ tal que $\begin{pmatrix} R_1 \\ \vdots \\ R_n \end{pmatrix} \sim N\left(\begin{pmatrix} \mu_1 \\ \vdots \\ \mu_n \end{pmatrix}, \begin{pmatrix} \sigma_1^2 & \cdots & \rho_{1n}\sigma_1\sigma_n \\ \vdots & \ddots & \vdots \\ \rho_{1n}\sigma_1\sigma_n & \cdots & \sigma_n^2 \end{pmatrix}\right)$, com $x_1, \ldots, x_n$ denotando as alocações nesses ativos, obtemos que $R_P = x_1 \times R_1 + \ldots + x_n \times R_n$, com $R_P \sim N\left(\mu_P, \sigma_P^2\right)$, em que $\mu_P = x_1 \times \mu_1 + \ldots + x_n \times \mu_n$ e $\sigma_P^2 = x_1^2 \times \sigma_1^2 + \ldots + 2 \times \rho_{1n} \times x_1 \times \sigma_1 \times x_n \times \sigma_n + \ldots + x_n^2 \times \sigma_n^2$.

o que resulta em $R_P \sim N\left(0, 2+2\rho_{A,B}\right)$ ou seja, $\sigma_P = \sqrt{2+2\rho_{A,B}}$ .[2]

A Figura 3.1 resume visualmente a relação entre $\sigma_P$ e $\rho_{A,B}$:

a. Quando $\rho_{A,B}$ atinge o seu valor máximo, o desvio padrão da carteira, $\sigma_P$, também atinge o seu valor máximo.
b. Quando $\rho_{A,B}$ decresce, o mesmo ocorre com o valor de $\sigma_P$.
c. Finalmente, quando $\rho_{A,B}$ atinge o seu valor mínimo, o desvio padrão da carteira, $\sigma_P$, também atinge o seu valor mínimo.

Figura 3.1 - Desvio padrão como função da correlação entre dois ativos

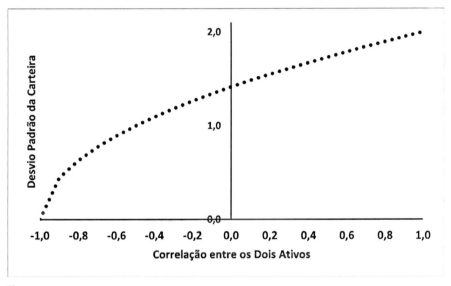

Fonte: o autor

A Figura 3.2 apresenta a densidade de probabilidade para a distribuição de $R_P$ para três valores de $\rho_{A,B}$: $-0,75$, $0,00$ e $+0,75$. Podemos observar como o valor da correlação entre dois ativos impacta a densidade

---

[2] Como $\mu_A = \mu_B = 0$ e $\sigma_A = \sigma_B = 1$, e sabemos que $R_P \sim N\left(\mu_P, \sigma_P^2\right)$, então

$\mu_P = x_A \times \mu_A + x_B \times \mu_B = 1 \times 0 + 1 \times 0 = 0$ e

$\sigma_P^2 = x_A^2 \times \sigma_A^2 + 2 \times \rho_{A,B} \times x_A \times \sigma_A \times x_B \times \sigma_B + x_B^2 \times \sigma_B^2 = 1^2 \times 1^2 + 2 \times \rho_{A,B} \times 1 \times 1 \times 1 \times 1 + 1^2 \times 1^2 = \ldots = 2 + 2 \times \rho_{A,B}$

de probabilidade dos retornos da carteira de investimentos, sem causar alteração na moda. Observamos também, para esse exemplo específico, que correlações negativas tendem a concentrar a distribuição ao redor da moda, enquanto correlações positivas tendem a gerar densidades mais dispersas ao redor da moda.

Figura 3.2 – Densidade de probabilidade dos retornos para três níveis de correlação

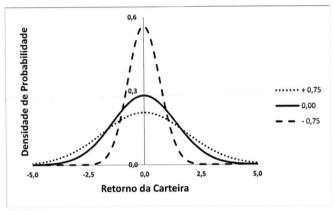

Fonte: o autor

Agora podemos compreender que o fenômeno chamado diversificação em uma carteira de investimentos é resultante dos efeitos que as correlações entre os retornos dos ativos geram ao serem consideradas simultaneamente. O conceito de diversificação é importante, pois permite ao gestor escolher quais ativos, e em que montantes, devem compor a sua carteira como forma de controlar o valor de $\sigma_P$ dentro de valores considerados aceitáveis. Em outros termos, ao gestor de uma carteira de investimentos é possível escolher os ativos e seus montantes, de forma que o valor do desvio padrão $\sigma_P$ esteja dentro de níveis que ele considere confortáveis para a sua gestão.

## 3.2 Um Exemplo Numérico Cambial

Reconsideremos o exemplo cambial colocado na subseção 2.2.1 do capítulo anterior. Como vimos, tínhamos um investidor brasileiro que possuía recursos aplicados em ativos no exterior cotados em duas moedas: € e US$. Assumimos que a distribuição dos retornos conjuntos das duas taxas de câmbio (R$/€ e R$/US$) seguia uma distribuição Normal Bivariada (conforme os cálculos exibidos no Capítulo 2).

$$\begin{pmatrix} R_{R\$/€} \\ R_{R\$/US\$} \end{pmatrix} \sim N\left(\begin{pmatrix} 0,06\% \\ 0,04\% \end{pmatrix}, \begin{pmatrix} 0,62\%^2 & 0,43 \times 0,62\% \times 0,60\% \\ 0,43 \times 0,62\% \times 0,60\% & 0,60\%^2 \end{pmatrix}\right)$$

Assumimos que o investidor estava interessado em medir as suas exposições cambiais utilizando o R$ como moeda base. Além disso, assumimos, para ilustração numérica, que as posições consolidadas nas duas moedas fossem €2.400.000,00 e US$2.100.000,00 no fechamento do último dia de agosto de 2017, quando as taxas de câmbio encerraram o dia em R$3,75065/€1,00 e R$3,14725/US$1,00 (ver Tabela 2.1), o valor de suas posições marcadas-a-mercado em R$ resultaria ser R$9.001.560,00 e R$6.609.225,00, respectivamente[3].

Se denotarmos o retorno da carteira cambial por $R_C \sim N(\mu_C, \sigma_C^2)$, obtemos

$$R_C = 9.001.560,00 \times R_{R\$/€} + 6.609.225,00 \times R_{R\$/US\$} \quad (3.3)$$

cuja distribuição resulta ser $R_C \sim N(R\$7.697,06\ , R\$80.885,03^2)$,[4] com densidade de probabilidade conforme a Figura 3.3.

---

[3] Ou seja, €2.400.000,00 equivaliam aproximadamente a R$9.001.560,00 à taxa de R$3,75065/€1,00, enquanto US$2.100.000,00 equivaliam aproximadamente a R$6.609.225,00 à taxa de R$3,14725/US$1,00.
[4] Ou seja, $\mu_C \approx 0,06\% \times 9.001.560 + 0,04\% \times 6.609.225 \approx 7.697,06$
e $\sigma_C^2 \approx (0,62\% \times 9.001.560)^2 + 2 \times 0,43 \times 0,62\% \times 9.001.560 \times 0,60\% \times 6.609.225 + (0,60\% \times 6.609.225)^2 \approx 80.885,03^2$.

Figura 3.3 – Densidade de probabilidade de uma carteira cambial

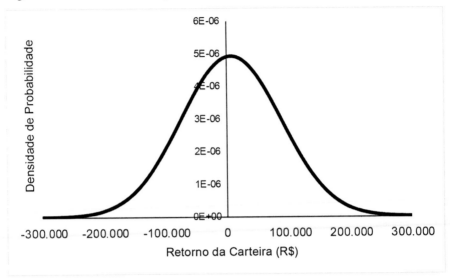

Fonte: o autor

Uma vez obtida a densidade de probabilidade de $R_c$, é possível calcular as medidas de risco associadas à exposição cambial do investidor. Por exemplo, em linha com o que foi apresentado no Capítulo 1 e utilizando a equação deduzida em (1.18), podemos obter o VaR ao nível de significância de 1%, o qual resulta ser aproximadamente

$$\text{VaR} \approx R\$7.697,06 + R\$80.885,03 \times \Phi^{-1}(1\%) \approx -R\$180.469,65 \quad (3.4)$$

Ou seja, o investidor apresenta 1% de probabilidade de experimentar uma perda pior do que R$180.469,65 no próximo dia de negociações no mercado, considerada apenas a sua exposição cambial.

## 3.3 Dois Exemplos Numéricos do Mercado Acionário

### 3.3.1 Duas Ações

Consideremos a situação na qual um investidor possuía no último dia de agosto de 2017 posições em ações de duas instituições financeiras: BBDC4 e BBAS3. Sob a hipótese de que a distribuição conjunta dos retornos desses dois ativos segue uma distribuição Normal Bivariada, temos (conforme cálculos exibidos no Capítulo 2) que $\begin{pmatrix} R_{BBDC4} \\ R_{BBAS3} \end{pmatrix} \sim N\left( \begin{pmatrix} 0,46\% \\ 0,29\% \end{pmatrix}, \begin{pmatrix} 1,01\%^2 & 0,59 \times 1,01\% \times 1,48\% \\ 0,59 \times 1,01\% \times 1,48\% & 1,48\%^2 \end{pmatrix} \right)$.

Assumimos que o montante possuído era de 125.000 ações de BBDC4 e 150.000 ações de BBAS3. Os preços unitários de fechamento de BBDC4 e BBAS3 neste último dia de agosto de 2017 foram R$33,58 e R$30,70, respectivamente, conforme os dados na Tabela 2.2, o que nos leva aos montantes de R$4.197.500,00 e R$4.605.000,00 para as duas posições, correspondendo a um total investido de R$8.802.500,00[5].

Se denotarmos o retorno da carteira de ações por $R_C \sim N(\mu_C, \sigma_C^2)$, podemos escrever que escrever que

$$R_C = 4.197.500,00 \times R_{BBDC4} + 4.605.000,00 \times R_{BBAS3} \quad (3.5)$$

cuja distribuição resulta ser $R_C \sim N(R\$32.909,38, R\$99.232,37^2)$, com densidade de probabilidade exibida na Figura 3.4.

Figura 3.4 – Densidade de probabilidade de $R_C$ (duas ações)

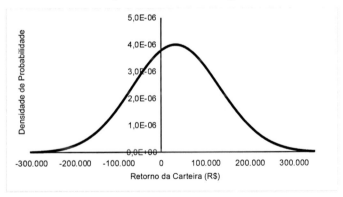

Fonte: o autor

---
[5] Ou seja, $125.000 \times R\$33,58 \approx R\$4.197.500,00$ e $150.000 \times R\$30,70 \approx R\$4.605.000,00$, o que resulta em $R\$4.197.500,00 + R\$4.605.000,00 = R\$8.802.500,00$.

Uma vez obtida a densidade de probabilidade de $R_C$, é possível calcular medidas de risco associadas à exposição acionária. Por exemplo, o VaR ao nível de significância de 1% resulta ser aproximadamente

$$\text{VaR} \approx R\$32.909,38 + R\$99.232,37 \times \Phi^{-1}(1\%) \approx -R\$197.939,62 \quad (3.6)$$

Ou seja, o investidor apresentava 1% de probabilidade de ter uma perda pior que R$197.939,62 no primeiro dia com negociação no mercado em setembro de 2017.

### 3.3.2 Três Ações

Reconsideremos o exemplo anterior, mas com a introdução de mais uma ação: ITUB4. Supomos que a distribuição conjunta de probabilidade dos retornos diários das três ações é agora uma Normal Trivariada. Retomando os valores obtidos no capítulo anterior, podemos escrever que $\begin{pmatrix} R_{BBDC4} \\ R_{BBAS3} \\ R_{ITUB4} \end{pmatrix} \sim N\left(\begin{pmatrix} 0,46\% \\ 0,29\% \\ 0,34\% \end{pmatrix}, \Sigma\right)$,

em que $\Sigma = \begin{pmatrix} 1,01\%^2 & 0,59 \times 1,01\% \times 1,48\% & 0,82 \times 1,01\% \times 1,14\% \\ 0,59 \times 1,01\% \times 1,48\% & 1,48\%^2 & 0,63 \times 1,48\% \times 1,14\% \\ 0,82 \times 1,01\% \times 1,14\% & 0,63 \times 1,48\% \times 1,14\% & 1,14\%^2 \end{pmatrix}$.

Assumimos que as alocações da carteira no último dia útil de agosto de 2017 eram de 125.000 ações de BBDC4, 150.000 ações de BBAS3 e 130.000 de ITUB4. No último dia de agosto de 2017, os preços unitários de BBDC4, BBAS3 e ITUB4 fecharam em R$33,58, R$30,70 e R$40,35, respectivamente, o que nos leva aos montantes de R$4.197.500,00, R$4.605.000,00 e R$5.245.500,00 para as respectivas ações, correspondendo ao total investido de R$14.048.000,00[6].

Se denotarmos o retorno da carteira de ações por $R_C \sim N(\mu_C, \sigma_C^2)$, obtemos

$$R_C = 4.197.500 \times R_{BBDC4} + 4.605.000 \times R_{BBAS3} + 5.245.500 \times R_{ITUB4} \quad (3.7)$$

---

[6] Ou seja, $125.000 \times R\$33,58 \approx R\$4.197.500,00$, $150.000 \times R\$30,70 \approx R\$4.605.000,00$ e $130.000 \times R\$40,35 \approx R\$5.245.500,00$, o que resulta em $R\$4.197.500,00 + R\$4.605.000,00 + R\$5.245.500,00 = R\$14.048.000,00$.

cuja distribuição resulta ser $R_C \sim N(R\$50.712,62, R\$150.812,23^2)$[7], com densidade de probabilidade conforme a Figura 3.5.

Figura 3.5 – Densidade de probabilidade de $R_C$ (três ações)

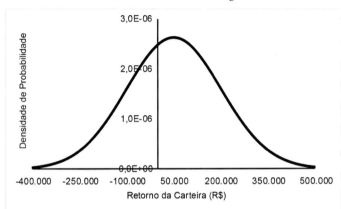

Fonte: o autor

Mais uma vez, com a densidade de probabilidade de $R_C$ disponível, é possível calcular medidas de risco associadas à exposição acionária. Por exemplo, o VaR ao nível de significância de 10% resulta ser aproximadamente

$$\text{VaR} \approx R\$50.7125,62 + R\$150.812,23 \times \Phi^{-1}(10\%) \approx -R\$142.561,03 \quad (3.8)$$

---

[7] Consideremos agora uma carteira de investimentos $P$ na qual temos investimentos em três ativos $A$, $B$ e $C$. Supondo que os retornos $R_A$, $R_B$ e $R_C$ sigam uma Normal Trivariada, e que os montantes investidos em cada um dos três ativos são denotados por $x_A$, $x_B$ e $x_C$, então, a distribuição de probabilidade dos retornos de $P$ pode ser escrita como $R_P = x_A \times R_A + x_B \times R_B + x_C \times R_C$. Conforme provado em Johnson e Wichern (2007), a distribuição de $R_P$ é uma Normal $R_P \sim N(\mu_P, \sigma_P^2)$, em que $\mu_P = x_A \times \mu_A + x_B \times \mu_B + x_C \times \mu_C$ e $\sigma_P^2 = x_A^2 \times \sigma_A^2 + 2 \times \rho_{A,B} \times x_A \times \sigma_A \times x_B \times \sigma_B + x_B^2 \times \sigma_B^2 + 2 \times \rho_{A,C} \times x_A \times \sigma_A \times x_C \times \sigma_C + 2 \times \rho_{B,C} \times x_B \times \sigma_B \times x_C \times \sigma_C + x_C^2 \times \sigma_C^2$.
Substituindo valores no caso dessas três ações, obtemos que
$\mu_C \approx 0,46\% \times 4.197.500 + 0,29\% \times 4.605.000 + 0,34\% \times 5.245.500 \approx 50.712,62$ e
$\sigma_C^2 \approx (1,01\% \times 4.197.500)^2 + 2 \times 0,59 \times 1,01\% \times 4.197.500 \times 1,48\% \times 4.605$
$+ 2 \times 0,63 \times 1,48\% \times 4.605.000 \times 1,14\% \times 5.245.500 + 2 \times 0,82 \times 1,01\% \times 4.197.500 \times 1,14\% \times 5.245.500 + (1,14\% \times 5.245.500)^2 \approx 150.812,23^2$

Ou seja, o investidor apresenta 10% de probabilidade de ter uma perda pior que R$142.561,03 no próximo dia com negociação no mercado.

## 3.4 Cenários Históricos

Como visto nos exemplos exibidos neste capítulo, a obtenção da distribuição dos retornos de uma carteira requer a determinação prévia da distribuição conjunta dos retornos de todos os ativos que a compõem. O leitor deve ter percebido que se para dois ou três ativos os cálculos já se provaram laboriosos, no caso de uma carteira com dezenas de ativos, a demanda computacional e numérica não será pouca. Seria natural, então, perguntar: há um procedimento que permita a obtenção da distribuição dos retornos da carteira sem que seja necessário especificar completamente a distribuição conjunta dos retornos de todos os seus ativos previamente? A resposta é positiva para aquelas situações nas quais somente a distribuição de probabilidade dos retornos da carteira é de interesse (sem a obtenção da distribuição conjunta dos retornos dos ativos), como ilustrado no restante desta seção.

### 3.4.1 Duas Taxas de Câmbio

Consideremos a Tabela 3.1, em que estão exibidas as taxas de câmbio R$/€ e R$/US$ de fechamento de mercado para cada dia do mês agosto de 2017, assim como as suas variações diárias[8]. Denotamos as 23 variações conjuntas observadas para as duas taxas de câmbio por $\left(r_1^{R\$/€}, r_1^{R\$/US\$}\right)$, $\left(r_2^{R\$/€}, r_2^{R\$/US\$}\right), \ldots, \left(r_{23}^{R\$/€}, r_{23}^{R\$/US\$}\right)$[9].

Tabela 3.1 Taxas de Câmbio e suas Variações

| Dia | R$/€ | R$/US$ | Var. R$/€ | Var. R$/US$ | Cenários Históricos |
|---|---|---|---|---|---|
| 31/07/2017 | 3,70295 | 3,11795 | - | - | - |
| 01/08/2017 | 3,68990 | 3,12525 | -0,35304% | 0,23385% | -16.323,51 |

---

[8] Por exemplo, $-0,35304\% \approx \ln\left(3,68990/3,70295\right)$, $0,233385\% \approx \ln\left(3,12525/3,11795\right)$, $0,04471\% \approx \ln\left(3,69155/3,68990\right)$, $-0,18896\% \approx \ln\left(3,11935/3,12525\right)$ e assim por diante.

[9] Por exemplo, $\left(r_1^{R\$/€}, r_1^{R\$/US\$}\right) = (-0,35304\%, 0,23385\%)$ $\left(r_2^{R\$/€}, r_2^{R\$/US\$}\right) = (0,04471\%, -0,18896\%)$, e assim por diante, até $\left(r_{23}^{R\$/€}, r_{23}^{R\$/US\$}\right) = (-0,19178\%, -0,39322\%)$.

| Dia | R$/€ | R$/US$ | Var. R$/€ | Var. R$/US$ | Cenários Históricos |
|---|---|---|---|---|---|
| 02/08/2017 | 3,69155 | 3,11935 | 0,04471% | -0,18896% | -8.464,71 |
| 03/08/2017 | 3,69340 | 3,11325 | 0,05010% | -0,19575% | -8.427,28 |
| 04/08/2017 | 3,68675 | 3,12505 | -0,18021% | 0,37831% | 8.781,27 |
| 07/08/2017 | 3,68795 | 3,12495 | 0,03254% | -0,00320% | 2.717,95 |
| 08/08/2017 | 3,67530 | 3,12940 | -0,34360% | 0,14230% | -21.524,24 |
| 09/08/2017 | 3,71080 | 3,15195 | 0,96127% | 0,71800% | 133.983,86 |
| 10/08/2017 | 3,73750 | 3,17515 | 0,71695% | 0,73336% | 113.005,44 |
| 11/08/2017 | 3,77350 | 3,17375 | 0,95860% | -0,04410% | 83.374,27 |
| 14/08/2017 | 3,75585 | 3,20160 | -0,46883% | 0,87368% | 15.541,41 |
| 15/08/2017 | 3,71950 | 3,17245 | -0,97254% | -0,91465% | -147.994,98 |
| 16/08/2017 | 3,71020 | 3,14555 | -0,25035% | -0,85154% | -78.815,33 |
| 17/08/2017 | 3,72195 | 3,17815 | 0,31619% | 1,03105% | 96.606,89 |
| 18/08/2017 | 3,70125 | 3,14555 | -0,55771% | -1,03105% | -118.347,30 |
| 21/08/2017 | 3,73885 | 3,16800 | 1,01075% | 0,71117% | 137.986,01 |
| 22/08/2017 | 3,71860 | 3,17975 | -0,54308% | 0,37021% | -24.417,86 |
| 23/08/2017 | 3,71860 | 3,14160 | 0,00000% | -1,20704% | -79.775,68 |
| 24/08/2017 | 3,71490 | 3,14680 | -0,09955% | 0,16538% | 1.969,60 |
| 25/08/2017 | 3,76885 | 3,15390 | 1,44182% | 0,22537% | 144.681,22 |
| 28/08/2017 | 3,79500 | 3,16205 | 0,69145% | 0,25808% | 79.298,13 |
| 29/08/2017 | 3,78795 | 3,16295 | -0,18594% | 0,02846% | -14.856,93 |
| 30/08/2017 | 3,75785 | 3,15965 | -0,79780% | -0,10439% | -78.713,56 |
| 31/08/2017 | 3,75065 | 3,14725 | -0,19178% | -0,39322% | -43.252,27 |

Fonte: o autor

Consideremos agora o vetor aleatório[10] $\left(R_{R\$/€}, R_{R\$/US\$}\right)$ que, conforme supusemos no início da Seção 3.2, segue uma distribuição Normal Bivariada. Um problema interessante para o investidor é o de gerar possíveis realizações futuras para $\left(R_{R\$/€}, R_{R\$/US\$}\right)$. Naturalmente, como $\left(R_{R\$/€}, R_{R\$/US\$}\right)$ é um vetor aleatório, nunca será possível saber com certeza, *ex-ante*, se algumas dessas possíveis realizações ocorrerão realmente – embora, *ex-post*, isso possa ser verificado.

---

[10] Chamamos a atenção do leitor para a seguinte notação matemática (comum em livros e artigos em probabilidade) que adotamos neste livro: quando nos referirmos à distribuição de retorno de um ativo/taxa/índice, o fazemos com uma letra maiúscula (por exemplo, $R_{R\$/€}$), indicando assim tratar-se de uma variável aleatória; por outro lado, quando nos referirmos a uma observação obtida para uma variável aleatória, o fazemos com letras minúsculas (por exemplo, $r_i^{R\$/€}$), indicando ser um valor conhecido (ou seja, um número).

No restante deste livro, denominaremos por cenário qualquer possível realização para o retorno de um investimento.

O problema de obter hoje possíveis realizações para o vetor aleatório $\left(R_{R\$/\€}, R_{R\$/US\$}\right)$ pode ser abordado de diferentes formas, sendo uma possível baseada no uso de técnicas de amostragem (COCHRAN, 1977). Por exemplo, uma possibilidade interessante é considerar que as observações históricas $\left(r_1^{R\$/\€}, r_1^{R\$/US\$}\right), \left(r_2^{R\$/\€}, r_2^{R\$/US\$}\right), \ldots, \left(r_{23}^{R\$/\€}, r_{23}^{R\$/US\$}\right)$ podem voltar a ocorrer no futuro, dado que já ocorreram no passado. Em outros termos, podemos supor que cada variação conjunta $\left(r_1^{R\$/\€}, r_1^{R\$/US\$}\right)$, $\left(r_2^{R\$/\€}, r_2^{R\$/US\$}\right), \ldots, \left(r_{23}^{R\$/\€}, r_{23}^{R\$/US\$}\right)$ é, na realidade, um cenário possível para movimentos futuros conjuntos das duas taxas de câmbio. Por exemplo, considerando a variação no primeiro dia de agosto de 2017, temos que a variação $-0,35304\%$ da taxa de câmbio R\$/€ poderá voltar a ocorrer em conjunto com a variação $0,23385\%$ da taxa de câmbio R\$/US\$ no futuro – denominamos então o par $\left(r_1^{R\$/\€}, r_1^{R\$/US\$}\right) = (-0,35304\%; 0,23385\%)$ como um cenário histórico[11]. Analogamente, podemos considerar as variações observadas para os demais dias de agosto de 2017, até o último dia do referido mês, $\left(r_{23}^{R\$/\€}, r_{23}^{R\$/US\$}\right) = (-0,19178\%; -0,39322\%)$, e rotulá-los como cenários históricos (que poderão se repetir no futuro). Resumindo, denominamos cada um dos 23 pares de retornos exibidos na Tabela 3.1 como cenários históricos para o vetor aleatório $\left(R_{R\$/\€}, R_{R\$/US\$}\right)$.

Retomemos agora o problema do investidor brasileiro na Seção 3.2 que possuía posições em € e US\$ e desejava medir a sua exposição cambial na moeda local, R\$. Para ilustração numérica, supusemos que o investidor possuía €2.400.000 e US\$2.100.000 no exterior, algo equivalente a R\$9.001.560,00 e R\$6.609.225,00 às taxas de câmbio do fechamento de agosto de 2017. Para compreender a sua exposição, é necessário considerar, entretanto, a variável aleatória que modela o retorno consolidado da sua exposição cambial ao € e ao US\$, denotada $R_C$, que se relaciona com o vetor aleatório $\left(R_{R\$/\€}, R_{R\$/US\$}\right)$ da seguinte forma:

---

[11] Usamos essa denominação para diferenciar dos cenários que incorporam a opinião/expectativas do gestor, como veremos adiante, em outro capítulo. Em outros termos, nos referiremos sempre a cenários históricos quando forem obtidos somente com o uso de informações públicas e passadas, sem incorporar qualquer expectativa do gestor da carteira sendo, portanto, de livre acesso a qualquer investidor.

$$R_C = 9.001.560,00 \times R_{R\$/\euro} + 6.609.225,00 \times R_{R\$/US\$} \quad (3.9)$$

como já explicado na Seção 3.2.

É possível agora obter cenários históricos para a distribuição dos retornos consolidados da carteira $R_C$ a partir de $\left(r_1^{R\$/\euro}, r_1^{R\$/US\$}\right)$, $\left(r_2^{R\$/\euro}, r_2^{R\$/US\$}\right), \ldots, \left(r_{23}^{R\$/\euro}, r_{23}^{R\$/US\$}\right)$, o que resulta em 23 possíveis realizações para $R_C$, denotadas de agora em diante $r_1^C, r_2^C, \ldots, r_{23}^C$, sendo suficiente o uso de

$$r_i^C = 9.001.560,00 \times r_i^{R\$/\euro} + 6.609.225,00 \times r_i^{R\$/US\$} \quad \forall i = 1, 2, \ldots, 23 \quad (3.10)$$

como ilustrado na sexta coluna da Tabela 3.1[12].

Como supusemos que a distribuição conjunta de $\left(R_{R\$/\euro}, R_{R\$/US\$}\right)$ é uma Normal Bivariada, sabemos que $R_C \sim N\left(\mu_C, \sigma_C^2\right)$. Para a especificação completa da distribuição de $R_C$ é suficiente, portanto, obtermos estimativas para $\mu_C$ e $\sigma_C$. Agora, desejamos obter tais estimativas, $\mu_C$ e $\sigma_C$, sem ter que estimar previamente os cinco parâmetros da distribuição conjunta de $\left(R_{R\$/\euro}, R_{R\$/US\$}\right)$ como feito na Seção 3.2.

Duarte (1999) prova que se calcularmos estimativas para esses dois parâmetros usando diretamente os dados dos cenários históricos (ou seja, da sexta coluna da Tabela 3.1), encontraremos os mesmos valores obtidos na Seção 3.2. Ao calcularmos o retorno médio com os dados da sexta coluna da Tabela 3.1 obtemos que

---

[12] Por exemplo, temos na sexta coluna da Tabela 3.1 que

$r_1^C = 9.001.560,00 \times r_1^{R\$/\euro} + 6.609.225,00 \times r_1^{R\$/US\$} = 9.001.560,00 \times (-0,35304\%) + 6.609.225,00 \times 0,23385\% \approx -16.323,51$

$r_2^C = 9.001.560,00 \times r_2^{R\$/\euro} + 6.609.225,00 \times r_2^{R\$/US\$} = 9.001.560,00 \times 0,04471\% + 6.609.225,00 \times (-0,18896\%) \approx -8.464,71$,

$r_2^C = 9.001.560,00 \times r_2^{R\$/\euro} + 6.609.225,00 \times r_2^{R\$/US\$} = 9.001.560,00 \times 0,04471\% + 6.609.225,00 \times (-0,18896\%) \approx -8.464,71$, e

assim por diante até

$r_{23}^C = 9.001.560,00 \times r_{23}^{R\$/\euro} + 6.609.225,00 \times r_{23}^{R\$/US\$} = 9.001.560,00 \times (-0,19178\%) + 6.609.225,00 \times (-0,39322\%) \approx -43.252,27$

$r_{23}^C = 9.001.560,00 \times r_{23}^{R\$/\euro} + 6.609.225,00 \times r_{23}^{R\$/US\$} = 9.001.560,00 \times (-0,19178\%) + 6.609.225,00 \times (-0,39322\%) \approx -43.252,27$.

$$\hat{\mu}_C = \frac{-16.323,51 - 8.464,71 + \ldots - 43.252,27}{23} \approx 7.697,06 \qquad (3.11)$$

assim como, ao estimarmos por máxima verossimilhança o seu desvio padrão, encontramos que

$$\hat{\sigma}_C = \sqrt{\frac{(-16.323,51 - 7.697,06)^2 + (-8.464,71 - 7.697,06)^2 + \ldots + (-43.252,27 - 7.697,06)^2}{23}} \approx 80.885,03 \qquad (3.12)$$

o que nos leva a $R_C \sim N\left(R\$7.697,06\,, R\$80.885,03^2\right)$ com densidade de probabilidade conforme a Figura 3.3.

Resumindo, observamos que somos capazes de especificar completamente a distribuição de $R_C$ sem termos que estimar primeiramente os cinco parâmetros requeridos pela distribuição Normal Bivariada do vetor aleatório $\left(R_{R\$/€}, R_{R\$/US\$}\right)$, com o uso de um procedimento muito menos demandante do ponto de vista computacional e numérico.

### 3.4.2 Três Ações

Revisitemos agora, para uma segunda ilustração numérica do uso dos cenários históricos, o exemplo com três ações apresentado anteriormente neste capítulo.

Os dados na Tabela 3.2 resumem os valores de fechamento das ações BBDC4, BBAS3 e ITUB4 no mês de agosto de 2017, assim como as suas variações diárias[13].

Tabela 3.2 – Preços de ações e suas variações

| Dia | BBDC4 | BBAS3 | ITUB4 | Var. BBDC4 | Var. BBAS3 | Var. ITUB4 | Cenários Históricos |
|---|---|---|---|---|---|---|---|
| 31/07/2017 | 30,19 | 28,70 | 37,32 | - | - | - | - |
| 01/08/2017 | 30,56 | 29,30 | 38,50 | 1,21812% | 2,06904% | 3,11289% | 309.696,40 |
| 02/08/2017 | 30,96 | 30,48 | 38,90 | 1,30041% | 3,94832% | 1,03360% | 290.622,39 |
| 03/08/2017 | 30,95 | 30,68 | 38,81 | -0,03230% | 0,65402% | -0,23163% | 16.611,65 |

---

[13] Por exemplo, $1,21812\% \approx \ln\left(\frac{30,56}{30,19}\right)$, $2,06904\% \approx \ln\left(\frac{29,30}{28,70}\right)$, $3,11289\% \approx \ln\left(\frac{38,50}{37,32}\right)$, e assim por diante.

| Dia | BBDC4 | BBAS3 | ITUB4 | Var. BBDC4 | Var. BBAS3 | Var. ITUB4 | Cenários Históricos |
|---|---|---|---|---|---|---|---|
| 04/08/2017 | 30,98 | 30,87 | 38,71 | 0,09688% | 0,61739% | -0,25800% | 18.964,03 |
| 07/08/2017 | 31,34 | 31,35 | 39,32 | 1,15534% | 1,54294% | 1,56353% | 201.563,05 |
| 08/08/2017 | 31,67 | 31,35 | 39,80 | 1,04746% | 0,00000% | 1,21336% | 107.614,12 |
| 09/08/2017 | 31,69 | 30,77 | 39,55 | 0,06313% | -1,86741% | -0,63012% | -116.397,23 |
| 10/08/2017 | 31,39 | 30,92 | 39,05 | -0,95118% | 0,48630% | -1,27228% | -84.269,06 |
| 11/08/2017 | 31,67 | 30,90 | 39,25 | 0,88805% | -0,06470% | 0,51086% | 61.093,23 |
| 14/08/2017 | 32,30 | 31,09 | 39,96 | 1,96974% | 0,61300% | 1,79275% | 204.947,30 |
| 15/08/2017 | 32,38 | 30,94 | 39,73 | 0,24737% | -0,48364% | -0,57724% | -42.167,13 |
| 16/08/2017 | 32,38 | 30,69 | 39,81 | 0,00000% | -0,81130% | 0,20116% | -26.808,58 |
| 17/08/2017 | 32,11 | 30,15 | 39,49 | -0,83734% | -1,77519% | -0,80707% | -159.229,88 |
| 18/08/2017 | 32,77 | 30,42 | 39,87 | 2,03460% | 0,89154% | 0,95767% | 176.691,90 |
| 21/08/2017 | 32,76 | 30,82 | 39,58 | -0,03052% | 1,30635% | -0,73002% | 20.583,21 |
| 22/08/2017 | 33,50 | 31,99 | 40,42 | 2,23372% | 3,72595% | 2,10008% | 375.499,97 |
| 23/08/2017 | 33,80 | 32,01 | 40,86 | 0,89154% | 0,06250% | 1,08269% | 97.092,75 |
| 24/08/2017 | 33,91 | 32,12 | 41,20 | 0,32492% | 0,34305% | 0,82867% | 72.903,65 |
| 25/08/2017 | 33,94 | 32,00 | 41,08 | 0,08843% | -0,37430% | -0,29169% | -28825,04 |
| 28/08/2017 | 33,42 | 31,70 | 40,72 | -1,54397% | -0,94192% | -0,88020% | -154.354,77 |
| 29/08/2017 | 33,99 | 31,49 | 41,09 | 1,69118% | -0,66466% | 0,90454% | 87.827,35 |
| 30/08/2017 | 33,65 | 31,17 | 40,87 | -1,00533% | -1,02139% | -0,53685% | -117.394,35 |
| 31/08/2017 | 33,58 | 30,70 | 40,35 | -0,20824% | -1,51934% | -1,28049% | -145.874,80 |

Fonte: o autor

Na Seção 3.3, supusemos que um investidor possuía no último dia de agosto de 2017 posições com 125.000 ações de BBDC4, 150.000 ações de BBAS3 e 130.000 de ITUB4 que, aos preços unitários de fechamento do último dia de agosto, resultava nos montantes de R$4.197.500,00, R$4.605.000,00 e R$5.245.500,00 para as respectivas ações, correspondendo ao total de R$14.048.000,00. Finalmente, assumimos que o investidor agora desejava obter a distribuição de probabilidade dos retornos de sua carteira para o primeiro dia útil de setembro de 2017, o que lhe possibilitaria, por exemplo, estimar os seus riscos de mercado usando alguma medida como o VaR.

Assumimos também que o vetor aleatório $\left(R_{BBDC4}, R_{BBAS3}, R_{ITUB4}\right)$ seguia uma distribuição Normal Trivariada. Se denotarmos por $R_C$ a distribuição da carteira consolidada com as três ações, temos que

$$R_C = 4.197.500 \times R_{BBDC4} + 4.605.000 \times R_{BBAS3} + 5.245.500 \times R_{ITUB4} \quad (3.13)$$

que, como já sabemos, segue uma distribuição Normal, a qual denotaremos $R_C \sim N\left(\mu_C, \sigma_C^2\right)$, sendo suficiente para a sua completa determinação a obtenção de estimativas $\mu_C$ e $\sigma_C$. Em outros termos, desejamos a distribuição de probabilidade da carteira consolidada sem ter que especificar previamente a distribuição conjunta dos ativos que a compõem.

Partindo dos 23 cenários históricos $\left(r_1^{BBDC4}, r_1^{BBAS3}, r_1^{ITUB4}\right)$, $\left(r_2^{BBDC4}, r_2^{BBAS3}, r_2^{ITUB4}\right), \ldots, \left(r_{23}^{BBDC4}, r_{23}^{BBAS3}, r_{23}^{ITUB4}\right)$ exibidos na Tabela 3.2[14] e seguindo os mesmos passos usados no exemplo cambial anterior, desejamos obter 23 cenários históricos para $R_C$, os quais denotaremos $r_1^C, r_2^C, \ldots, r_{23}^C$ de agora em diante, usando

$$r_i^C = 4.197.500 \times r_i^{BBDC4} + 4.605.000 \times r_i^{BBAS3} + 5.245.500 \times r_i^{ITUB4} \;\forall\, i = 1, 2, \ldots, 23 \quad (3.14)$$

o que resulta nos valores disponibilizados na oitava coluna da Tabela 3.2[15].

Mais uma vez baseados em Duarte Jr. (1999), podemos calcular o retorno médio como estimativa para $\mu_C$ e obter

$$\hat{\mu}_C = \frac{309.696,40 + 290.622,39 + \ldots - 145.874,80}{23} \approx 50.712,62 \quad (3.15)$$

assim como uma estimativa para $\sigma_C$,

---

[14] Por exemplo, $\left(r_1^{BBDC4}, r_1^{BBAS3}, r_1^{ITUB4}\right) = (1,21812\%, 2,06904\%, 3,11289\%)$, $\left(r_2^{BBDC4}, r_2^{BBAS3}, r_2^{ITUB4}\right) = (1,30041\%, 3,94832\%, 1,03360\%)$, e assim por diante, até $\left(r_{23}^{BBDC4}, r_{23}^{BBAS3}, r_{23}^{ITUB4}\right) = (-0,20824\%, -1,51934\%, -1,28049\%)$.

[15] Por exemplo,

$r_1^C = 4.197.500 \times r_1^{BBDC4} + 4.605.000 \times r_1^{BBAS3} + 5.245.500 \times r_1^{ITUB4} = 4.197.500 \times 1,21812\% + 4.605.000 \times 2,06904\% + 5.245.500 \times 3,11289\% \approx 309.696,40$

para o primeiro dia de agosto de 2017;

$r_2^C = 4.197.500 \times r_2^{BBDC4} + 4.605.000 \times r_2^{BBAS3} + 5.245.500 \times r_2^{ITUB4} = 4.197.500 \times 1,30041\% + 4.605.000 \times 3,94832\% + 5.245.500 \times 1,03360\% \approx 290.622,39$

para o segundo dia de agosto de 2017; e assim por diante até

$r_{23}^C = 4.197.500 \times r_{23}^{BBDC4} + 4.605.000 \times r_{23}^{BBAS3} + 5.245.500 \times r_{23}^{ITUB4} = 4.197.500 \times (-0,20824\%) + 4.605.000 \times (-1,51934\%) + 5.245.500 \times (-1,28049\%) \approx -145.874,80$

para o último dia de agosto de 2017.

$$\hat{\sigma}_C = \sqrt{\frac{(309.696,40-50.712,62)^2 + (290.622,39-50.712,62)^2 + \ldots + (-145.874,80-50.712,62)^2}{23}} \approx 150.812,23 \quad (3.16)$$

o que nos leva a concluir que $R_C \sim N(R\$50.712,62, R\$150.812,23^2)$, com densidade de probabilidade conforme a Figura 3.5.

### 3.4.3 Quatro Metais Preciosos

Como um quarto exemplo, consideramos um investidor no mercado de metais preciosos. Assumimos que ele possuía uma carteira com posições no mercado pronto de ouro, prata, platina e paládio no último dia útil de março de 2020, e desejava saber a distribuição de retornos de sua carteira consolidada. Os preços de fechamento desses quatro *commodities* do último dia útil de janeiro de 2020 até o último dia útil de março do mesmo ano estão exibidos na Tabela 3.3, assim como as suas variações diárias[16].

---

[16] Por exemplo, $-1,58\% \approx \ln\left(215,33/218,75\right)$, $-2,90\% \approx \ln\left(2413,50/2484,50\right)$, $0,02\% \approx \ln\left(132,36/132,33\right)$, $1,36\% \approx \ln\left(318,11/313,82\right)$ e assim por diante.

Tabela 3.3 – Preços de metais preciosos e suas variações

| Dia | Ouro (R$/g) | Prata (R$/Kg) | Platina (R$/g) | Paládio (R$/g) | Var. Ouro | Var. Prata | Var. Platina | Var. Paládio | Cenários Históricos |
|---|---|---|---|---|---|---|---|---|---|
| 31/01/2020 | 218,75 | 2484,50 | 132,33 | 313,82 | - | - | - | - | - |
| 03/02/2020 | 215,33 | 2413,60 | 132,36 | 318,11 | -1,58% | -2,90% | 0,02% | 1,36% | -230.368,80 |
| 04/02/2020 | 212,41 | 2407,00 | 132,12 | 333,02 | -1,37% | -0,27% | -0,18% | 4,58% | 147.373,25 |
| 05/02/2020 | 211,96 | 2398,50 | 134,05 | 331,86 | -0,21% | -0,35% | 1,45% | -0,35% | 2.061,57 |
| 06/02/2020 | 215,69 | 2453,40 | 132,68 | 324,34 | 1,74% | 2,26% | -1,03% | -2,29% | 100.192,12 |
| 07/02/2020 | 218,12 | 2458,80 | 134,38 | 322,26 | 1,12% | 0,22% | 1,27% | -0,64% | 107.915,21 |
| 10/02/2020 | 218,55 | 2469,90 | 133,93 | 327,48 | 0,20% | 0,45% | -0,34% | 1,61% | 124.344,53 |
| 11/02/2020 | 218,31 | 2457,60 | 135,28 | 326,51 | -0,11% | -0,50% | 1,00% | -0,30% | -17.225,87 |
| 12/02/2020 | 219,30 | 2448,10 | 134,95 | 335,69 | 0,45% | -0,39% | -0,24% | 2,77% | 154.438,94 |
| 13/02/2020 | 220,45 | 2467,70 | 135,70 | 339,76 | 0,52% | 0,80% | 0,55% | 1,21% | 185.247,58 |
| 14/02/2020 | 218,91 | 2452,90 | 133,47 | 336,55 | -0,70% | -0,60% | -1,66% | -0,95% | -215.468,21 |
| 17/02/2020 | 220,08 | 2475,00 | 135,28 | 350,38 | 0,53% | 0,90% | 1,35% | 4,03% | 390.954,37 |
| 18/02/2020 | 224,33 | 2545,50 | 139,00 | 368,82 | 1,91% | 2,81% | 2,71% | 5,13% | 741.066,96 |
| 19/02/2020 | 226,20 | 2586,90 | 141,44 | 381,58 | 0,83% | 1,61% | 1,74% | 3,40% | 441.734,78 |
| 20/02/2020 | 228,78 | 2594,10 | 138,51 | 381,47 | 1,13% | 0,28% | -2,09% | -0,03% | 5.659,86 |
| 21/02/2020 | 231,95 | 2610,00 | 137,65 | 382,28 | 1,38% | 0,61% | -0,62% | 0,21% | 122.000,32 |
| 24/02/2020 | 233,92 | 2625,90 | 136,23 | 372,86 | 0,85% | 0,61% | -1,04% | -2,50% | -89.389,68 |
| 25/02/2020 | 230,74 | 2541,10 | 130,96 | 382,43 | -1,37% | -3,28% | -3,95% | 2,53% | -343.748,63 |

| Dia | Ouro (R$/g) | Prata (R$/Kg) | Platina (R$/g) | Paládio (R$/g) | Var. Ouro | Var. Prata | Var. Platina | Var. Paládio | Cenários Históricos |
|---|---|---|---|---|---|---|---|---|---|
| 26/02/2020 | 234,82 | 2566,10 | 130,88 | 398,58 | 1,75% | 0,98% | -0,06% | 4,14% | 425.771,77 |
| 27/02/2020 | 237,23 | 2560,90 | 130,18 | 412,51 | 1,02% | -0,20% | -0,54% | 3,44% | 232.062,24 |
| 28/02/2020 | 227,91 | 2397,00 | 124,53 | 375,75 | -4,01% | -6,61% | -4,44% | -9,33% | -1.468.806,70 |
| 02/03/2020 | 228,70 | 2407,50 | 124,10 | 364,94 | 0,35% | 0,44% | -0,35% | -2,92% | -130.510,52 |
| 03/03/2020 | 238,03 | 2499,10 | 127,51 | 362,35 | 4,00% | 3,73% | 2,71% | -0,71% | 607.098,08 |
| 04/03/2020 | 241,12 | 2536,60 | 129,13 | 374,30 | 1,29% | 1,49% | 1,26% | 3,24% | 434.701,02 |
| 05/03/2020 | 247,50 | 2580,70 | 128,49 | 377,08 | 2,61% | 1,72% | -0,50% | 0,74% | 319.993,73 |
| 06/03/2020 | 249,08 | 2580,30 | 134,66 | 382,77 | 0,64% | -0,02% | 4,69% | 1,50% | 328.499,26 |
| 09/03/2020 | 255,02 | 2581,50 | 131,40 | 379,38 | 2,36% | 0,05% | -2,45% | -0,89% | 6.781,60 |
| 10/03/2020 | 246,29 | 2522,10 | 130,56 | 361,62 | -3,48% | -2,33% | -0,64% | -4,79% | -705.973,75 |
| 11/03/2020 | 253,38 | 2594,90 | 133,80 | 357,65 | 2,84% | 2,85% | 2,45% | -1,10% | 432.204,53 |
| 12/03/2020 | 243,18 | 2435,60 | 117,96 | 284,62 | -4,11% | -6,34% | -12,60% | -22,84% | -2.589.439,45 |
| 13/03/2020 | 239,11 | 2298,80 | 119,11 | 282,76 | -1,69% | -5,78% | 0,97% | -0,66% | -518.020,86 |
| 16/03/2020 | 242,66 | 2071,40 | 107,04 | 258,05 | 1,47% | -10,42% | -10,68% | -9,14% | -1.620.014,79 |
| 17/03/2020 | 246,01 | 2033,20 | 106,83 | 265,15 | 1,37% | -1,86% | -0,20% | 2,71% | 111.465,22 |
| 18/03/2020 | 243,85 | 1964,30 | 102,70 | 262,68 | -0,88% | -3,45% | -3,94% | -0,94% | -524.376,75 |
| 19/03/2020 | 241,67 | 1982,40 | 96,82 | 270,89 | -0,90% | 0,92% | -5,89% | 3,08% | -67.448,29 |
| 20/03/2020 | 244,01 | 2051,60 | 99,95 | 269,52 | 0,96% | 3,43% | 3,18% | -0,51% | 412.386,38 |
| 23/03/2020 | 256,69 | 2190,40 | 106,78 | 283,85 | 5,07% | 6,55% | 6,61% | 5,18% | 1.386.030,29 |

| Dia | Ouro (R$/g) | Prata (R$/Kg) | Platina (R$/g) | Paládio (R$/g) | Var. Ouro | Var. Prata | Var. Platina | Var. Paládio | Cenários Históricos |
|---|---|---|---|---|---|---|---|---|---|
| 24/03/2020 | 266,75 | 2345,70 | 116,78 | 319,98 | 3,84% | 6,85% | 8,95% | 11,98% | 1.820.388,28 |
| 25/03/2020 | 261,80 | 2338,70 | 120,10 | 379,01 | -1,87% | -0,30% | 2,80% | 16,93% | 957.269,91 |
| 26/03/2020 | 263,03 | 2323,10 | 119,06 | 377,48 | 0,47% | -0,67% | -0,87% | -0,40% | -75.909,09 |
| 27/03/2020 | 266,83 | 2375,70 | 121,96 | 371,11 | 1,43% | 2,24% | 2,41% | -1,70% | 257.805,06 |
| 30/03/2020 | 270,64 | 2346,20 | 121,42 | 388,22 | 1,42% | -1,25% | -0,44% | 4,51% | 251.598,00 |

Fonte: o autor

A Figura 3.6 exibe os retornos conjuntos do ouro e da prata, enquanto a Figura 3.7 o equivalente para a prata e a platina. Claramente percebemos que os dados se localizam em uma faixa entre o terceiro e o primeiro quadrantes, o que deve nos levar a supor correlações positivas para os retornos desses dois pares, segundo Tukey (1977). Embora não disponibilizemos as figuras para todas as combinações dois-a-dois, dos quatro *commodities*, sugerindo essa tarefa como dever de casa para o leitor, adiantamos que todas se assemelham às duas aqui exibidas, antecipando correlações positivas entre todos os quatro metais preciosos.

Figura 3.6 – Retornos conjuntos do ouro e da prata

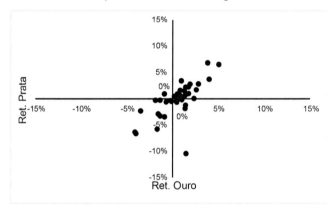

Fonte: o autor

Figura 3.7 – Retornos conjuntos da prata e da palatina

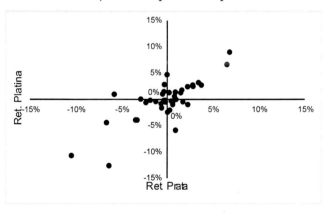

Fonte: o autor

Assumimos que, no último dia de março de 2020, o investidor possuía uma posição com 25 kg de ouro, 3 toneladas de prata, 35 kg de platina e 15 kg de paládio, e que ele desejava determinar a distribuição do retorno de sua carteira consolidada, cobrindo todas as quatro posições em metais preciosos. As posições em R$ podem ser obtidas levando-se em consideração os preços de fechamento exibidos na última linha da Tabela 3.3, o que resulta nos valores R$6.766,000,00 para o ouro; R$7.038.600,00 para a prata; R$4.249.700,00 para a platina; e R$5.823.300,00 para o paládio, e um valor consolidado de R$23.877.600,00[17].

Assumindo que o vetor aleatório com os retornos das quatro *commodities* $(R_{Au}, R_{Ag}, R_{Pt}, R_{Pd})$ segue uma distribuição Normal Quadrivariada (JOHNSON; WICHERN, 2007), queremos especificar a distribuição da carteira consolidada, denotada $R_C$, sem ter que estimar os 14 parâmetros da distribuição conjunta. Como temos que

$$R_C = 6.766.000 \times R_{Au} + 7.038.600 \times R_{Ag} + 4.249.700 \times R_{Pt} + 5.823.300 \times R_{Pd} \quad (3.17)$$

já sabemos que $R_C \sim N(\mu_C, \sigma_C^2)$, sendo suficiente para a sua completa determinação a obtenção de estimativas $\mu_C$ e $\sigma_C$.

Partindo dos 41 cenários históricos construídos $(r_1^{Au}, r_1^{Ag}, r_1^{Pt}, r_1^{Pd})$, $(r_2^{Au}, r_2^{Ag}, r_2^{Pt}, r_2^{Pd}), \ldots, (r_{41}^{Au}, r_{41}^{Ag}, r_{41}^{Pt}, r_{41}^{Pd})$ e dados na Tabela 3.3[18] e seguindo os mesmos passos usados nos exemplos cambial e acionário anteriores, desejamos obter 41 cenários históricos para $R_C$, os quais denotaremos $r_1^C, r_2^C, \ldots, r_{41}^C$ de agora em diante, usando

$$r_i^C = 6.766.000 \times r_i^{Au} + 7.038.600 \times r_i^{Ag} + 4.249.700 \times r_i^{Pt} + 5.823.300 \times r_i^{Pd}$$

$$\forall i = 1, 2, \ldots, 41 \quad (3.18)$$

---

[17] Temos que $R\$6.766.000,00 \approx R\$270,64 \times 25 \times 1000$, $R\$7.038.600,00 \approx R\$2.346,20 \times 3 \times 1000$, $R\$4.249.700,00 \approx R\$121,42 \times 35 \times 1000$, $R\$5.823.300,00 \approx R\$388,22 \times 15 \times 1000$ e $R\$23.877.600,00 = R\$6.766.000,00 + R\$7.038.600,00 + R\$4.249.700,00 + R\$5.823.300,00$.

[18] Por exemplo, $(r_1^{Au}, r_1^{Ag}, r_1^{Pt}, r_1^{Pd}) = (-1,58\%, -2,90\%, 0,02\%, 1,36\%)$, $(r_2^{Au}, r_2^{Ag}, r_2^{Pt}, r_2^{Pd}) = (-1,37\%, -0,27\%, -0,18\%, 4,58\%)$, e assim por diante, até $(r_{41}^{Au}, r_{41}^{Ag}, r_{41}^{Pt}, r_{41}^{Pd}) = (1,42\%, -1,25\%, -0,44\%, 4,51\%)$.

o que resulta nos valores disponibilizados na décima coluna da Tabela 3.3[19].

Baseados em Duarte Jr. (1999), podemos calcular o retorno médio como estimativa de máxima verossimilhança para $\mu_C$ e obter

$$\hat{\mu}_C = \frac{-230.368,80 + 147.373,25 + \ldots + 251.598,00}{41} \approx 46.593,74 \quad (3.19)$$

assim como uma estimativa para $\sigma_C$,

$$\hat{\sigma}_C = \sqrt{\frac{(-230.368,80 - 46.593,74)^2 + (147.373,25 - 46.593,74)^2 + \ldots + (251.598,00 - 46.593,74)^2}{41}} \approx 722.047,83 \quad (3.20)$$

o que nos leva a concluir que $R_C \sim N\left(R\$46.593,74, R\$722.047,83^2\right)$ com densidade de probabilidade conforme a Figura 3.8.

Figura 3.8 – Densidade de probabilidade de $R_C$ (quatro metais preciosos)

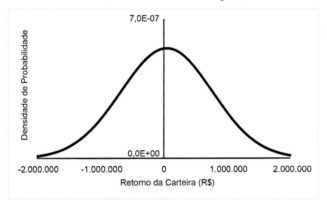

Fonte: o autor

Uma vez obtida a densidade de probabilidade de $R_C$ é possível calcular, por exemplo, o VaR ao nível de significância de 5%, que resulta ser aproximadamente

---

[19] Por exemplo,
$r_1^C = 6.766.000 \times r_1^{Au} + 7.038.600 \times r_1^{Ag} + 4.249.700 \times r_1^{Pt} + 5.823.300 \times r_1^{Pd} = 6.766.000 \times (-1,58\%) + 7.038.600 \times (-2,90\%) + 4.249.700 \times 0,02\% + 5.823.300 \times 1,36\% \approx -230.368,80$
para o primeiro dia de fevereiro de 2020;
$r_2^C = 6.766.000 \times r_2^{Au} + 7.038.600 \times r_2^{Ag} + 4.249.700 \times r_2^{Pt} + 5.823.300 \times r_2^{Pd} = 6.766.000 \times (-1,37\%) + 7.038.600 \times (-0,27\%) + 4.249.700 \times (-0,18\%) + 5.823.300 \times 4,58\% \approx 147.373,25$
para o segundo dia de fevereiro de 2020 e assim por diante até
$r_{41}^C = 6.766.000 \times r_{41}^{Au} + 7.038.600 \times r_{41}^{Ag} + 4.249.700 \times r_{41}^{Pt} + 5.823.300 \times r_{41}^{Pd} = 6.766.000 \times 1,42\% + 7.038.600 \times (-1,25\%) + 4.249.700 \times (-0,44\%) + 5.823.300 \times 4,51\% \approx 251.598,00$
para o último dia de março de 2020.

$$\text{VaR} \approx R\$46.593,74 + R\$722.047,83 \times \Phi^{-1}(5\%) \approx -R\$1.141.069,25 \quad (3.21)$$

Ou seja, o investidor apresentava 5% de probabilidade de ter uma perda pior que R$1.141.069,25 no primeiro dia de abril de 2020.

# CARTEIRA DE REFERÊNCIA E ERRO DE ACOMPANHAMENTO

*A educação é o maior e mais difícil problema imposto ao homem.*

*(Immanuel Kant)*

Os resultados apresentados até aqui estiveram concentrados na modelagem probabilística dos retornos e dos preços de ativos e carteiras de investimento. Antes de considerarmos o processo de investimento, necessitamos apresentar de forma abrangente o processo de gestão de riscos de carteiras de investimentos. Um passo fundamental para a especificação desse processo é a correta especificação de uma carteira de referência por parte do investidor.

Tomamos, neste capítulo, uma abordagem primariamente conceitual ao problema, deixando a ilustração numérica dos conceitos para os capítulos seguintes.

## 4.1 Carteira de Referência

Definimos uma carteira de referência[1] como um conjunto padrão de ativos adotado para efeito de aferição da evolução temporal do valor de mercado de uma carteira de investimento. Em outras palavras, a carteira de referência é utilizada para verificar como o valor da carteira do gestor se comportou ao longo do tempo, resultando em bom ou mau desempenho.

Qualquer carteira de referência deve satisfazer cinco requisitos:

1. Deve ser passível de investimento, ou seja, qualquer gestor deve conseguir investir nos ativos no mesmo montante/proporção de sua composição. Carteiras que não podem ser reproduzidas não são interessantes para adoção como carteira de referência porque não resultam em uma alternativa viável de investimento.

---

[1] Comumente chamada na prática local por gestores de carteiras como *benchmark*.

2. Deve ser passível de previsão, ou seja, o gestor deve conseguir antecipar corretamente ativos e montantes que comporão a carteira no futuro. Quanto mais fácil for essa previsão, tanto mais útil será a carteira de referência escolhida, pois, conforme item anterior, mais facilmente o gestor conseguirá reproduzi-la no futuro e, como consequência, mais precisamente aferirá seu desempenho relativo, antes e depois de mudanças na sua composição.

3. Deve ser passível de marcação-a-mercado, de forma que suas variações possam ser obtidas com precisão em qualquer unidade monetária. Lembremos que são exatamente essas variações de mercado (ganhos ou perdas) que permitem ao investidor aferir se o seu desempenho deve ser considerado satisfatório ou não.

4. Deve ser inequívoca, evitando ambiguidades no que se refere aos ativos presentes em sua composição e montantes investidos.

5. Deve ser apropriada, ou seja, deve refletir em sua composição ativos e montantes que estejam em sintonia com os objetivos especificados pelo gestor da carteira de investimentos. Por exemplo, se um investidor utiliza algumas *commodities* em suas carteiras de investimento, então, a composição de sua carteira de referência deve conter as mesmas *commodities*.

O processo de estabelecimento de uma carteira de referência requer a prévia classificação da carteira de investimento. Uma vez executada a classificação da carteira de investimento, a carteira de referência pode ser construída de forma a satisfazer as cinco características listadas.

### 4.1.1 Classificação dos Ativos de uma Carteira de Investimentos

Não há um procedimento padrão para a classificação de uma carteira de investimentos. Em outros termos, cada gestor deve efetuar a classificação em função de seus próprios interesses de investimento. Por exemplo, se um gestor concentra os seus investimentos em ativos indexados a taxas inflacionárias (IPCA, IGP-M etc.), então, o seu processo de classificação deve resultar no mais preciso detalhamento possível dos ativos indexados às mesmas taxas (NTN-B, NTN-C, debêntures de infraestrutura etc.).

Propomos no restante dessa subseção um procedimento para a classificação de qualquer carteira nos mercados financeiros locais ou internacionais. A nossa sugestão é estratificar a classificação de uma carteira de investimentos em níveis, como ilustrado a seguir.

O primeiro nível de classificação corresponde ao mercado no qual os ativos na carteira de investimentos se encontram:

a. Dizemos que um ativo pertence ao Mercado Nacional quando os montantes permanecem investidos no mercado financeiro brasileiro (mesmo que os retornos sejam medidos em outra moeda, que não o R$).

b. Dizemos que um ativo pertence ao Mercado Internacional quando os montantes estão investidos fora do mercado financeiro brasileiro (mesmo que os retornos sejam calculados em R$).

Um exemplo desse primeiro nível de classificação se encontra exibido na Tabela 4.1 para uma carteira de investimento composta por dez ativos.

Tabela 4.1 – Classificação de ativos: primeiro nível

| Ativo | Classificação | Moeda |
|---|---|---|
| NTN-B (vencimento em 10 anos) | Mercado Nacional | R$ |
| CRA Raizen (vencimento em 3 anos) | Mercado Nacional | R$ |
| GOL Linhas Aéreas Int. (GOLL4) | Mercado Nacional | R$ |
| Ibovespa Fundo de Índice (BOVA11) | Mercado Nacional | R$ |
| US Treasury Bond (vencimento em 8 anos) | Mercado Internacional | US$ |
| US Treasury Bill (vencimento em 1 ano) | Mercado Internacional | US$ |
| Johnson & Johnson (JNJ) | Mercado Internacional | US$ |
| SPDR S&P 500 ETF | Mercado Internacional | US$ |
| Unilever PLC (ULVR:LN) | Mercado Internacional | £ |
| Carrefour SA (CA:PAR) | Mercado Internacional | € |

Fonte: o autor

O segundo nível de classificação diz respeito às classes de ativos. Nesse caso, uma vez considerados os ativos em um mesmo mercado (nacional ou internacional), o investidor deve buscar agrupá-los por características similares, como o fato de serem negociados em uma mesma bolsa de valores ou no mercado de balcão, ou ainda o fato de estarem submetidos ao mesmo arcabouço regulatório. Uma possibilidade nesse segundo nível é classificar ativos como pertencentes ao mercado acionário, mercado de renda fixa, mercado de *commodities*, mercado de câmbio ou mercado de derivativos.

Neste ponto, convém notar que há a possibilidade de um ativo acabar elegível a diferentes classificações, por exemplo, os contratos futuros sobre o ouro, que podem receber a classificação de pertencimento ao mercado de derivativos ou ao mercado de *commodities*. Embora caiba ao gestor da carteira resolver dúvidas como essas, em função de sua visão pessoal de investimento, uma possibilidade razoável é considerar que posições no mercado físico acabem rotuladas como do mercado de *commodities*, enquanto posições em contratos futuros acabem classificados no mercado de derivativos. A Tabela 4.2 ilustra a classificação de dez ativos em uma carteira no mercado nacional, com a possibilidade de uma classificação alternativa no caso de quatro ativos.

Tabela 4.2 – Classificação de ativos: segundo nível

| Ativo | Classificação | Classificação Alternativa |
|---|---|---|
| Cielo SA (CIEL3) | Mercado Acionário | - |
| Banco Bradesco SA (BBDC4) | Mercado Acionário | - |
| ETF PIBB IBRX-50 (PIBB11) | Mercado Acionário | - |
| NTN-F (vencimento em 25 anos) | Mercado de Renda Fixa | - |
| Debênture Petrobras (vencimento em 5 anos) | Mercado de Renda Fixa | - |
| Ouro (barras) | Mercado de *Commodities* | - |
| Contrato Futuro de Etanol Anidro Carburante | Mercado de Derivativos | Mercado de *Commodities* |
| Contrato Futuro de Taxa de Câmbio por Dólar Comercial | Mercado de Derivativos | Mercado de Câmbio |
| Contrato Futuro de Taxa Média de Dep. Interfinanceiros de 1 Dia | Mercado de Derivativos | Mercado de Renda Fixa |
| Contrato Futuro de Ibovespa | Mercado de Derivativos | Mercado Acionário |

Fonte: o autor

O terceiro nível de classificação diz respeito a grupos de ativos. Nesse caso, consideramos ativos dentro de um mesmo mercado (nacional ou internacional) e uma mesma classe e, então, passamos a classificá-los em função do pertencimento a algum índice, nível de capitalização de mercado, emissor, característica de obtenção, moeda de negociação, classificação de crédito (*rating*) etc. Por exemplo, ao considerarmos ativos já classificados no mercado de derivativos é possível, a seguir, dividi-los em grupos de ativos como contratos a termo, contratos futuros, *swaps* ou opções. Um segundo exemplo é dado por ativos classificados como *commodities*, os quais podem ser agrupados como agrícolas, metais preciosos, pecuários, energia e minerais. Um terceiro exemplo é dado no caso da classe de ativos relacionado ao mercado de renda fixa, para os quais pode ser feita a classificação em grupos de ativos em função da moeda na qual o ativo foi emitido (R$, US$, ¥, £, € etc.).

A Tabela 4.3 ilustra o agrupamento de uma carteira de ações de duas formas:

a. Em setores econômicos, conforme classificação da bolsa B3.
b. Nos segmentos de menor ou maior capitalização de mercado, em função dos ativos comporem os índices SMLL (menor) ou MLCX (maior), ambos divulgados pela bolsa B3.

Tabela 4.3 – Agrupamento no mercado acionário: terceiro nível

| Ativo | Classificação (setor econômico) | Classificação (capitalização) |
|---|---|---|
| AMBEV SA (AMBV4) | Consumo Não Cíclico (Bebidas) | Maior Cap. (MLCX) |
| GAEC Educação SA (ANIM3) | Consumo Cíclico (Serviços Educacionais) | Menor Cap. (SMLL) |
| Companhia de Gás de São Paulo (CGAS5) | Utilidade Pública (Gás) | Menor Cap. (SMLL) |
| Direcional Engenharia SA (DIRR3) | Consumo Cíclico (Edificações) | Menor Cap. (SMLL) |
| Suzano SA (SUZB3) | Materiais Básicos (Papel e Celulose) | Maior Cap. (MLCX) |

| Ativo | Classificação (setor econômico) | Classificação (capitalização) |
|---|---|---|
| Petróleo Brasileiro SA (PETR3) | Petróleo, Gás e Biocombustíveis (Exploração, Refino e Distribuição) | Maior Cap. (MLCX) |
| Marcopolo SA (POMO3) | Bens Industriais (Material Rodoviário) | Menor Cap. (SMLL) |
| Localiza Rent a Car SA (RENT3) | Consumo Cíclico (Aluguel de Carros) | Maior Cap. (MLCX) |
| VALE SA (VALE5) | Materiais Básicos (Minerais Metálicos) | Maior Cap. (MLCX) |
| Tupy SA (TUPY3) | Bens Industriais (Material Rodoviário) | Menor Cap. (SMLL) |

Fonte: o autor

A Tabela 4.4 ilustra duas possibilidades para o agrupamento de títulos do mercado de renda fixa:

a. Em função do emissor, se público ou privado.
b. Em função da maturidade do título, em curto prazo (até um ano para o vencimento), médio prazo (entre um e dez anos para o vencimento) e longo prazo (acima de dez anos para o vencimento).

Tabela 4.4 – Agrupamento no mercado de renda fixa: terceiro nível

| Ativo | Classificação (emissor) | Classificação (maturidade) |
|---|---|---|
| NTN-C (vencimento em 5 anos) | Tít. Público | Médio Prazo |
| LTN (vencimento em 9 meses) | Tít. Público | Curto Prazo |
| CRA Raizen (vencimento em 4 anos) | Tít. Privado | Médio Prazo |
| Debênture Vale (vencimento em 8 anos) | Tít. Privado | Médio Prazo |
| NTN-B (vencimento em 25 anos) | Tít. Público | Longo Prazo |
| CRA Suzano (vencimento em 3 anos) | Tít. Privado | Médio Prazo |
| LFT (vencimento em 4 anos) | Tít. Público | Médio Prazo |
| Debênture CELPA (vencimento em 9 anos) | Tít. Privado | Médio Prazo |

| Ativo | Classificação (emissor) | Classificação (maturidade) |
|---|---|---|
| NTN-B Principal (vencimento em 15 anos) | Tít. Público | Longo Prazo |
| Debênture AES Tiete Energia (vencimento em 6 anos) | Tít. Privado | Médio Prazo |

Fonte: o autor

Uma vez a carteira de investimentos classificada, o gestor pode seguir para a etapa de construção de uma carteira de referência que seja apropriada para a aferição de seu desempenho relativo. Nesse ponto, é importante ressaltar que quanto maior o detalhamento conferido à classificação obtida, mais preciso resultará o processo de construção da carteira de referência, como ilustrado a seguir. De forma geral, ao final do processo de classificação, o gestor deve conseguir a classificação de todos os ativos em sua carteira, resultando em algo como a Tabela 4.5 (para uma carteira genérica com dez ativos).

Tabela 4.5 – Classificação de ativos de uma carteira genérica

| Ativo | Mercado | Classe | Grupo |
|---|---|---|---|
| Ativo I | Nacional | Acionário | Consumo Não Cíclico (bebidas) e Maior Capitalização |
| Ativo II | Internacional | Acionário | Utilidade Pública (gás) e Menor Capitalização |
| Ativo III | Internacional | Renda Fixa | Título Público (US$) e Médio Prazo |
| Ativo IV | Internacional | Renda Fixa | Título Privado (€) e Longo Prazo |
| Ativo V | Nacional | Renda Fixa | Título Privado (R$) e Curto Prazo |
| Ativo VI | Nacional | Renda Fixa | Título Público (R$) e Longo Prazo |
| Ativo VII | Internacional | *Commodities* | Energia |
| Ativo VIII | Nacional | *Commodities* | Metal Precioso |
| Ativo IX | Nacional | Derivativos | *Swap* |
| Ativo X | Nacional | Derivativos | Contrato a Termo |

Fonte: o autor

Lembremos que a carteira de referência deve apresentar, quando classificada, as mesmas características obtidas para a carteira de investimento, de forma que seja útil como base comparativa para a determinação do desempenho da última. Em outros termos, se a carteira de investimento possui (ou pode possuir) ativos que estejam em uma determinada classe ou grupo de ativos, então, a carteira de referência deve poder possuir ativos que compõem a mesma classe ou grupo, em montantes/proporções similares.

### 4.1.2 Construção de uma Carteira de Referência

As melhores práticas dos mercados internacionais revelam três metodologias para a construção de carteiras de referência:

1. Carteira absoluta.
2. Carteira com gestores equivalentes/concorrentes.
3. Carteira de índices de mercado.

#### 4.1.2.1 Carteira de Referência Absoluta

Apresentamos a primeira metodologia por uma questão de completitude, dado que é possível apontar vários pontos negativos e apenas um ponto positivo: é aquela de mais fácil implementação.

Uma carteira de referência absoluta é tal que, uma vez estabelecido um horizonte de investimento, o seu ganho é definido como sendo constante – por exemplo, para um horizonte de investimento de um mês, uma rentabilidade fixada em 1%. Em outros termos, o gestor que utiliza tal metodologia mede mensalmente o seu desempenho contra o retorno fixado de 1%, sem alteração ao longo do tempo.

Como o leitor já deve ter percebido, em um mundo dinâmico, no qual o gestor pode alterar a composição de sua carteira de investimentos rapidamente, entrando/saindo diariamente de mercados (nacional ou internacional), classes de ativos (mercados acionários, de *commodities* etc.) ou grupos de ativos (setores econômicos, emissor etc.), não é recomendável adotar, para fins de aferição de desempenho, uma carteira de referência que se mantenha estática.

#### 4.1.2.2 Carteira de Referência com Concorrentes

A segunda possibilidade para a estruturação de uma carteira de referência é considerar gestores concorrentes no mercado. Por exemplo, tomemos o gestor de um fundo de investimento que investe apenas no mercado acionário brasileiro e oferece o seu produto a clientes de alto poder aquisitivo (*private banking*) no exterior, com retornos medidos em US$. Existem outros gestores buscando acessar os mesmos clientes de alto poder aquisitivo e que oferecem a mesma oportunidade de investimento. Nesse ponto, seria razoável que cada um desses gestores buscasse responder a seguinte pergunta: comparativamente aos meus concorrentes de mercado, eu posso ser considerado um bom gestor? A construção de uma carteira de referência se prova imprescindível em situações como essa, na qual o gestor reconhece a atuação de outros concorrentes, no mesmo mercado, disputando os mesmos clientes.

Os dados exibidos na Tabela 4.6 apresentam retornos mensais para um fundo de investimento que investiu no mercado acionário brasileiro, com retornos mensais aferidos em US$, para o período de novembro de 2010 até fevereiro de 2013. Na mesma tabela estão disponibilizados os retornos dos cinco principais concorrentes diretos identificados pelo gestor do referido fundo, que oferecem a mesma possibilidade de investimento a clientes do *private banking* de grandes instituições locais e internacionais.

Tabela 4.6 – Um fundo de investimento e cinco concorrentes

| Mês | Fundo | Concorrente 1 | Concorrente 2 | Concorrente 3 | Concorrente 4 | Concorrente 5 |
|---|---|---|---|---|---|---|
| nov./10 | -1,66% | 3,95% | 0,94% | -1,07% | -2,03% | 0,03% |
| dez./10 | 3,17% | 2,83% | 4,80% | 4,99% | 5,09% | 4,17% |
| jan./11 | -4,05% | -1,73% | -2,23% | -6,30% | -6,50% | -4,16% |
| fev./11 | 1,26% | 1,91% | 1,67% | 0,77% | 0,18% | 1,16% |
| mar./11 | 5,07% | 4,63% | 2,82% | 4,81% | 4,44% | 4,36% |
| abr./11 | 2,08% | 1,61% | 4,93% | 4,41% | 4,69% | 3,54% |
| maio/11 | 0,56% | -1,34% | -4,37% | 0,72% | 0,01% | -0,88% |
| jun./11 | -1,79% | -0,87% | -0,14% | 1,80% | -0,92% | -0,39% |
| jul./11 | 0,57% | -4,08% | -2,19% | -2,86% | -6,51% | -3,02% |
| ago./11 | -4,27% | -4,72% | -6,03% | -2,39% | -5,91% | -4,66% |
| set./11 | -16,05% | -1,33% | -15,30% | -12,38% | -20,95% | -13,20% |
| out./11 | 18,04% | 11,42% | 14,63% | 7,44% | 16,44% | 13,59% |
| nov./11 | -5,52% | -7,09% | -10,89% | -2,40% | -8,11% | -6,80% |
| dez./11 | -0,89% | 0,56% | -3,65% | 0,10% | -1,51% | -1,08% |
| jan./12 | 9,46% | 7,71% | 11,94% | 12,28% | 10,53% | 10,39% |

| fev./12 | 7,98% | 5,80% | 11,72% | 7,09% | 6,44% | 7,81% |
|---|---|---|---|---|---|---|
| mar./12 | -5,43% | -3,96% | -4,48% | -2,65% | -5,42% | -4,39% |
| abr./12 | -2,37% | -2,96% | -5,14% | -2,32% | -2,51% | -3,06% |
| maio/12 | -9,38% | -9,12% | -11,98% | -7,45% | -14,42% | -10,47% |
| jun./12 | 3,25% | 0,23% | -0,41% | 2,15% | 2,32% | 1,51% |
| jul./12 | 1,55% | -2,48% | -0,78% | 2,63% | 8,70% | 1,93% |
| ago./12 | 2,57% | 5,39% | 6,48% | 0,69% | 7,42% | 4,51% |
| set./12 | 0,35% | 0,93% | 2,84% | 1,74% | 0,19% | 1,21% |
| out./12 | 1,02% | -0,46% | 4,11% | 2,21% | 3,60% | 2,10% |
| nov./12 | -1,46% | -3,06% | -1,80% | -0,34% | -1,19% | -1,57% |
| dez./12 | 6,75% | 6,38% | 7,70% | 6,14% | 9,82% | 7,36% |
| jan./13 | 3,91% | 2,56% | 3,49% | 2,72% | 4,42% | 3,42% |
| fev./13 | 0,13% | 1,68% | 2,97% | -0,04% | 3,28% | 1,60% |

Fonte: o autor

Assumimos que o gestor do fundo agora deseja verificar se a sua gestão é efetivamente competitiva - no sentido de ser, por exemplo, a primeira sugestão para investimento colocada por um gerente do *private banking* quando conversando com um novo cliente interessado em alocar parte de seu patrimônio no mercado acionário brasileiro.

Naturalmente, é possível estabelecer comparações relativas contra os cinco concorrentes separadamente, o que pode resultar em excesso de informação direcionada ao gestor. A consolidação do desempenho de todos os principais concorrentes em uma única carteira de referência facilita sobremaneira a análise comparativa do gestor, sendo uma boa prática de mercado.

Duas possibilidades para a construção de uma carteira de referência, quando os concorrentes são julgados como igualmente importantes para aferição do desempenho relativo, são:

    a. Compor uma carteira como se estivesse investindo montantes iguais em cada um dos concorrentes, como exibido na Tabela 4.7, na coluna denominada Carteira de Referência Média. Em outros termos, nesse caso, a carteira de referência é composta por investimentos iguais (20%) em cada um dos cinco concorrentes[2].

---

[2] Os valores da coluna Carteira de Referência Média são obtidos como a média dos retornos correspondentes dos cinco concorrentes exibidos na Tabela 4.6. Por exemplo, para o mês de novembro de 2010, temos que

b. Compor uma carteira tomando a mediana dos retornos dos concorrentes para cada mês de dados, como exibido na Tabela 4.7 na coluna denominada Carteira de Referência Mediana[3].

Nesse ponto, diferentes medidas de retorno e risco podem ser obtidas para a comparação do fundo com as duas carteiras de referência (média e mediana). Como uma ilustração gráfica, a Figura 4.1 exibe os valores das três colunas à direita da Tabela 4.7, referentes à evolução de um investimento de US$100 no fundo, US$100 na Carteira de Referência Média e, por fim, US$100 na Carteira de Referência Mediana, sem que resgates fossem feitos, desde o último dia de outubro de 2010 até o último dia de fevereiro de 2013[4].

Tabela 4.7 – Duas carteiras de referência com concorrentes

| Mês | Fundo | Carteira de Referência Média | Carteira de Referência Mediana | Fundo (US$) | Carteira de Referência Média (US$) | Carteira de Referência Mediana (US$) |
|---|---|---|---|---|---|---|
| out./10 | - | - | - | 100,00 | 100,00 | 100,00 |

---

$0,36\% \approx 20\% \times 3,95\% + 20\% \times 0,94\% - 20\% \times 1,07\% - 20\% \times 2,03\% + 20\% \times 0,03\%$ ; enquanto para o mês seguinte, dezembro de 2010, obtemos que

$4,38\% \approx 20\% \times 2,83\% + 20\% \times 4,80\% + 20\% \times 4,99\% + 20\% \times 5,09\% + 20\% \times 4,17\%$ , e assim por diante.

[3] Os valores da coluna Carteira de Referência Mediana são obtidos como a mediana dos retornos correspondentes dos cinco concorrentes exibidos na Tabela 4.6. Por exemplo, para o mês de novembro de 2010, temos que

$0,03\% = \text{mediana}\{3,95\%; 0,94\%; -1,07\%; -2,03\%; 0,03\%\}$ enquanto para o mês seguinte, dezembro de 2010, obtemos que $4,80\% = \text{mediana}\{2,83\%; 4,80\%; 4,99\%; 5,09\%; 4,17\}$, e assim por diante.

[4] Por exemplo, considerando a coluna Fundo na Tabela 4.7 temos que $US\$98,34 \approx US\$100,00 \times (1-1,66\%)$, $US\$101,45 \approx US\$98,34 \times (1+3,17\%)$, $US\$97,34 \approx US\$101,45 \times (1-4,05\%)$, e assim por diante. Tomando-se agora a carteira de referência média, temos que, $US\$100,36 \approx US\$100,00 \times (1+0,36\%)$ $US\$104,76 \approx US\$100,36 \times (1+4,38\%)$, $US\$100,37 \approx US\$104,76 \times (1-4,18\%)$, e assim por diante. Tomando-se agora a carteira de referência mediana, temos que $US\$100,03 \approx US\$100,00 \times (1+0,03\%)$, $US\$104,83 \approx US\$100,03 \times (1+4,80\%)$, $US\$100,47 \approx US\$104,83 \times (1-4,16\%)$, e assim por diante.

| Mês | Fundo | Carteira de Referência Média | Carteira de Referência Mediana | Fundo (US$) | Carteira de Referência Média (US$) | Carteira de Referência Mediana (US$) |
|---|---|---|---|---|---|---|
| nov./10 | -1,66% | 0,36% | 0,03% | 98,34 | 100,36 | 100,03 |
| dez./10 | 3,17% | 4,38% | 4,80% | 101,45 | 104,76 | 104,83 |
| jan./11 | -4,05% | -4,18% | -4,16% | 97,34 | 100,37 | 100,47 |
| fev./11 | 1,26% | 1,14% | 1,16% | 98,57 | 101,52 | 101,63 |
| mar./11 | 5,07% | 4,21% | 4,44% | 103,57 | 105,79 | 106,15 |
| abr./11 | 2,08% | 3,84% | 4,41% | 105,72 | 109,85 | 110,83 |
| maio/11 | 0,56% | -1,17% | -0,88% | 106,32 | 108,56 | 109,85 |
| jun./11 | -1,79% | -0,10% | -0,39% | 104,41 | 108,45 | 109,42 |
| jul./11 | 0,57% | -3,73% | -3,02% | 105,01 | 104,40 | 106,12 |
| ago./11 | -4,27% | -4,74% | -4,72% | 100,53 | 99,45 | 101,12 |
| set./11 | -16,05% | -12,63% | -13,20% | 84,40 | 86,89 | 87,77 |
| out./11 | 18,04% | 12,70% | 13,59% | 99,62 | 97,92 | 99,70 |
| nov./11 | -5,52% | -7,06% | -7,09% | 94,13 | 91,01 | 92,63 |
| dez./11 | -0,89% | -1,12% | -1,08% | 93,29 | 89,99 | 91,63 |
| jan./12 | 9,46% | 10,57% | 10,53% | 102,12 | 99,51 | 101,29 |
| fev./12 | 7,98% | 7,77% | 7,09% | 110,27 | 107,24 | 108,47 |
| mar./12 | -5,43% | -4,18% | -4,39% | 104,28 | 102,76 | 103,71 |
| abr./12 | -2,37% | -3,20% | -2,96% | 101,81 | 99,47 | 100,64 |
| maio/12 | -9,38% | -10,69% | -10,47% | 92,26 | 88,84 | 90,10 |
| jun./12 | 3,25% | 1,16% | 1,51% | 95,26 | 89,87 | 91,46 |
| jul./12 | 1,55% | 2,00% | 1,93% | 96,74 | 91,67 | 93,22 |
| ago./12 | 2,57% | 4,90% | 5,39% | 99,22 | 96,16 | 98,24 |
| set./12 | 0,35% | 1,38% | 1,21% | 99,56 | 97,49 | 99,43 |
| out./12 | 1,02% | 2,31% | 2,21% | 100,58 | 99,74 | 101,63 |
| nov./12 | -1,46% | -1,59% | -1,57% | 99,11 | 98,16 | 100,04 |
| dez./12 | 6,75% | 7,48% | 7,36% | 105,80 | 105,50 | 107,40 |
| jan./13 | 3,91% | 3,32% | 3,42% | 109,94 | 109,00 | 111,07 |

| Mês | Fundo | Carteira de Referência Média | Carteira de Referência Mediana | Fundo (US$) | Carteira de Referência Média (US$) | Carteira de Referência Mediana (US$) |
|---|---|---|---|---|---|---|
| fev./13 | 0,13% | 1,90% | 1,68% | 110,08 | 111,07 | 112,93 |

Fonte: o autor

Figura 4.1 – Duas carteiras de referência com concorrentes

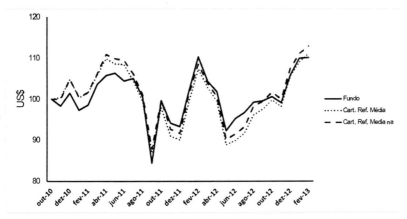

Fonte: o autor

Devotaremos o Capítulo 9 para a análise detalhada do desempenho relativo de carteiras de investimento, mas, a simples análise visual da Figura 4.1, já revela alguns pontos interessantes:

a. O fundo apresentou resultados acumulados menores quando comparado às duas carteiras de referência de outubro de 2010 até junho de 2011.

b. Tanto o fundo quanto as carteiras de referência sofreram perdas elevadas em setembro de 2011, tendo se recuperado nos dois anos seguintes.

c. De novembro de 2011 até setembro de 2012, o fundo apresentou resultados acumulados superiores quando comparados às duas carteiras de referência.

d.  Por fim, no período final de análise, o fundo apresentou resultados próximos aos da Carteira de Referência Média e ligeiramente inferiores aos da Carteira de Referência Mediana.

Esse exemplo simples, restrito a uma mera análise visual dos retornos acumulados do fundo, ilustra de forma cabal a importância de identificar carteiras de referência que possam estabelecer o efetivo desempenho de um gestor. Tomando como exemplo o caso do gestor do fundo retratado na Figura 4.1, ele deve buscar no mercado idealmente concorrentes diretos seus (ou seja, aqueles que endereçam os mesmos clientes, com objetivos de gestão similares).[5]

### 4.1.2.3 Carteira de Referência com Índices de Mercado

A terceira possibilidade para a construção da uma carteira de referência recai sobre a utilização de algum índice que reflita de forma mais próxima a classificação obtida para a carteira de investimento. Por exemplo, no caso dos seis fundos de investimento dados na Tabela 4.6, todos se propõem a oferecer retornos acumulados que superem o índice Ibovespa quando calculado em US$. Uma possibilidade consistente para a adoção de uma carteira de referência para os fundos na Tabela 4.6 é, portanto, a utilização do Ibovespa com retornos calculados em US$.

A Tabela 4.8 e a Figura 4.2 resumem como teria sido o desempenho do fundo versus o do Ibovespa supondo US$100,00 investidos em ambos do último dia de outubro de 2010 até o último dia de fevereiro de 2013[6]. Podemos atestar, nesse caso, o bom desempenho relativo do fundo, com resultados consistentemente superiores para o período de análise quando comparado ao Ibovespa em US$.

---

[5] Ou sendo mais específico, com políticas de investimento próximas à sua, como detalhado no próximo capítulo.

[6] Por exemplo, considerando a coluna Fundo na Tabela 4.8 temos

que $US\$98,34 \approx US\$100,00 \times (1 - 1,66\%)$, $US\$101,45 \approx US\$98,34 \times (1 + 3,17\%)$,

$US\$97,34 \approx US\$101,45 \times (1 - 4,05\%)$, e assim por diante. Tomando-se agora o Ibovespa,

temos que $US\$94,98 \approx US\$100,00 \times (1 - 5,02\%)$, $US\$100,14 \approx US\$94,98 \times (1 + 5,43\%)$,

$US\$95,78 \approx US\$100,14 \times (1 - 4,35\%)$, e assim por diante.

Tabela 4.8 – Ibovespa como carteira de referência

| Mês | Fundo (%) | Ibovespa (%) | Fundo (US$) | Ibovespa (US$) |
|---|---|---|---|---|
| out./10 | - | - | 100,00 | 100,00 |
| nov./10 | -1,66% | -5,02% | 98,34 | 94,98 |
| dez./10 | 3,17% | 5,43% | 101,45 | 100,14 |
| jan./11 | -4,05% | -4,35% | 97,34 | 95,78 |
| fev./11 | 1,26% | 1,96% | 98,57 | 97,66 |
| mar./11 | 5,07% | 3,82% | 103,57 | 101,39 |
| abr./11 | 2,08% | -0,18% | 105,72 | 101,21 |
| maio/11 | 0,56% | -2,70% | 106,32 | 98,47 |
| jun./11 | -1,79% | -2,27% | 104,41 | 96,24 |
| jul./11 | 0,57% | -5,45% | 105,01 | 90,99 |
| ago./11 | -4,27% | -5,83% | 100,53 | 85,69 |
| set./11 | -16,05% | -20,73% | 84,40 | 67,93 |
| out./11 | 18,04% | 22,45% | 99,62 | 83,17 |
| nov./11 | -5,52% | -9,10% | 94,13 | 75,61 |
| dez./11 | -0,89% | -3,67% | 93,29 | 72,83 |
| jan./12 | 9,46% | 19,87% | 102,12 | 87,30 |
| fev./12 | 7,98% | 6,17% | 110,27 | 92,69 |
| mar./12 | -5,43% | -8,05% | 104,28 | 85,23 |
| abr./12 | -2,37% | -7,70% | 101,81 | 78,67 |
| maio/12 | -9,38% | -17,54% | 92,26 | 64,87 |
| jun./12 | 3,25% | -0,20% | 95,26 | 64,74 |
| jul./12 | 1,55% | 1,77% | 96,74 | 65,88 |
| ago./12 | 2,57% | 2,35% | 99,22 | 67,43 |
| set./12 | 0,35% | 4,04% | 99,56 | 70,16 |
| out./12 | 1,02% | -3,59% | 100,58 | 67,64 |
| nov./12 | -1,46% | -2,92% | 99,11 | 65,66 |
| dez./12 | 6,75% | 9,37% | 105,80 | 71,82 |
| jan./13 | 3,91% | 0,77% | 109,94 | 72,37 |
| fev./13 | 0,13% | -3,28% | 110,08 | 69,99 |

Fonte: o autor

Figura 4.2 – Ibovespa como carteira de referência

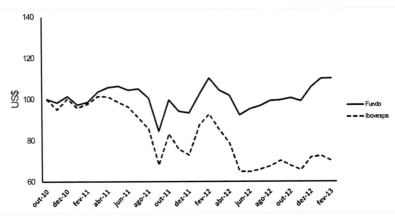

Fonte: o autor

Por vezes, não é recomendado construir uma carteira de referência com apenas um índice de mercado, sendo preferível a adoção de uma combinação de índices. Por exemplo, consideremos um gestor que investe conforme as informações disponibilizadas na Tabela 4.9. Nesse caso, vemos que a classificação final comporta apenas ativos no mercado nacional, com seis grupos de ativos, em que dois da classe mercado acionário e quatro da classe mercado de renda fixa:

    a. Dentre os ativos na classe de mercado acionário temos um agrupado no setor econômico Utilidade Pública, com subsetores água e saneamento, gás e energia elétrica, com alocação mínima e máxima do total da carteira em 5% e 25%, respectivamente; e o outro agrupado no setor econômico Financeiro e Outros, com subsetores intermediários financeiros, previdência e seguros e serviços financeiros diversos, com alocações mínima e máxima do total da carteira em 10% e 30%, respectivamente.

    b. Dentre os ativos na classe de renda fixa temos quatro grupos. Por exemplo, um desses grupos considera investir entre 10% e 30% do valor de mercado total da carteira em Letras do Tesouro Nacional e Notas do Tesouro Nacional F, sem qualquer restrição no que se refere à maturidade dos ativos com rendimentos pré-fixados.

Reconhecemos que, entre 15% e 55% do valor de mercado da carteira estará no mercado acionário, enquanto de 30% a 100% no mercado de títulos públicos federais[7].

Tabela 4.9 – Possíveis investimentos de um gestor

| Mercado | Classe | Grupo | Mínimo | Máximo |
|---|---|---|---|---|
| Nacional | Acionário | Utilidade Pública (Água e Saneamento, Gás, Energia Elétrica) | 5% | 25% |
| Nacional | Acionário | Financeiro e Outros (Intermediários Financeiros, Previdência e Seguros, Serviços Financeiros Diversos) | 10% | 30% |
| Nacional | Renda Fixa | Tít. Públicos Federais (LFT) Indexador: SELIC Vencimento: qualquer | 0% | 10% |
| Nacional | Renda Fixa | Tít. Públicos Federais (NTN-B) Indexador: IPCA Vencimento: pelo menos 5 anos | 10% | 30% |
| Nacional | Renda Fixa | Tít. Públicos Federais (NTN-C) Indexador: IGP-M Vencimento: pelo menos 5 anos | 10% | 30% |
| Nacional | Renda Fixa | Tít. Públicos Federais (LTN & NTN-F) Indexador: PRÉ-FIXADO Vencimento: qualquer | 10% | 30% |

Fonte: o autor

Uma possibilidade para carteira de referência é considerar um índice do mercado acionário, por exemplo, o Índice Brasil 100 (IBrX100), e outro do mercado de renda fixa direcionado a títulos públicos federais, como o Índice de Mercado ANBIMA Geral (IMA-Geral), conforme ilustrado na quarta coluna (Carteira de Referência I) na Tabela 4.10. Em qual proporção? Se escolhermos tomar os valores médios (entre a alocação mínima e a

---

[7] Notemos que o mínimo a ser colocado no mercado acionário é de 5% + 10% = 15% e o máximo 25% + 30% = 55% , enquanto o mínimo a ser colocado no mercado de títulos públicos federais é de 0% + 10% + 10% + 10% = 30% e o máximo 10% + 30% + 30% + 30% = 100% .

máxima), obteremos a composição de uma possível carteira de referência com 35% no IBrX100 e 65% no IMA Geral.

Notemos que essa última carteira de referência ignora muitas das informações disponibilizadas na Tabela 4.9, o que motiva a questão: não haveria uma carteira de referência ainda mais específica para a aferição da qualidade da gestão?

A essência dessa pergunta reside no nível de detalhamento exercido pelo gestor para a classificação da sua carteira de investimento. Em outros termos, a Carteira de Referência I não reflete corretamente a riqueza das informações contidas na terceira coluna da Tabela 4.9, sendo possível construir uma alternativa que provê resultados de desempenho relativo mais precisos para o gestor. A composição alternativa (mais detalhada) pode ser construída com o uso de seis índices, conforme a quinta coluna da Tabela 4.10 (Carteira de Referência II), todos compondo a carteira de referência com o valor médio das alocações mínima e máxima:

a. Índice Utilidade Pública (UTIL B3) compondo a carteira de referência em 15% do total. Considera ações negociadas na BM&FBOVESPA dos subsetores econômicos de água e saneamento, gás e energia elétrica.

b. Índice Financeiro (IFNC B3) compondo a carteira de referência em 20% do total. Considera ações negociadas na BM&FBOVESPA dos subsetores econômicos de intermediários financeiros, previdência e seguros e serviços financeiros diversos.

c. Índice de Mercado ANBIMA – Taxa SELIC (IMA-S) compondo a carteira de referência em 5% do total. Considera títulos públicos federais indexados à taxa SELIC, com qualquer vencimento.

d. Índice de Mercado ANBIMA – Taxa IPCA (IMA-B 5+) compondo a carteira de referência em 20% do total. Considera títulos públicos federais indexados ao IPCA, com pelo menos cinco anos para o vencimento.

e. Índice de Mercado ANBIMA – Taxa IGP-M (IMA-C 5+) compondo a carteira de referência em 20% do total. Considera títulos públicos federais indexados ao IGP-M, com pelo menos cinco anos para o vencimento.

f. Índice de Renda Fixa do Mercado (IRF-M) compondo a carteira de referência em 20% do total. Considera títulos públicos federais pré-fixados, com qualquer vencimento.

É inegável que essa última carteira de referência reflete a composição descrita na Tabela 4.9 da forma mais próxima do que a alternativa composta somente pelos índices IBrX100 e IMA-Geral, como a comparação da Carteira de Referência I e da Carteira de Referência II na Tabela 4.10 facilmente ilustra.

Tabela 4.10 – Duas carteiras de referência

| Mercado/Classe/Grupo | Mínimo | Máximo | Carteira de Referência I | Carteira de Referência II |
|---|---|---|---|---|
| Nacional/Acionário/ Utilidade Pública (Água e Saneamento, Gás, Energia Elétrica) | 5% | 25% | IBrX-100 (15%) | UTIL B3 (15%) |
| Nacional/Acionário/ Financeiro e Outros (Intermediários Financeiros, Previdência e Seguros, Serviços Financeiros Diversos) | 10% | 30% | IBrX-100 (20%) | IFNC B3 (20%) |
| **Total no Mercado Acionário** | | | 35% | 35% |
| Nacional/Renda Fixa/ Tít. Públicos Federais (LFT) Indexador: SELIC Vencimento: qualquer | 0% | 10% | IMA-Geral (5%) | IMA-S (5%) |
| Nacional/Renda Fixa/ Tít. Públicos Federais (NTN-B) Indexador: IPCA Vencimento: pelo menos 5 anos | 10% | 30% | IMA-Geral (20%) | IMA-B 5+ (20%) |
| Nacional/Renda Fixa/ Tít. Públicos Federais (NTN-C) Indexador: IGP-M Vencimento: pelo menos 5 anos | 10% | 30% | IMA-Geral (20%) | IMA-C 5+ (20%) |

| Mercado/Classe/Grupo | Mínimo | Máximo | Carteira de Referência I | Carteira de Referência II |
|---|---|---|---|---|
| Nacional/Renda Fixa/ Tít. Públicos Federais (LTN & NTN-F) Indexador: PRÉ-FIXADO Vencimento: qualquer | 10% | 30% | IMA-Geral (20%) | IRF-M (20%) |
| Total no Mercado de Renda Fixa | | | 65% | 65% |

Fonte: o autor

Como o leitor deve ter observado, a obtenção da Carteira de Referência II somente se torna possível se o processo de classificação da carteira chegar ao nível dos grupos, logo, esperamos que esse exemplo seja suficiente para convencer o leitor da importância de obter a classificação para a sua carteira da forma mais detalhada possível antes de construir uma carteira de referência com índices de mercado.

## 4.2 Erro de Acompanhamento

Suponhamos uma carteira de investimentos e sua carteira de referência (*benchmark*), cujas distribuições de retornos denotaremos no restante deste capítulo por $R_C$ e $R_B$, respectivamente. Definimos o erro de acompanhamento como a variável aleatória $R_{EA}$, tal que

$$R_{EA} = R_C - R_B \qquad (4.1)$$

Em outros termos, o erro de acompanhamento é a variável aleatória que mede os desvios dos retornos de uma carteira em relação a sua carteira de referência. Adiantamos que o erro de acompanhamento é uma medida fundamental quando são consideradas carteiras indexadas, como veremos adiante. Nessa linha, vale mencionar que, com o surgimento dos chamados fundos de índices[8], a utilização do erro de acompanhamento ganhou em importância, como ilustrado no restante deste capítulo.

---

[8] Um fundo de índice é um fundo de investimento negociado em bolsa de valores como se fosse uma ação. A vasta maioria dos fundos de índices é especializado em acompanhar a evolução de um índice de mercado (ações, renda fixa e *commodities*), o que está relacionado ao processo de indexação de carteiras de investimentos. Os fundos de índices são mais comumente chamados de ETFs por gestores de carteiras, um acrônimo para *Exchange-Traded Funds*.

Conforme argumentação já apresentada no primeiro capítulo, podemos supor que coletamos $n$ observações para os retornos da carteira e de sua carteira de referência, as quais denotaremos de agora em diante como $r_1^C, \ldots, r_n^C$ e $r_1^B, \ldots, r_n^B$, o que nos permite obter também $n$ observações para os erros de acompanhamento, $r_1^{EA}, \ldots, r_n^{EA}$, conforme

$$r_i^{EA} = r_i^C - r_i^B \quad \forall\, i = 1, \ldots, n \qquad (4.2)$$

Um dos fundos de índices mais conhecidos no Brasil é o iShares Ibovespa Fundo de Índice (BOVA11) que se propõe a investir pelo menos 95% de sua carteira em ações que compõem o Ibovespa, com o objetivo de entregar aos seus investidores os retornos do Ibovespa antes de despesas e taxas. Um concorrente direto seu é o Caixa Ibovespa Fundo de Índice (XBOV11), o qual possui os mesmos objetivos. A Tabela 4.11 exibe (parcialmente) dados para o BOVA11, XBOV11 e Ibovespa do fechamento do mercado em 27 de abril de 2017 até 27 de outubro de 2017, compreendendo 127 dias de negociações de mercado. Podemos obter observações para os retornos dos fundos de índice e o Ibovespa, conforme exibido na quinta, sexta e sétima colunas da mesma tabela[9]. As duas últimas colunas da tabela trazem observações para os erros de acompanhamento do BOVA11 e XBOV11 (em relação ao Ibovespa) obtidos diretamente com o uso de (4.2)[10].

---

[9] Por exemplo, para o BOVA11 temos $1,16\% \approx ln\left(63,19/62,46\right)$, $2,14\% \approx ln\left(64,56/63,19\right)$, $-0,93\% \approx ln\left(63,96/64,56\right)$, e assim por diante. Para o XBOV11, temos $1,18\% \approx ln\left(65,04/64,28\right)$, $1,95\% \approx ln\left(66,32/65,04\right)$, $-0,86\% \approx ln\left(65,75/66,32\right)$, e assim por diante. Finalmente, para o Ibovespa, temos $1,12\% \approx ln\left(65403,25/64676,55\right)$, $2,00\% \approx ln\left(66721,75/665403,25\right)$, $-0,95\% \approx ln\left(66093,78/66721,75\right)$, e assim por diante.

[10] Por exemplo, para o BOVA11, temos $0,04\% \approx 1,16\% - 1,12\%$   $0,15\% \approx 2,14\% - 2,00\%$, $0,01\% \approx -0,93\% - \left(-0,95\%\right)$, e assim por diante. Para o XBOV11, temos $0,06\% \approx 1,18\% - 1,12\%$ $-0,05\% \approx 1,95\% - 2,00\%$, $0,08\% \approx -0,86\% - \left(-0,95\%\right)$, e assim por diante.

Tabela 4.11 – Dados do BOVA11, XBOV11 e Ibovespa

| Data | BOVA 11 | XBOV 11 | Ibo-vespa | Retorno BOVA 11 | Retorno XBOV 11 | Retorno Ibovespa | Erro de Acompanhamento BOVA11 | Erro de Acompanhamento XBOV11 |
|---|---|---|---|---|---|---|---|---|
| 27/04/17 | 62,46 | 64,28 | 64676,55 | - | - | - | - | - |
| 28/04/17 | 63,19 | 65,04 | 65403,25 | 1,16% | 1,18% | 1,12% | 0,04% | 0,06% |
| 02/05/17 | 64,56 | 66,32 | 66721,75 | 2,14% | 1,95% | 2,00% | 0,15% | -0,05% |
| 03/05/17 | 63,96 | 65,75 | 66093,78 | -0,93% | -0,86% | -0,95% | 0,01% | 0,08% |
| 04/05/17 | 62,66 | 64,49 | 64862,61 | -2,05% | -1,93% | -1,88% | -0,17% | -0,05% |
| ⋮ | ⋮ | ⋮ | ⋮ | ⋮ | ⋮ | ⋮ | ⋮ | ⋮ |
| 23/10/17 | 72,93 | 74,83 | 75413,13 | -0,91% | -1,24% | -1,29% | 0,37% | 0,05% |
| 24/10/17 | 73,86 | 75,69 | 76350,20 | 1,27% | 1,14% | 1,23% | 0,03% | -0,09% |
| 25/10/17 | 74,01 | 76,01 | 76671,13 | 0,20% | 0,42% | 0,42% | -0,22% | 0,00% |
| 26/10/17 | 73,05 | 75,24 | 75896,35 | -1,31% | -1,02% | -1,02% | -0,29% | 0,00% |
| 27/10/17 | 73,37 | 75,34 | 75975,71 | 0,44% | 0,13% | 0,10% | 0,33% | 0,03% |

Fonte: o autor

A Figura 4.3 ilustra os erros de acompanhamento dos dois fundos de índice ao longo de todo o período de análise. A Figura 4.4 ilustra os retornos acumulados dos dois fundos de índice e do Ibovespa, todos medidos em relação ao fechamento do mercado em 27/04/17[11]. Podemos observar que os resultados na Figura 4.4 indicam (pelo menos visualmente) um bom desempenho de ambos os fundos de índice nos seus objetivos de acompanhar o Ibovespa.

---

[11] Calculados conforme ilustrado no Capítulo 1, Seção 1.3.

Figura 4.3 – Erros de acompanhamento do BOVA11 e XBOV11

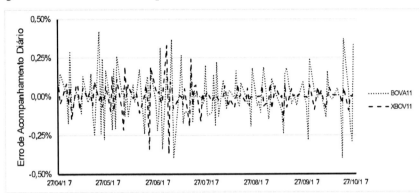

Fonte: o autor

Figura 4.4 – Retornos acumulados para o BOVA11, XBOV11 e Ibovespa

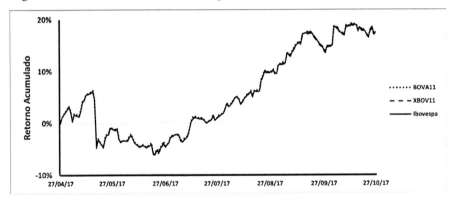

Fonte: o autor

Neste ponto, assim como já feito no primeiro capítulo, é possível obtermos várias estatísticas para o erro de acompanhamento. Convém lembrar que, se $R_C$ e $R_B$ seguem distribuições Normais, então, podemos escrever que $R_{EA} = R_C - R_B \sim N\left(\mu_{EA}, \sigma_{EA}^2\right)$, o que nos leva aos estimadores de máxima verossimilhança para o erro de acompanhamento médio[12]

---

[12] Para uma amostra com $n$ observações, $r_1^{EA}, \ldots, r_n^{EA}$, temos que o erro de acompanhamento médio obtido como $\overline{r}^{EA} = \left(r_1^{EA} + \ldots + r_n^{EA}\right)/n$, sendo essa a estimativa de máxima verossimilhança sob a hipótese de

$$\hat{\mu}_{BOVA11}^{EA} = \bar{r}_{BOVA11}^{EA} = \frac{0,04\% + 0,15\% + \ldots + 0,33\%}{127} \approx -0,00002\% \quad (4.3)$$

e

$$\hat{\mu}_{XBOV11}^{EA} = \bar{r}_{XBOV11}^{EA} = \frac{0,06\% - 0,05\% + \ldots + 0,03\%}{127} \approx -0,00177\% \quad (4.4)$$

Outra estatística comumente usada por analistas de mercado é o chamado erro de acompanhamento médio geométrico[13] dado por

$$\gamma_{BOVA11}^{EA} = \sqrt[127]{(1+0,04\%) \times (1+0,15\%) \times \ldots \times (1+0,33\%)} \approx -0,00014\% \quad (4.5)$$

e

$$\gamma_{XBOV11}^{EA} = \sqrt[127]{(1+0,06\%) \times (1-0,05\%) \times \ldots \times (1+0,03\%)} \approx -0,00181\% \quad (4.6)$$

As estimativas de máxima verossimilhança para o desvio padrão do erro de acompanhamento[14] resultam ser

$$\hat{\sigma}_{BOVA11}^{EA} = \sqrt{\frac{(0,04\% + 0,00002\%)^2 + (0,15\% + 0,00002\%)^2 + \ldots + (0,33\% + 0,00002\%)^2}{127}} \approx 0,15760\% \quad (4.7)$$

em que $\bar{r}_{BOVA11}^{EA} \approx -0,00002\%$, e

$$\hat{\sigma}_{XBOV11}^{EA} = \sqrt{\frac{(0,06\% + 0,00177\%)^2 + (-0,05\% + 0,00177\%)^2 + \ldots + (0,03\% + 0,00177\%)^2}{127}} \approx 0,08686\% \quad (4.8)$$

em que $\bar{r}_{XBOV11}^{EA} \approx -0,00177\%$.

---

normalidade para o parâmetro $\mu_{EA}$.

[13] Para uma amostra com $n$ observações, $r_1^{EA}, \ldots, r_n^{EA}$, temos que o erro de acompanhamento médio geométrico é $\gamma^{EA} = \sqrt[n]{\left(1 + r_1^{EA}\right) \times \ldots \times \left(1 + r_n^{EA}\right)}$.

[14] Para uma amostra com $n$ observações, $r_1^{EA}, \ldots, r_n^{EA}$, temos que o desvio padrão dos erros de acompanhamento é $\sigma_{EA} = \sqrt{\left(\left(r_1^{EA} - \bar{r}^{EA}\right)^2 + \ldots + \left(r_n^{EA} - \bar{r}^{EA}\right)^2\right) / n}$, onde $\bar{r}^{EA} = \left(r_1^{EA} + \ldots + r_n^{EA}\right) / n$, sendo essa a estimativa de máxima verossimilhança sob hipótese de normalidade para $\sigma_{EA}$.

Por fim, na prática de alguns países é comum encontrarmos ainda outra estatística, chamada o valor médio quadrático dos erros de acompanhamento[15] dada por

$$\vartheta_{BOVA11}^{EA} = \sqrt{\frac{(0,04\%)^2 + (0,15\%)^2 + \ldots + (0,33\%+)^2}{127}} \approx 0,15760\% \tag{4.9}$$

e

$$\vartheta_{XBOV11}^{EA} = \sqrt{\frac{(0,06\%)^2 + (-0,05\%)^2 + \ldots + (0,03\%)^2}{127}} \approx 0,08687\% \tag{4.10}$$

A Tabela 4.12 consolida as estatísticas obtidas anteriormente para o BOVA11 e o XBOV11.

Tabela 4.12 – Estatísticas para o BOVA11 e XBOV11

|  | BOVA11 | XBOV11 |
|---|---|---|
| Erro de Acompanhamento Médio | −0,00002% | −0,00177% |
| Erro de Acompanhamento Médio Geométrico | −0,00014% | −0,00181% |
| Desvio Padrão do Erro de Acompanhamento | 0,15760% | 0,08686% |
| Valor Médio Quadrático do Erro de Acompanhamento | 0,15760% | 0,08687% |

Fonte: o autor

Outro fundo de índice muito conhecido no Brasil é o IT NOW PIBB IBrX-50 (PIBB11), o primeiro lançado no país em 2004 pelo BNDES, que se propõe a oferecer aos seus investidores desempenho igual ao Índice Brasil 50 (IBrX-50). Esse fundo de índice investe no mínimo 95% dos seis recursos em ações compondo o IBrX-50. A Tabela 4.13 exibe (parcialmente) dados do PIBB11 e IBrX-50 para o ano de 2019, com um total de 248 dias de negociações. Podemos obter observações para os retornos do fundo de índice e

---

[15] Para uma amostra com $n$ observações, $r_1^{EA}, \ldots, r_n^{EA}$, temos que o valor médio quadrático dos erros de acompanhamento é dado por $\vartheta^{EA} = \sqrt{\left(\left(r_1^{EA}\right)^2 + \ldots + \left(r_n^{EA}\right)^2\right)/n}$.

do IBrX-50[16], assim como observações para os erros de acompanhamento do PIBB11 (em relação ao IBrX-50) com o uso de (4.2)[17].

Tabela 4.13 – Dados do PIBB11 e Ibovespa

| Data | PIBB11 | IBrX-50 | Retorno PIBB11 | Retorno IBrX-50 | Erro de Acompanhamento PIBB11 |
|---|---|---|---|---|---|
| 28/12/2018 | 150,85 | 14620 | - | - | |
| 02/01/2019 | 155,90 | 15138 | 3,29% | 3,48% | -0,19% |
| 03/01/2019 | 156,90 | 15210 | 0,64% | 0,47% | 0,16% |
| 04/01/2019 | 157,74 | 15261 | 0,53% | 0,33% | 0,20% |
| 07/01/2019 | 156,85 | 15243 | -0,57% | -0,12% | -0,45% |
| ⋮ | ⋮ | ⋮ | ⋮ | ⋮ | ⋮ |
| 20/12/2019 | 194,51 | 18834 | 0,07% | -0,03% | 0,10% |
| 23/12/2019 | 196,02 | 18827 | 0,77% | -0,04% | 0,81% |
| 26/12/2019 | 198,19 | 19171 | 1,10% | 1,81% | -0,71% |
| 27/12/2019 | 197,03 | 19046 | -0,59% | -0,65% | 0,07% |
| 30/12/2019 | 195,15 | 18882 | -0,96% | -0,86% | -0,09% |

Fonte: o autor

A Figura 4.5 ilustra os erros de acompanhamento do PIBB11 para o ano de 2019. A Figura 4.6 ilustra os retornos acumulados do PIBB11 e IBrX-50 medidos em relação ao fechamento do mercado no último dia de 2018. Como nos casos do BOVA11 e XBOV11, podemos observar que os resultados na Figura 4.6 indicam (pelo menos visualmente) um bom desempenho do PIBB11 em relação ao IBrX-50.

---

[16] Por exemplo, para o PIBB11, temos $3,29\% \approx \ln\left(155,90/150,85\right)$, $0,64\% \approx \ln\left(156,90/155,90\right)$, $0,53\% \approx \ln\left(157,74/156,90\right)$ e assim por diante; enquanto para o IBrX-50, temos $3,48\% \approx \ln\left(15138/14620\right)$, $0,47\% \approx \ln\left(15210/15138\right)$, $0,33\% \approx \ln\left(15261/15210\right)$ e assim por diante.

[17] Por exemplo, temos $-0,19\% \approx 3,29\% - 3,48\%$, $0,16\% \approx 0,64\% - 0,47\%$, $0,20\% \approx 0,53\% - 0,33\%$ e assim por diante.

Figura 4.5 – Erros de acompanhamento do PIBB11

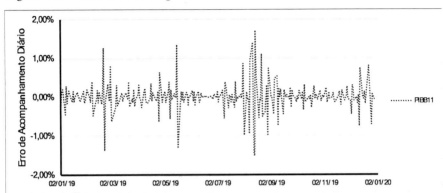

Fonte: o autor

Figura 4.6 – Retornos acumulados para o PIBB11 e IBrX-50

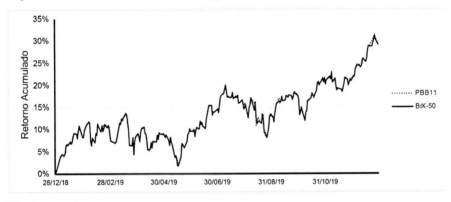

Fonte: o autor

Sob a hipótese de que $R_{EA} \sim N\left(\mu_{EA}, \sigma_{EA}^2\right)$, podemos obter estatísticas para os erros de acompanhamento do PIBB11 em relação ao IBrX-50. Por exemplo, o erro de acompanhamento médio resulta ser

$$\bar{r}_{\text{PIBB11}}^{EA} = \frac{-0,19\% + 0,16\% + \ldots - 0,09\%}{248} \approx 0,00067\% \qquad (4.11)$$

enquanto o erro de acompanhamento médio geométrico é dado por

$$\gamma_{PIBB11}^{EA} = \sqrt[248]{(1-0,19\%)\times(1+0,16\%)\times\ldots\times(1-0,09\%)} \approx -0,00004\% \quad (4.12)$$

A estimativa o desvio padrão do erro de acompanhamento resulta ser

$$\hat{\sigma}_{PIBB11}^{EA} = \sqrt{\frac{(-0,19\%-0,00067\%)^2+(0,16\%-0,00067\%)^2+\ldots+(-0,09\%-0,00067\%)^2}{248}} \approx 0,37813\% \quad (4.13)$$

com o valor médio quadrático dos erros de acompanhamento dado por

$$\vartheta_{PIBB11}^{EA} = \sqrt{\frac{(-0,19\%)^2+(0,16\%)^2+\ldots+(-0,09\%+)^2}{248}} \approx 0,37814\% \quad (4.14)$$

A Tabela 4.14 consolida as estatísticas para o PIBB11.

Tabela 4.14 – Estatísticas para o PIBB11

|  | PIBB11 |
| --- | --- |
| Erro de Acompanhamento Médio | 0,00067% |
| Erro de Acompanhamento Médio Geométrico | – 0,00004% |
| Desvio Padrão do Erro de Acompanhamento | 0,37813% |
| Valor Médio Quadrático do Erro de Acompanhamento | 0,37814% |

Fonte: o autor

# O PROCESSO DE INVESTIMENTO

> *Por mais brilhante que a estratégia seja, você deve sempre olhar para os resultados.*
>
> *(Winston Churchill)*

O processo de investimento pode ser entendido como composto de três etapas:

a. Planejamento, quando objetivos e restrições são estabelecidos; e toda a informação necessária para o processo de seleção de ativos é coletada, analisada e simulada, resultando nos possíveis retornos da carteira de investimentos diante de diferentes cenários.

b. Implementação, quando os ativos são efetivamente comprados ou vendidos de forma a estruturar a carteira, com seus riscos mensurados e geridos.

c. Reavaliação, quando os resultados obtidos do início ao fim do horizonte de investimento são medidos e analisados para compreender se o desempenho obtido deve ser considerado bom ou ruim. Nesta etapa são também reavaliadas as hipóteses iniciais feitas sobre a evolução dos preços dos ativos, o que pode levar à eventual reconsideração das expectativas iniciais.

Devemos reconhecer que a divisão em três etapas descrita anteriormente é efetuada meramente por questões didáticas: o processo de tomada de decisão por parte do gestor ocorre continuamente, em linha com a dinâmica de análise, apreçamento, compra, marcação-a-mercado, venda e liquidação financeira dos ativos que compunham, compõem ou comporão a sua carteira de investimentos.

Um passo crucial na gestão de carteiras de investimentos é a identificação dos principais riscos presentes no processo de gestão, seguida da implementação de medidas de controle que garantam a manutenção das exposições em níveis considerados aceitáveis.

## 5.1 Gestão de Riscos e Controles Internos

O problema de identificação, medição e gestão dos riscos presentes em carteiras de investimento vem passando por um desenvolvimento acelerado em abrangência e complexidade. Como consequência, a gestão dos riscos presentes em carteiras de investimento hoje requer uma análise multidimensional, com pelo menos quatro grandes grupos de riscos:

a. Riscos de mercado relacionados às perdas[1] no valor de mercado de uma carteira de investimento devido às alterações nas taxas de câmbio e juros, assim como preços de ações e *commodities*. Em adição, devem ser incluídas as perdas advindas de eventuais problemas de liquidez, as quais podem causar impactos relevantes quando da venda de ativos ilíquidos, por exemplo.

b. Riscos de crédito relacionados às perdas na carteira em função da inadimplência ou degradação de crédito de contrapartes, assim como da eventual degradação das garantias em operações que envolvam a carteira de investimento.

c. Riscos operacionais relacionados a falhas sistêmicas, procedimentais ou de pessoas, intencionais ou não, que levem à disrupção de qualquer processo operacional e, por conseguinte, a perdas no processo de gestão da carteira de investimentos.

d. Riscos legais relacionados a perdas advindas de novos tributos ou da reinterpretação dos já existentes, penalidades ou multas impostas em função do descumprimento de legislação existente, assim como contratos mal redigidos ou sem o devido amparo legal.

Na Tabela 5.1 se encontram detalhadas e exemplificadas as colocações anteriores.

---

[1] Como colocado no primeiro capítulo, os riscos de uma carteira de investimentos estão relacionados às incertezas presentes do início ao fim do horizonte de investimento. Devemos reconhecer que essas incertezas podem levar a ganhos ou perdas. Usualmente, na prática do mercado financeiro, riscos carregam uma conotação negativa, estando quase sempre associados às possíveis perdas de uma carteira de investimentos. Apenas por esse motivo, usaremos o conceito de risco no restante deste livro sempre mantendo o foco nas possíveis perdas de uma carteira de investimento.

## Tabela 5.1 – Alguns riscos em carteiras de investimento

| Risco | Definição | Exemplo |
|---|---|---|
| Mercado, Ações | Perdas em função das alterações nos preços de ações | Carteira no mercado acionário que sofre perdas com a queda dos preços das ações |
| Mercado, *Commodities* | Perdas em função das alterações nos preços de *commodities* | Carteira com investimentos em metais preciosos que sofre perdas com a queda dos preços das *commodities* |
| Mercado, Taxas de Juros | Perdas em função da movimentação da estrutura a termos das taxas de juros | Carteiras investidas em ativos pré-fixados com perdas após elevação da estrutura a termo |
| Mercado, Taxas de Câmbio | Perdas em função da flutuação das taxas de câmbio a que uma carteira se encontra exposta | Carteiras expostas a determinada moeda que sofre desvalorização em relação a outras moedas |
| Mercado, Liquidez | Perdas em função da dificuldade em negociar posições a mercado ou obter novos financiamentos | Posições em debêntures que não podem ser rapidamente vendidas em função de baixos volumes de negociação |
| Mercado, Derivativos | Perdas em função das oscilações no valor de mercado dos derivativos em carteira | Carteira exposta a derivativos cambiais que sofre perdas devidas à desvalorização cambial |
| Crédito, Inadimplência | Perdas em função do inadimplemento de contrapartes | Carteira com títulos corporativos na qual um dos emissores se torna inadimplente |
| Crédito, Degradação de Crédito | Perdas em função da piora da qualidade creditícia de uma contraparte | Detentor de dívida soberana de um país cujo *rating* sofre rebaixamento por agências de classificação |
| Crédito, Degradação de Garantias | Perdas em função da redução do valor das garantias atreladas a uma exposição creditícia | Garantias que têm o seu valor marcado-a-mercado reduzido em função de novas condições de mercado |
| Crédito, Concentração | Perdas em função da concentração da carteira em poucas contrapartes ou setores econômicos | Carteira com percentual elevado em determinado setor econômico que passa por momento de dificuldade |
| Operacional, Liquidação Financeira | Perdas por falhas nos procedimentos de finalização de transações financeiras | Perdas por erros cometidos por uma corretora na liquidação de operações com derivativos |
| Operacional, Fraudes | Perdas advindas do comportamento fraudulento do gestor de uma carteira | Gestor que manipula o valor dos ativos que compõem uma carteira sob sua responsabilidade |

| Risco | Definição | Exemplo |
|---|---|---|
| Operacional, Equipamento | Perdas causadas pela má operação de equipamentos que levem à disrupção operacional | Hackers que conseguem acessar os sistemas computacionais e alterar dados de clientes |
| Operacional, Produtos e Serviços | Perdas da oferta de produtos ou da prestação de serviços não satisfazerem os clientes | Carteiras que não desempenham satisfatoriamente em relação ao que foi acertado com os investidores |
| Operacional, Erros | Perdas causadas por erros humanos (não intencionais) | Ordens de compra/venda executadas em montantes incorretos por erros de um analista |
| Operacional, Decisão | Perdas em função de informações não serem processadas em tempo para a tomada de decisão | Perdas em ativos de uma carteira que não estejam disponíveis para venda imediata |
| Operacional, Segurança da Informação | Perdas em função de informações internas terem suas confidencialidade e integridade violadas | Informações dos ativos compondo a carteira que sejam de conhecimento de outros gestores (concorrentes) |
| Operacional, Lavagem de Dinheiro | Perdas por investimentos recebidos de outrem que buscam ocultar a origem de recursos ilegais | Colocação de valores em uma carteira para ocultação de sua origem e posterior integração ao patrimônio |
| Legal, Contrato | Perdas em função de contratos mal redigidos ou sem o devido amparo legal | Gestor que não consegue acessar garantias por questionamentos de cláusulas de um contrato |
| Legal, Tributário | Perdas em função de novos tributos ou da reinterpretação de cobranças passadas | Ativos que têm mudada a incidência de tributos sobre os ganhos auferidos |
| Legal, Legislação | Perdas em função de sanções impostas por desvios da legislação existente | Multas cobradas de gestores de carteiras por eventuais descumprimentos da legislação em vigor |

Fonte: o autor

As definições e exemplificações dadas na Tabela 5.1 foram apresentadas somente para facilitar a compreensão por parte do leitor, dado que os riscos se apresentam sempre em conjunto, o que usualmente causa confusão para suas identificações na prática. Vejamos alguns exemplos como ilustração:

a. Consideremos um gestor que entrou em um contrato derivativo de *swap* com uma contraparte no mercado de balcão. Imaginemos que esse contrato tenha sido usado para gerir exposições cambiais detectadas na carteira. Se em algum instante no futuro, a contraparte não for capaz de honrar os seus compromissos e vier a inadimplir, então, o gestor poderá enfrentar o risco de crédito de inadimplência caso tenha valores a receber do contrato derivativo de *swap*. Além disso, como o contrato derivativo de *swap* não estará mais ativo, a proteção que oferecia ao risco de mercado cambial não mais existe e, portanto, a carteira estará exposta a flutuações cambiais. Por fim, os riscos legais se farão presentes, requerendo a execução do contrato para eventuais ressarcimentos no caso de ganhos. Ou seja, de forma simplificada, notamos conjuntamente os riscos de crédito, mercado e legais nesse caso.

b. Consideremos agora um gestor que tem também a função de controladoria das posições em sua carteira. Como já ilustrado em várias situações[2], esse gestor pode artificialmente alterar o valor de mercado de suas posições[3], assim como se beneficiar ao escolher como alocar os ganhos e as perdas entre clientes, expondo assim a carteira a riscos operacionais de fraudes. Esses problemas acabam desaguando em danos à reputação do gestor, causando dúvidas sobre a sua habilidade de continuar a gerir recursos de terceiros, levando à retirada de recursos por parte dos investidores, o que invariavelmente resulta em risco de mercado de liquidez, além de riscos legais para a obtenção de eventuais ressarcimentos por perdas sofridas. Ou seja, percebemos riscos operacionais, legais e de mercado presentes simultaneamente nesse exemplo.

c. Como terceira ilustração consideremos um gestor de carteira que investe em títulos públicos e corporativos no mercado de renda fixa nacional e internacional. Caso algumas das posições estejam em moedas diferentes do R$, então, a carteira se encontrará exposta ao risco de mercado de taxas de câmbio. Pelo fato de ter posições no mercado de renda fixa, a carteira se encontra sujeita às flutuações das taxas de juros e, por conseguinte, exposta ao risco de mercado de taxas de juros. Caso alguns dos ativos de renda fixa tenham baixa liquidez, a carteira estará exposta ao risco de mercado de liquidez. Como os emissores estarão submetidos à avaliação creditícia de agência de classificação, é quase certo que

---

[2] Três exemplos de grande repercussão no exterior foram Long Term Capital Management, Morgan Grenfell Asset Management e Jardine Fleming Asset Management.

[3] Por exemplo, ao não marcar-a-mercado as posições na carteira, ou então manipular a marcação-a-mercado, adulterando valores de forma que não reflitam corretamente as condições prevalecentes nos mercados.

tenham os seus *ratings* alterados ao longo do tempo, importando no risco de crédito de degradação de crédito e, até mesmo, no limite, risco de crédito de inadimplência. Por fim, caso alguns dos ativos de renda fixa tenham garantias[4], as flutuações nos valores dessas garantias levam à exposição ao risco de crédito de degradação de garantias. Resumindo, nesse caso, os riscos de mercado e crédito se encontram firmemente presentes na carteira.

d. Consideremos o livro de negociação de derivativos de um banco de investimentos internacionalmente ativo. Nesse caso, assumindo que o banco de investimento negocie derivativos em qualquer mercado, observamos que a carteira está sujeita a todos aos riscos de mercado de ações, taxas de juros, taxas de câmbio e *commodities*, uma vez que oscilações do ativo subjacente levarão a oscilações nos preços dos derivativos. Ademais, em situações nas quais ocorram chamadas de margem, o risco de mercado de liquidez deve ser seriamente considerado. A carteira estará sujeita aos três primeiros riscos de crédito listados na Tabela 5.1, quer a carteira contenha posições em mercados de bolsa ou de balcão, dado que suas contrapartes podem sofrer rebaixamentos de crédito e, no limite, até inadimplir; além das eventuais garantias, no mercado de balcão ou em bolsas de derivativos, poderem sofrer variações, levando ao risco de crédito de degradação de garantias. Vemos, portanto, que quase todas as variações dos riscos de mercado e crédito colocadas na Tabela 5.1 podem ser fazer presentes na carteira de derivativos.

e. Consideremos um gestor que negligencia a segurança da informação de seu grupo de trabalho. A falta de investimento em segurança da informação pode, inicialmente, comprometer a confidencialidade do processo de tomada de decisão ao permitir o acesso indevido de outros gestores a informações usadas para compra e venda de ativos, o que pode permitir que concorrentes antecipem o que o gestor pretende fazer. A questão da segurança de informação vai além da dimensão confidencialidade, entretanto, chegando também às dimensões de integridade e disponibilidade. Por exemplo, o gestor que negligencia também o descarte de informações pode estar exposto ao risco de segurança da informação, dado

---

[4] Por exemplo, no caso de debêntures com garantias reais, flutuantes ou fidejussória.

que algum concorrente pode capturar e recompor arquivos que tenham sido indevidamente descartados. Igualmente, a manutenção de arquivos em discos virtuais na internet[5] ou a transmissão de arquivos que não sejam criptografados potencializam o problema de integridade da informação. Lembremos sempre que o acesso e o correto processamento de informações são passos fundamentais no processo de tomada de decisão.

f. Como última ilustração, consideremos um gestor que, na busca de maior volume sob gestão, negligencia controles destinados a prevenir que a sua carteira de investimento seja usada por infratores interessados na lavagem de dinheiro. Ao permitir ser usado por outrem para a fase de colocação de recursos[6], o gestor expõe a carteira diretamente ao risco operacional de lavagem de dinheiro e, quase certamente, no futuro, também ao risco legal de legislação, com consequências potencialmente severas. Ao final, danos à reputação podem ocasionar uma corrida para saque de recursos por investidores que não se encontram envolvidos na lavagem de dinheiro, causando o risco de mercado de liquidez. Mais uma vez, notamos que riscos operacionais, legais e de mercado se encontram presentes de forma interligada.

Neste ponto, devemos reconhecer que a correta identificação, mensuração e gestão dos riscos presentes em carteiras de investimento nem sempre é fácil, motivo pelo qual deve ser exercitada continuamente em três camadas de defesa:

a. A primeira linha de defesa envolve primariamente os próprios gestores, que devem se utilizar de um conjunto de controles internos para manter as exposições da carteira de investimento dentro dos níveis previamente estabelecidos. Como esses gestores têm a responsabilidade pelo contínuo acompanhamento da evolução da carteira e dos mercados, eles serão os primeiros responsáveis por detectar e corrigir quaisquer desvios em relação aos objetivos estabelecidos para a carteira de investimento.

---

[5] Como Dropbox ou Google Docs, além de outros serviços correlatos.
[6] Lembremos que, como definido pelo *Financial Action Task Force*, o crime de lavagem de dinheiro é dividido em três fases: (a) colocação, quando recursos são furtivamente inseridos no sistema financeiro; (b) ocultação, quando os valores são movidos de forma a dificultar o seu rastreamento; e (c) incorporação, quando os recursos, agora "lavados", são somados ao patrimônio do criminoso.

b. A segunda linha de defesa é composta pelas áreas de controle, incluídas aqui unidades como gestão de riscos, conformidade[7], controladoria e segurança da informação. É importante mencionar que cabe a esta segunda linha de defesa o monitoramento direto da primeira linha de defesa, idealmente em base contínua.

c. A terceira linha de defesa é composta pelos auditores internos que, periodicamente, devem verificar em profundidade se os controles estabelecidos estão sendo corretamente usados pelas duas outras linhas de defesa, e, caso deficiências sejam identificadas, devem reportar imediatamente à alta administração e demais órgãos de governança suas conclusões, com prazos rígidos para retificação.

Resumindo, uma vez identificados os riscos presentes na gestão da carteira, cabe primariamente ao gestor, com o suporte da área de gestão de riscos, o estabelecimento de controles internos para a mitigação dos riscos anotados.

Definimos controles internos como o conjunto de medidas adotadas para salvaguardar os ativos de uma carteira de investimentos, facilitando a gestão dos riscos presentes e a preservação de seu valor de mercado, mesmo em condições adversas. Os controles internos podem ser classificados em várias categorias, conforme exibido na Tabela 5.2.

Tabela 5.2 – Classificação para controles internos

| Classificação | Definição | Exemplo |
| --- | --- | --- |
| Acesso Físico | Restrição ao livre movimento de pessoas e equipamentos | Cartões magnéticos que restringem a entrada de pessoas em determinadas unidades |
| Acesso Lógico | Restrição ao livre acesso a informações internas | Senhas requeridas para que uma pessoa consiga acessar as posições atuais na carteira |
| Autorização | Permissão para o encaminhamento de qualquer operação somente após análise por terceiros | Autorização de superior para que o gestor possa posicionar a carteira em derivativos |
| Conciliação | Confrontação de informações de origens distintas para verificação de eventuais inconsistências | Utilização de diferentes fontes de preços para a marcação-a-mercado dos ativos na carteira |

---

[7] Também conhecida como compliance, é o grupo de profissionais responsável por garantir o respeito de todos os colaboradores de uma empresa às leis e às normas regulamentares.

| Classificação | Definição | Exemplo |
|---|---|---|
| Informações | Padronização e disponibilização de informações, assegurando presteza e confiabilidade | Relatórios diários de exposição ao risco de mercado de liquidez disponibilizados aos gestores |
| Limites | Estabelecimento de nível máximo de exposição permitido a determinado risco, ativo, taxa etc. | Nível máximo de exposição creditícia a contrapartes com *ratings* especulativos |
| Monitoração | Acompanhamento regular de atividades para verificar a sua adequação ao especificado | Acompanhamento em base contínua do nível de exposição da carteira a flutuações cambiais |
| Normatização Interna | Desenvolvimento e ampla divulgação interna de normativos relacionados ao processo de gestão | Estabelecimento por escrito das etapas necessárias para o aumento das exposições a derivativos |
| Plano de Contingência | Execução de plano em situações incomuns, como forma de garantir a continuidade das operações | Sistemas computacionais de reserva caso ocorra um incêndio nas instalações da empresa |
| Registros | Guarda segura e organizada de registros que permitam à auditoria interna a execução de seu trabalho | Arquivo com detalhes do acesso de colaboradores a relatórios com as posições da carteira |
| Segregação de Funções | Separação de atividades conflitantes por meio de organograma ou barreiras | Estabelecimento de *Chinese Wall* para a gestão de recursos próprios e de terceiros |
| Treinamento | Apuração de habilidades específicas para a correta execução de atividades | Treinamento de colaboradores na utilização de novos sistemas contábeis |
| Validação | Exame de valores ou atividades (interna ou externas) com o objetivo de validar informações | Conferência de documentação entregue por clientes para validar seus dados pessoais |

Fonte: o autor

É importante mencionar que, ao contrário do que muitos pensam, controles internos não são meros entraves que burocratizam o processo de gestão de uma carteira de investimento, mas exatamente o oposto, ou seja, os meios pelos quais todos os envolvidos acabam empoderados e todas as decisões internas sujeitas à análise e crítica de pares, mitigando riscos e impedindo, por exemplo, o surgimento de um *rogue trader*[8].

---

[8] Um *rogue trader* é definido como um gestor de carteira (própria ou de terceiros) que age de forma irresponsável, sem preocupação com a efetiva gestão dos riscos presentes no processo de tomada de decisão e que, no longo prazo, acaba por destruir o valor de mercado dos ativos sob sua responsabilidade. Alguns *rogue traders*

Um dos controles internos mais importantes é a existência de um documento (escrito) que aclare para todos os envolvidos[9] no processo de gestão da carteira de investimentos o que pode ou não ser feito, e por quem. Esse documento deve ser disponibilizado de forma ampla, para que todos os controles internos estabelecidos no texto estejam em efeito, sendo de pleno conhecimento de todos os interessados. Denominamos esse documento de Política de Investimento.

## 5.2 Política de Investimento

A política de investimento é um documento que deve ser entendido como o primeiro controle interno em vigor para a gestão de uma carteira de investimento, resultado de um processo de normatização interna.

A política de investimentos deve cobrir necessariamente os seguintes pontos:

a. A correta especificação das carteiras de referência que devem ser usadas para aferir o desempenho do gestor. Idealmente, como ilustrado no capítulo anterior, esta carteira deve abarcar todos os mercados, as classes e os grupos de ativos que podem ser cobertos pelos ativos da carteira, resultando na versão mais detalhada possível, para que as conclusões sobre a qualidade da gestão, boa ou ruim, sejam fidedignas. Lembrando, é possível ter mais de uma carteira de referência, por exemplo, uma cobrindo índices de mercado de conhecimento público e outra consolidando informações em relação a outros gestores identificados como concorrentes.

b. A estratégia de investimento a ser adotada, que pode ser ativa ou passiva[10].

---

que se tornaram famosos nos mercados financeiros internacionais são Yasuo Hamanaka, Toshihide Iguchi, Jérôme Kerviel, Nicholas Leeson, Bernard Madoff, John Rusnak e Peter Young. Em todos esses casos citados, a inexistência de controles internos efetivos foi a causa primária das perdas ocorridas. Talvez o mais conhecido *rogue trader* ainda hoje seja o britânico Nicholas Leeson, que acabou por publicar um livro intitulado *Rogue Trader* para relatar as suas experiências profissionais nas mesas de operações do Banco Barings (que ele levou ao colapso), tendo inclusive originado um filme com o mesmo título do livro, o qual sugerimos fortemente ao leitor assistir. Mais ainda, ironicamente, Nicholas Leeson acabou por se especializar (após ser preso e solto) em oferecer palestras para áreas como gestão de riscos, auditoria (interna e externa) e *compliance*, por mais irônica que a situação possa parecer!

[9] Gestores, investidores, gestores de riscos, *compliance officers,* auditores (internos ou externos) etc.

[10] Por questões comerciais, no final da década de 1990, muitos gestores de carteiras passaram a oferecer uma "nova" estratégia de gestão denominada *Enhanced Index*. No caso dessa estratégia, o gestor em certos momentos atua ativamente e, em outros momentos, atua passivamente. Naturalmente, é imperativo saber quando atuar

i. Uma estratégia de investimento é denominada ativa quando o gestor da carteira de investimentos responde ativamente a mudanças nas expectativas de mercado, de forma a obter retornos que superem consistentemente os retornos de alguma carteira de referência (índice ou concorrentes)[11].

ii. Uma estratégia de investimento é denominada passiva quando o gestor da carteira de investimento não responde a mudanças nas expectativas de mercado, por não crer que possa obter retornos superiores aos das carteiras de referência[12].

   c. O nível de retorno desejado para a carteira, que pode ser absoluto ou relativo.

i. O retorno desejado absoluto é definido como aquele que não carrega menção explícita a nenhuma carteira de referência, índice ou taxa[13].

ii O retorno desejado relativo está sempre definido em relação a alguma carteira de referência, índice ou taxa de mercado[14].

   d. Os níveis máximos tolerados de riscos de mercado. Os exemplos podem ser variados para esses montantes. Uma possibilidade para uma carteira com exposição cambial pode requerer na política de investimento o estabelecimento do nível máximo de perda aceitável

---

ativamente e passivamente, o que requer habilidade para efetuar *market timing* que, por definição, é uma estratégia de gestão ativa. Em outros termos, as chamadas *enhanced index strategies* são, na realidade, estratégias ativas, com nome diferente por meras questões comerciais. Para o leitor interessado no assunto, sugerimos Bruce (1998) para exemplos dos principais mercados financeiros mundiais e, em particular, Duarte Jr. (1998a), um capítulo neste mesmo livro, para um exemplo relacionado ao mercado financeiro brasileiro, baseado no uso do índice Ibovespa.

[11] Um exemplo da gestão ativa de uma carteira de renda fixa ocorre quando o gestor posiciona a carteira de forma a explorar movimentos futuros da estrutura a termo da taxa de juros (como translação, rotação, torsão etc.), buscando assim obter retornos superiores aos das carteiras de referência adotadas (ALMEIDA; DUARTE JR.; FERNANDES, 1998, 2000, 2003, 2004). Um exemplo no caso de uma carteira de renda variável é dado por um gestor que executa a rotação de setores como forma a explorar o fato de que ações de empresas em setores econômicos distintos tendem a ter desempenhos diferenciados ao longo de um ciclo econômico. Sugerimos Maginn *et al.* (2007) para mais exemplos e detalhes.

[12] Um exemplo da gestão passiva de uma carteira de renda fixa ocorre quando o gestor compra títulos de dívida (corporativos ou públicos) e os carrega até vencimento (*buy-and-hold*). Um exemplo no caso de uma carteira de renda variável é dado pela indexação dos retornos a algum índice do mercado acionário, como ilustrado no capítulo anterior para os fundos de índice BOVA11, XBOV11 e PIBB11. De novo, sugerimos Maginn *et al.* (2007) para mais exemplos e detalhes

[13] Por exemplo, é possível especificar que o retorno desejado absoluto para uma carteira é de 10% ao ano.

[14] Por exemplo, é possível especificar que o retorno desejado relativo para uma carteira é IPCA+5% ao ano. Retornos desejados relativos tendem a ser preferidos, pois reconhecem o caráter dinâmico dos mercados financeiros, o que não ocorre com os retornos desejados absolutos.

para um horizonte de investimento de, digamos, uma semana, de acordo com cenários de estresse cambiais previamente estipulados. Um segundo exemplo é dado por uma carteira de investimento com exposição ao mercado acionário que não deve sofrer perdas acumuladas superiores a 15% de seu valor de mercado durante um mês. É possível também o estabelecimento de limites para as exposições de riscos de mercado com a adoção de medidas como o *value-at-risk* ou o *downside deviation*, cujos cálculos foram ilustrados nos capítulos anteriores. Uma quarta possibilidade é a fixação de um nível máximo para a sensibilidade das posições de renda fixa de uma carteira a pequenas flutuações da estrutura a termos das taxas de juros[15].

e. Procedimentos para mitigação dos riscos de mercado de liquidez. Por exemplo, é possível restringir a alocação de recursos em ações ou debêntures com baixo nível de negociação na carteira de investimentos, evitando a provável magnificação de perdas em momentos de contração do mercado com sensível redução da liquidez. Um segundo exemplo é dado pelo controle do uso de derivativos como forma de evitar que, em momentos de estresse de mercado, sejam recebidas chamadas de margem que terminem por colocar em dificuldade a liquidez da carteira de investimentos[16]. Gestores experientes sabem muito bem que o efetivo controle da liquidez de qualquer carteira de investimentos é um exercício imperativo, devendo ser exercido em base contínua.

f. Os níveis máximos tolerados de riscos de crédito. Por exemplo, é possível especificar que a carteira de investimentos contenha apenas títulos de dívida (públicos ou corporativos) classificados como de grau de investimento segundo pelo menos duas das três agências de classificação de crédito mais conhecidas no mercado financeiro[17]. Um segundo exemplo é dado pela demanda de algum

---

[15] A prática local e internacional de mercado utiliza comumente 100 *basis points* (ou seja, 1%) para movimentos de translação – para cima e para baixo – na estrutura a termo das taxas de juros. Sugerimos Fabozzi e Mann (2012) para o leitor interessado em detalhes no assunto.

[16] Dois casos clássicos relacionados a este exemplo foram dados pelo Banco Barings e a empresa Metallgesellschaft AG, os quais devem ser de conhecimento de qualquer gestor de carteiras com derivativos. Deixamos o entendimento do ocorrido nesses dois casos como um importante dever de casa para o leitor. Outros dois exemplos interessantes, relacionados a perdas em posições de derivativos com consequências ruinosas, agora no mercado corporativo brasileiro, foram as situações experimentadas pela Sadia e Aracruz Celulose durante a crise de 2008, cujos detalhes devem ser de conhecimento de qualquer gestor de carteiras com derivativos no Brasil.

[17] Moody's, Fitch e Standard & Poor's.

colateral para determinadas contrapartes de baixa qualidade creditícia no mercado de balcão de derivativos. Um terceiro exemplo é a especificação das garantias aceitas em operações de derivativos, de forma a mitigar o risco de crédito de degradação de garantias em momentos de estresse de mercado. Um quarto exemplo é a imposição de restrições aos percentuais da carteira alocados a determinado setor econômico, evitando assim o risco de crédito de concentração.

g.  Restrições impostas ao processo de gestão para mitigar riscos operacionais e legais. Por exemplo, é possível estipular que os preços usados para a marcação-a-mercado da carteira de investimento sejam resultantes da conciliação de cotações obtidas a partir de pelo menos três fontes distintas, minorando assim a possibilidade de fraudes por parte dos gestores[18]. Um segundo exemplo é dado pela imposição de requerimentos rígidos para a completa segregação da gestão de recursos próprios e de terceiros, evitando assim possíveis conflitos de interesse nos gestores de carteiras de investimentos. Um terceiro exemplo é dado pela imposição de que qualquer contrato a ser disponibilizado a clientes ou contrapartes seja escrito pela área jurídica e, posteriormente, revisado por escritório de advocacia externo. Ainda um quarto exemplo está relacionado a restrições ao volume de negócios com diferentes corretoras no mercado como forma de evitar a concentração de operações em poucos agentes, minorando possíveis erros operacionais de grande valor que venham a causar dificuldades ao processo de gestão da carteira de investimento.

h.  Os níveis máximos de recursos permitidos para alocação por classe de ativo, grupo de ativo, setor econômico, nível de capitalização, localização geográfica etc. Por exemplo, é possível estabelecer o limite máximo de contratos derivativos permitidos ao gestor como forma de controle do nível de alavancagem da carteira de investimento. Outro exemplo é dado por limitações impostas para o somatório do valor marcado-a-mercado de ações e títulos de dívida corporativos pertencentes ao mesmo setor econômico como forma de controlar as exposições a possíveis impactos regulatórios setoriais. Um terceiro exemplo é dado por limitações impostas

---

[18] Três exemplos ilustrativos no caso de fundos de investimentos são dados pelo Long Term Capital Management, Jardine Fleming Asset Management e Morgan Grenfell Asset Management, conforme comentado em Duarte Jr. (2005).

ao montante de ações de baixa capitalização de mercado como forma de limitar exposições a determinado grupo de empresas e, indiretamente, controlar o risco de mercado de liquidez.

i. Detalhamento das relações que devem reger todos os profissionais responsáveis pela gestão da carteira. Por exemplo, como os profissionais diretamente responsáveis pela área de gestão de riscos (mercado, crédito, operacional etc.) atuarão nas atividades diárias de gestão da carteira de investimentos e, em especial, os procedimentos a serem seguidos sempre que desvios dos gestores forem constatados em relação a limites previamente estabelecidos. Um segundo exemplo está relacionado à atuação da auditoria interna, que deve ter um cronograma definido para suas análises, processo de apresentação dos resultados e decisões consequentes, com prazos rígidos para a correção dos desvios encontrados. Outro exemplo é dado pela atuação interna dos profissionais da área de conformidade que, em tendo detectado desvios, devem exigir a retificação em prazo máximo especificado em normativos internos. Por fim, questões relativas à segurança da informação devem ser exigidas de todos os colaboradores, os quais devem estar treinados para o correto manuseio das informações internas.

j. Estabelecimento das responsabilidades mútuas entre gestores e clientes/investidores. Por exemplo, a completa especificação dos relatórios que serão disponibilizados a clientes e órgãos de fiscalização, incluindo a periodicidade e o nível de detalhamento das informações. Outro exemplo é dado pela especificação de eventuais multas que possam ser impostas entre as partes em função de descumprimentos de procedimentos previamente acordados. Ainda um terceiro exemplo está relacionado à remuneração a ser paga aos gestores da carteira de investimentos em função de desempenho e tempo de atuação.

## 5.3 Etapa de Planejamento

O estabelecimento de uma política de investimento é apenas o primeiro passo para a construção de um processo estruturado para a gestão de uma carteira de investimentos. Como exposto anteriormente, todos os objetivos (relativos aos retornos) e controles (relativos aos riscos) devem estar explícitos na política de investimentos e devidamente disponibilizados a todos os envolvidos e interessados no processo de gestão de carteiras de investimentos.

Por mais cuidadosa que tenha sida a elaboração da política de investimentos, esse é um documento que necessitará passar por revisões em base regular, para que seja mantido alinhado com a dinâmica do mercado financeiro. Em outros termos, em períodos com mais incertezas e, portanto, menor previsibilidade da dinâmica dos preços e taxas, pode ser interessante restringir os controles[19] para diminuir a possibilidade de perdas elevadas em eventuais momentos de estresse. Por outro lado, em momentos em que o gestor se encontra confiante, com capacidade de antecipação da tendência de evolução de preços e taxas no mercado financeiro, pode ser interessante afrouxar alguns controles[20] e buscar ganhos que diferenciem o desempenho da carteira de investimento em relação às carteiras de referência escolhidas.

Na primeira etapa do processo, consoante com a política de investimento, devem ser identificados os mercados, as classes e os grupos de interesse para alocação de recursos[21]. Uma vez que a classificação dos ativos de interesse tenha sido especificada, cabe ao gestor a identificação das melhores alternativas para a efetiva alocação dos recursos; o que obviamente requer a análise dos ganhos e perdas de cada ativo no fim do horizonte de investimento, individualmente e em conjunto, considerado o efeito de diversificação, em função dos cenários antecipados.

Definimos o processo de geração de cenários como consistindo na projeção da evolução dos preços de todos os ativos de interesse, de hoje até o fim do horizonte de investimento, para que os possíveis ganhos ou perdas (de cada ativo e da carteira consolidada) possam ser projetados. Em outros termos, com os principais fatores de mercado[22] previstos, o gestor estará apto a marcar-a-mercado cada ativo sob as hipóteses dos cenários gerados, obtendo os ganhos ou as perdas ao fim do horizonte de investimento por ativo, assim como para a carteira consolidada.

---

[19] Por exemplo, reduzir os níveis de exposição de crédito a contrapartes que não tenham grau de investimento, restringir a compra de ativos ilíquidos, diminuir os níveis toleráveis de exposição cambial etc.

[20] Por exemplo, permitir maiores exposições aos riscos de taxas de juros e câmbio, aumentar o nível de alavancagem como uso de derivativos, posicionar a carteira em títulos de dívida com taxas de retorno maiores e *ratings* piores etc.

[21] Processo similar à classificação de ativos descrita no capítulo anterior.

[22] Preços de *commodities* e ações, taxas de câmbio e taxas de juros.

O processo de geração de cenários para os fatores de mercado não é um problema de fácil modelagem matemática, além de demandante do ponto de vista numérico e computacional. A importância da geração desses cenários é o de oferecer ao gestor estimativas para ganhos ou perdas e, por conseguinte, estimativas para os riscos de mercado e de crédito esperados da carteira de investimento. Retornaremos esse ponto específico em um capítulo adiante, com exemplos numéricos.

Como veremos adiante também, o gestor de uma carteira deve maximizar o retorno esperado, respeitadas todas as restrições impostas pela política de investimentos, incluído o nível máximo de risco esperado tolerado, ou minimizar o risco esperado para o conjunto de todas as restrições impostas pela política de investimento, satisfeito um nível mínimo de retorno desejado. Como formalizado no próximo capítulo, as carteiras que satisfazem essas demandas são denominadas carteiras eficientes.

O último passo necessário na etapa de planejamento consiste na obtenção do conjunto de carteiras eficientes. A obtenção de carteiras eficientes requer a adoção de uma metodologia para esse fim específico. Algumas metodologias estão disponíveis na literatura de finanças, como a Metodologia Média-Variância, proposta por Harry Markowitz, o que lhe rendeu o Prêmio Nobel da Economia de 1990, a qual será descrita em detalhes no próximo capítulo.

Resumindo, a política de investimento baliza tudo o que pode ser feito pelo gestor que busca gerar cenários para a dinâmica dos preços no mercado até o fim de seu horizonte de investimento e, com os cenários construídos, as possíveis carteiras eficientes são obtidas e seus retornos e riscos analisados para a identificação daquelas alternativas entendidas como as mais promissoras; o que, por fim, resulta na escolha de uma única carteira para implementação na próxima etapa[23].

## 5.4 A Etapa de Implementação

Uma vez identificados os ativos de interesse, e obtida a carteira eficiente na qual os recursos devem ser alocados, vem a etapa da efetiva alo-

---

[23] Caso o gestor esteja construindo a sua carteira de investimentos pela primeira vez, ele deve comprar ou vender ativos nos montantes obtidos da metodologia para a construção de carteiras eficientes. Por outro lado, caso o gestor já possua uma carteira neste momento, é possível que alguns ativos não façam parte ainda da atual carteira de investimentos, devendo ser construídas novas posições (compradas ou vendidas), enquanto outros ativos já podem estar na atual composição da carteira do investidor, podendo seus montantes ficar constantes, sofrer aumento (com mais posições compradas) ou redução (com a venda de parte das posições atuais).

cação dos recursos com a compra ou venda dos constituintes da carteira de investimento.

A execução das operações de compra e venda de ativos requer atenção, pois falhas e ineficiências nesta etapa podem comprometer os retornos projetados na etapa anterior de planejamento. Lembremos, é nesta etapa que os riscos operacionais se destacam, ou seja, no momento da construção da carteira. Por exemplo, os custos de transação – que incorporam todos os custos explícitos[24] e implícitos[25] inerentes às negociações – devem ser devidamente controlados.

Logo após a realização de todas as compras e vendas de ativos e até o próximo balanceamento da carteira, ao final do horizonte de investimento, os ganhos e as perdas resultantes das marcações-a-mercado de todas as posições devem ser calculados e monitorados, para que os riscos de mercado e de crédito estejam em contínuo escrutínio pela primeira e segunda linhas de defesas, como explicado anteriormente.

Nessa etapa, o gestor da carteira deverá comparar os níveis de exposição dos riscos de mercado e crédito com os estabelecidos na etapa anterior. Os riscos de mercado e crédito devem ser calculados de forma estratificada, de forma similar à classificação de ativos vista no capítulo anterior, para facilitar a compreensão das distintas possibilidades de perdas em uma carteira. Por exemplo, no caso de uma carteira diversificada com debêntures, é fundamental ter alguma medida de risco de mercado de taxa de juros consolidada que contemple todas as posições na carteira; mas é muito interessante a execução também de cálculos parciais, os quais devem permitir comparar quão grande são as exposições da carteira a flutuações de distintos fatores de mercado, como o cupom IPCA, o cupom IGP-M etc. De forma análoga, no caso do risco de crédito, é interessante ter não apenas a exposição creditícia consolidada da carteira de investimento, mas também medidas de exposições estratificadas, por exemplo, por setor econômico, região geográfica, maturidade, agrupamentos de *ratings*[26] etc. A obtenção dessa estratificação dos riscos de mercado e crédito permite que o gestor identifique continuamente quais as principais fontes de riscos para a carteira, podendo agir pontualmente em caso de necessidade.

---

[24] Valores pagos a bolsas, corretoras e impostos.

[25] Diferenças entre valores de compra e venda (*bid-ask spread*), assim como mudanças nos valores ou liquidez dos ativos em função de volumes ofertados, que tornem eventualmente a execução desinteressante (como *delay costs*).

[26] Uma possibilidade para agrupar as classificações de crédito é usar alguma escala pública (Moody's ou Standard & Poor's) que já classifique as empresas, por exemplo, em "grau de investimento" ou "grau especulativo".

## 5.5 A Etapa de Reavaliação

A terceira etapa do processo de gestão de carteiras está relacionada à verificação (qualitativa e quantitativa) de como foi o desempenho obtido quando comparado às carteiras de referência adotadas: bom ou ruim. O usual nessa linha é dividir o problema primeiramente em duas possibilidades (ELTON *et al.*, 2006):

a. *Market timing*, definida como a habilidade do gestor de uma carteira de investimento em aumentar ou reduzir as suas exposições nos mercados financeiros diante de suas expectativas (BODIE; KANE; MARCUS, 2013). Por exemplo, é possível que, em determinado instante, o gestor acredite que o mercado deve experimentar alta acentuada e, antecipando tal situação, ele posiciona os recursos para aproveitar tal movimento[27]. De forma similar, caso o gestor antecipe um período de muita turbulência de preços adiante, para o qual ele não consegue definir a tendência (se de alta ou de baixa), então ele pode reduzir as suas exposições ao mercado vendendo ativos arriscados e aplicando os recursos obtidos com as vendas realizadas em ativos pós-fixados de curto prazo; ou pode até mesmo usar instrumentos derivativos para construir posições de *hedge*, minimizando seus riscos de mercado[28]. Naturalmente, a correta identificação de que ativos terão apreciação ou depreciação de preços não é uma tarefa fácil na prática, assim como a determinação do momento correto para a execução do *market timing*, mas é exatamente para a aferição da capacidade do gestor em explorar tais possibilidades de mercado que a etapa de reavaliação se prova fundamental. Como o leitor pode antecipar, caso o desempenho passado da gestão da carteira acabe classificado como insatisfatório no que se refere à capacidade do gestor em explorar *market timing*, então, serão necessárias alterações na política de investimentos.

b. Seleção de ativos, definida como a habilidade do gestor de uma carteira de investimentos em comprar ativos cujos preços devem subir e vender ativos cujos preços devem cair (SHARPE; ALEXANDER, 1990). Por exemplo, é possível que o gestor da carteira de investimento acredite que as taxas de juros de longo prazo

---

[27] Por exemplo, alavancando as suas posições compradas com o uso de contratos derivativos.
[28] Como ilustraremos detalhadamente no Capítulo 7.

subirão e que as taxas de juros de curto prazo cairão, causando um movimento de rotação no sentido anti-horário da estrutura a termo (FABOZZI; MANN, 2012), o que pode ser explorado com a venda de ativos pré-fixados de longo prazo e a compra de ativos pré-fixados de curto prazo. Da mesma forma, caso o gestor antecipe que dois setores econômicos serão atingidos desigualmente por novas medidas tributárias, ele pode escolher migrar as suas posições do setor negativamente impactado para aquele positivamente impactado, aproveitando assim os movimentos relativos de preços das ações das empresas desses dois setores.

Em um segundo instante, o gestor deve buscar entender como os ganhos e as perdas efetivamente ocorreram, decompondo-os em fatores menores[29]. Por exemplo, é certamente interessante para o gestor de uma carteira de renda fixa entender se a maior parte dos seus ganhos foi originado pelas posições em títulos corporativos ou em títulos públicos; se por ativos com maturidade de curto prazo ou de longo prazo; se indexados ao IPCA ou ao IGP-M. Analogamente, para um gestor de renda variável, pode ser instrutivo entender se os seus ganhos vieram primariamente do setor elétrico ou do setor de serviços, se de ações com alta capitalização ou baixa capitalização de mercado, ou se de posições com ou sem derivativos.

Uma vez feita a decomposição detalhada dos ganhos e das perdas na carteira, faz-se necessário retornar à etapa inicial de planejamento, para a reedição da política de investimento, eventualmente readequando-a às novas restrições impostas ao gestor. Leia três exemplos:

a. Assumindo que a estratégia de gestão adotada no passado foi ativa, mas que o desempenho do gestor se provou consistentemente ruim quando comparado a um índice de mercado usado como carteira de referência, uma possibilidade é alterar a política de investimento para a estratégia de gestão passiva, reconhecendo assim, objetivamente, que o gestor não demonstra capacidade para antecipar corretamente a dinâmica dos preços dos ativos no mercado.

b. Consideremos o gestor de uma carteira de renda variável que aloca os seus recursos em dez setores econômicos. Após efetuar a análise do desempenho dos últimos cinco anos, ele chega à conclusão que

---

[29] Usualmente referido como *performance attribution* nos mercados internacionais.

obteve ganhos consistentes em cinco setores e perdas regulares em outros cinco setores. É razoável esperar desse gestor buscar compreender o porquê de seus resultados negativos na metade dos setores de interesse. Algumas atitudes podem ser tomadas, como reestruturar a equipe de analistas dos setores com desempenho ruim, a substituição de setores com perdas por outros setores em que haja expectativa de ganhos futuros ou, até mesmo, a limitação do tamanho das posições a serem tomadas nos setores com perdas. Qualquer que venha a ser a decisão, será necessário incorporá-la à revisão da política de investimento para o próximo horizonte de investimento.

c. Um especulador no mercado de derivativos chega à conclusão, ao final de um ano, que a sua equipe que atua no mercado relacionado a *commodities* obteve resultado muito superior quando comparado ao da equipe que atua no mercado relacionado às taxas de câmbio. Devemos observar que tal conclusão somente é possível após a decomposição dos seus resultados por grupo de derivativos[30], o que poderá levar, por exemplo, a alterações na equipe do mercado cambial, limitação das exposições que esse time poderá tomar no ano seguinte ou outras medidas de cunho restritivo.

A análise do desempenho passado de um gestor é importante também para avaliar as carteiras de referência adotadas. Por exemplo, no caso de um fundo de investimento, é possível que um determinado concorrente seja identificado como o mais relevante para a aferição da gestão e, como consequência, constitua, *per se,* uma carteira de referência. Ou seja, doravante a análise de desempenho deverá ser aplicada a esse concorrente também para, dentre outros pontos, verificar se deve seguir como carteira de referência.

É importante mencionar que o gestor pode decidir alterar a sua política de investimento mesmo tendo obtido bons resultados durante o último horizonte de investimento. Isso ocorre quando as suas expectativas se alteram, levando à natural readequação da política de investimento. Vejamos os seguintes exemplos:

a. É possível que um novo vírus tenha sido identificado na China, com a possibilidade de que venha a se espalhar pelo planeta, segundo relatório da Organização Mundial da Saúde. Diante desse cenário,

---

[30] No caso em questão, derivativos nos mercados de *commodities* e derivativos no mercado de taxas de câmbio.

mesmo tendo tido um bom desempenho no passado, o gestor pode considerar importante reavaliar a política de investimento para o próximo horizonte de investimento. Por exemplo, ele pode antecipar uma crise de liquidez e, portanto, apertar todos os controles para mitigar futuros impactos de iliquidez sobre a sua carteira. Também, diante do aumento esperado da volatilidade dos preços dos ativos, é possível reduzir todas as exposições de riscos de mercado da carteira e, analogamente, dadas suas expectativas de deterioração da capacidade creditícia das empresas, determinar que somente ativos com grau de investimento sejam aceitáveis para posicionamento no próximo horizonte de investimento.

b. Um gestor identifica uma polarização entre uma candidatura de direita e outra de esquerda para a próxima eleição presidencial no país, a qual será decidida durante seu próximo horizonte de investimento. Como esse gestor não consegue antecipar o resultado da referida eleição, ele decide resguardar a carteira de uma paralização do governo, com consequências de difícil antecipação sobre os mercados financeiros. Assim como no caso anterior, o gestor pode escolher reduzir limites para a suas exposições de riscos de mercado (incluindo liquidez) e de riscos de crédito. Naturalmente, é possível que haja outro gestor que deseje exatamente o contrário, ou seja, explorar as maiores incertezas no mercado financeiro para obter ganhos diferenciados. Nesse segundo caso, o gestor, diante de suas expectativas para o resultado da eleição presidencial e antecipando que determinado candidato saia vencedor, pode escolher aumentar o seu posicionamento no mercado, aceitando maiores exposições a riscos, como forma de obter ganhos superiores em relação à carteira de referência com os seus principais concorrentes.

c. É possível que o investimento em *commodities* não fosse contemplado inicialmente por um determinado gestor em sua política de investimento, mas, diante de novas circunstâncias, essa classe de ativos pode ter despertado o seu interesse, o que impõe alterar a política de investimentos para que, doravante, ele seja permitido investir em *commodities*. O oposto é válido também, caso não seja considerado mais interessante o investimento em determinada classe de ativos, de forma tal que a nova versão da política de investimento deve conter a redução (quiçá, exclusão) dos montantes previamente permitidos na referida classe de ativos.

d. Consideremos um gestor de um *hedge fund*[31]. Vamos assumir que, em determinado momento, ele tenha uma carteira sob gestão com volume muito elevado, o que não lhe permite explorar oportunidades de forma ágil no mercado. É possível que ele tome a decisão de alterar a sua política de investimento para reduzir o montante sob gestão. Em outros termos, alguns dos balizadores de relacionamento com os seus clientes podem ser alterados, como oferecer a possibilidade de que os investidores retirem os seus recursos do *hedge fund* imediatamente ou se submetam a receber de volta montantes já investidos somente após um ano do pedido de resgate[32]. Naturalmente, será imperativo adequar os tópicos na política de investimento que regem as relações entre gestor e clientes para o próximo horizonte de investimento[33].

Uma vez executados todos esses passos, nesta terceira etapa de reavaliação, o gestor deve verificar se a política de investimentos merece sofrer alterações. Qualquer que tenha sido a sua decisão sobre a política de investimentos, ele deve retornar ao primeiro passo e repetir o processo de geração de cenários e obtenção de carteiras eficientes de forma que reflitam a nova realidade a ser enfrentada até o fim do próximo horizonte de investimento, partindo depois para a segunda etapa e assim por diante.

---

[31] A definição de um *hedge fund* varia bastante dependendo do dicionário de termos financeiros adotado. De forma geral, entendemos um *hedge fund* como um fundo de investimento ativo que se utiliza de diferentes táticas para alocar recursos, usualmente assumindo elevadas exposições aos riscos de mercado e riscos de crédito, em busca de desempenho diferenciado em relação a qualquer carteira de referência. Em outros termos, o gestor de um *hedge fund* busca ativamente e agressivamente desempenhos superiores a qualquer índice de mercado ou concorrente.

[32] Esta é uma forma usual de gestores imporem aos seus clientes restrições de forma a minimizar resgates no curto prazo, reduzindo assim a eventual pressão para ter que se desfazer de posições rapidamente, o que costuma gerar perdas para os investidores remanescentes. Sugerimos que o leitor interessado busque ler, por exemplo, sobre os chamados *vulture funds* que compram ativos de baixíssima qualidade creditícia (ou seja, *distressed securities*) e, na sua quase totalidade, impõem restrições nos resgates dos valores investidos (alguns chegando até a vários anos).

[33] Por mais absurdo que possa parecer este exemplo para o leitor, ele é baseado no *hedge fund* chamado *Maverick Capital*, criado em 1993 nos EUA, que se propõe a investir no mercado acionário norte-americano e que, ao longo do tempo, ofereceu retornos consistentemente superiores ao seu *benchmark*, o índice S&P500. Para o gestor do *Maverick Capital*, o tamanho do fundo passou, em determinado momento, a ser visto como um empecilho, restringindo a sua habilidade em explorar rapidamente oportunidades no mercado acionário norte-americano.

# 6

# O MODELO MÉDIA-VARIÂNCIA

*Não importa que você vá devagar, contanto que nunca pare.*

(Confúcio)

Nos capítulos anteriores, consideramos somente carteiras de investimento cuja composição era conhecida. Em outros termos, conhecíamos todos os ativos presentes na carteira, assim como sabíamos quanto estava investido em cada um desses ativos, podendo utilizar tal informação para projetar os níveis de retorno e risco esperados.

Neste capítulo, consideramos o problema de estruturar carteiras de investimentos para que tenham níveis de retorno e risco esperados previamente estabelecidos. Em outros termos, dado um conjunto de ativos e escolhido um nível mínimo de retorno desejado ou o nível máximo de risco esperado aceitável, desejamos encontrar os montantes que devem ser alocados a cada ativo de forma a atingir tais objetivos. Como o leitor deve perceber, o problema considerado neste capítulo é mais difícil do que os vistos nos capítulos anteriores, uma vez que não sabemos, de início, o montante a investido em cada ativo.

## 6.1 Dominância entre Carteiras de Investimento

Consideremos a Figura 6.1, em que quatro carteiras de investimentos têm seus retornos e riscos esperados fornecidos. Uma pergunta natural para qualquer investidor é: como determinar qual a melhor possibilidade de investimento dentre as quatro carteiras apresentadas?

Figura 6.1 – Retornos e riscos esperados de quatro carteiras de investimento

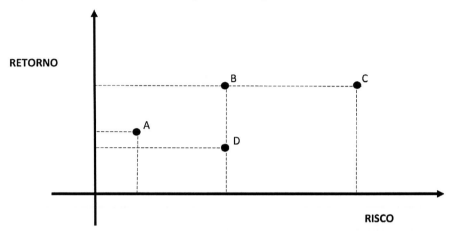

Fonte: o autor

Para responder essa pergunta é importante estabelecermos que:

a. O investidor sempre preferirá carteiras que apresentem o menor risco esperado dentre aquelas com o mesmo nível de retorno esperado. Por exemplo, ao compararmos as carteiras B e C (que possuem o mesmo nível de retorno esperado), identificamos que o investidor considerará B como preferida quando comparada a C.

b. O investidor sempre preferirá carteiras que apresentem o maior retorno esperado dentre aquelas com o mesmo nível de risco esperado. Por exemplo, ao compararmos as carteiras B e D (que possuem o mesmo nível de risco esperado), vemos que o investidor considerará B preferida quando comparada a D.

c. O investidor sempre preferirá carteiras que apresentem maior retorno esperado e menor risco esperado dentre as alternativas consideradas. Por exemplo, ao compararmos A e D, a primeira deve ser preferida por ter maior retorno esperado e menor risco esperado.

Mas e se a comparação for entre A e B? Vemos que A apresenta retorno e risco esperados inferiores, o que não permite o estabelecimento direto de preferência entre essas duas alternativas de investimento. Isso também ocorre se tentarmos estabelecer comparações entre A e C, assim como entre D e C.

De forma geral, podemos afirmar que, dada uma carteira e calculados os seus retornos e riscos esperados, existem regiões de dominância e indiferença claramente definidas para qualquer outra carteira comparativa, como ilustrado na Figura 6.2:

a. Qualquer carteira no quadrante denominado Dominante apresentará retorno esperado maior e risco esperado menor, devendo ser preferida. Em outros termos, o investidor deve preferir sempre carteiras nesse quadrante quando comparada à carteira representada na figura por serem dominantes.

b. Qualquer carteira no quadrante denominado Dominada apresentará retorno esperado menor e risco esperado maior, devendo ser preterida. Em outros termos, o investidor deve desconsiderar qualquer carteira para investimento nesse quadrante por ser dominada pela carteira representada na figura.

c. As carteiras nos quadrantes Indiferente apresentam retorno e risco esperados maiores ou retorno e risco esperados menores, o que não permite a imediata aplicação da regra de dominância. Como veremos adiante, carteiras nesses dois quadrantes podem acabar preferidas ou preteridas pelo investidor em relação à carteira representada na figura, a depender do perfil de retorno-risco do gestor.

Figura 6.2 – Regiões de dominância e indiferença para uma carteira

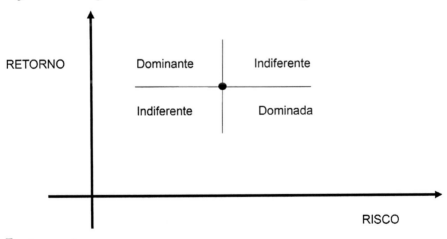

Fonte: o autor

Como uma ilustração numérica, com dados reais, consideremos os seis fundos de investimento exibidos na Tabela 6.1[1]. Assumimos que a distribuição de retorno do $i$-ésimo fundo $F_i$, com $i = 1,\ldots,6$, denotada $R_i$, é tal que $R_i \sim N\left(\mu_i, \sigma_i^2\right)$, ou seja, os retornos dos seis fundos são normalmente distribuídos.

Ao compararmos dois fundos $F_i$ e $F_j$, diremos que $F_i$ é dominante[2] em relação a $F_j$ se $\mu_i \geq \mu_j$ e $\sigma_i < \sigma_j$ ou $\mu_i > \mu_j$ e $\sigma_i \leq \sigma_j$, o que denotaremos de agora em diante como $F_i \succ F_j$ [3]. Afirmamos não haver relação de dominância entre $F_i$ e $F_j$ se $\mu_i \geq \mu_j$ e $\sigma_i \geq \sigma_j$ ou $\mu_i \leq \mu_j$ e $\sigma_i \leq \sigma_j$.

Podemos agora obter estimativas para os doze parâmetros $\mu_1, \ldots, \mu_6, \sigma_1, \ldots, \sigma_6$ para, a seguir, efetuar comparações aos pares entre $F_1, \ldots, F_6$. As estimativas de máxima verossimilhança para o retorno esperado mensal e para o desvio padrão dos retornos mensais de cada fundo estão dados nas duas últimas linhas da Tabela 6.1[4]. Nesse momento, podemos verificar todas as relações de dominância entre os pares de fundos efetuando a comparação das estimativas obtidas para o retorno e o risco de cada fundo de investimento[5]:

---

[1] Esses são seis fundos ativos de renda variável cujos objetivos são idênticos: oferecer aos seus investidores retornos (em US$) consistentemente acima do Ibovespa (medido em US$). Esses são os mesmos fundos exibidos na Tabela 4.6.

[2] Alguns livros sobre o processo de tomada da decisão preferem usar o termo preferível em vez de dominante.

[3] O leitor deve observar que neste parágrafo comparamos os parâmetros das distribuições, $\mu_i, \mu_j, \sigma_i, \sigma_j$, o que é possível fazer diretamente, dado que são números. Na prática, entretanto, será necessário estimar tais parâmetros quando buscarmos estabelecer as relações de dominância, o que nos levará a comparar estatísticas, o que demandará atenção, conforme explicado adiante.

[4] Por exemplo, conforme vimos no Capítulo 1, temos para o fundo

$F_1$ que $\hat{\mu}_1 = \dfrac{\left(-1,66\% + 3,17\% + \ldots + 0,13\%\right)}{28} \approx 0,53\%$ e

$\hat{\sigma}_1 = \sqrt{\dfrac{\left(-1,66\% - 0,53\%\right)^2 + \left(3,17\% - 0,53\%\right)^2 + \ldots + \left(0,13\% - 0,53\%\right)^2}{28}} \approx 6,12\%$, e assim por diante para os demais fundos.

[5] Neste instante é importante lembrar que o problema de comparar estatísticas, como o retorno médio mensal e o desvio padrão mensal, requer o uso de testes de hipóteses (LEHMANN e ROMANO, 2006). Lembremos que, por exemplo, os valores 0,53% e 0,51% para os retornos médios dos fundos $F_1$ e $F_2$, são estimativas para os parâmetros $\mu_1$ e $\mu_2$ e, portanto, não devem ser comparadas diretamente, como se fossem números. Nesse caso, é imperativo realizar um teste de hipóteses para verificar se a hipótese de diferença entre os retornos médios estimados se verifica efetivamente ou não. Por exemplo, sob a hipótese que fizemos de que os retornos dos fundos $F_1$ e $F_2$ pertencem à família da distribuição de probabilidade Normal, a comparação entre as estimativas para os retornos médios desses dois fundos pode ser facilmente implementada como explicado em livros básicos de

a. Podemos observar que $F_5$ é dominante em relação a $F_6$ e $F_1$, mas não em relação aos demais três fundos de investimentos[6]. A notação matemática usual nesse caso é $F_1 \succ F_3$ e $F_1 \succ F_5$.

b. Analogamente, temos que $F_2$ é dominante em relação a $F_3$ e $F_5$, o que nos permite escrever que $F_2 \succ F_3$ e $F_2 \succ F_5$. Por outro lado, $F_2$ não resulta dominante em relação aos outros três fundos de investimentos[7].

c. Temos que $F_3$ é dominante em relação a $F_5$, mas não em relação aos demais quatro fundos de investimentos[8].

d. $F_4$ resulta dominante em relação a $F_1$, $F_3$, $F_5$ e $F_6$, mas não em relação a $F_2$ [9].

---

estatística, como Stevenson (2001). Denotando por $\mu_1$ e $\mu_2$ os valores esperados dos retornos desses dois fundos, podemos verificar se há evidência estatística de que esses parâmetros efetivamente diferem entre si ou não. Nesse caso, a hipótese nula pode ser (escrita como $H_0 : \mu_1 = \mu_2$) e verificada contra a hipótese alternativa (escrita como $H_1 : \mu_1 \neq \mu_2$) a determinado nível de significância (por exemplo, 5%). De forma similar, para comparar estimativas para $\sigma_1$ e $\sigma_2$ devemos formular um teste de hipóteses com hipótese nula (escrita como $H_0 : \sigma_1 = \sigma_2$) e hipótese alternativa (escrita como $H_1 : \sigma_1 \neq \sigma_2$) a determinado nível de significância (por exemplo, 5%), conforme descrito também em Stevenson (2001). Neste capítulo faremos as comparações diretamente, por uma questão de simplicidade e fluidez dos resultados sob a ótica financeira, entendendo que estamos abdicando do rigor estatístico que requer o uso de testes de hipóteses para cada comparação. Vale mencionar que na prática do mercado financeiro brasileiro os analistas efetuam as comparações diretamente, sem o uso de testes de hipóteses, o que, repetimos, não é o procedimento correto do ponto de vista rigoroso de teoria estatística.

[6] No caso $F_1 \succ F_3$, vemos que essa afirmação resulta do fato de $F_1$ ter retorno médio mensal superior a $F_3$ (0,53%>0,42%) e desvio padrão mensal inferior (6,12%<6,87%). O mesmo argumento vale para $F_1 \succ F_5$, dado que 0,53%>0,41% e 6,12%<7,65%. Observemos agora que não é possível estabelecer a dominância de $F_1$ em relação a $F_2$, dado que embora o primeiro apresente maior retorno médio relativo (0,53%>0,51%), também apresenta maior desvio padrão mensal (6,12%>4,50%). Argumentações similares podem ser aplicadas para concluir que $F_1$ também não resulta dominante em relação a $F_4$ e $F_6$, as quais deixamos de dever de casa para o leitor.

[7] No caso $F_2 \succ F_3$, vemos que essa afirmação resulta do fato de $F_2$ ter retorno médio mensal superior a $F_3$ (0,51%>0,42%) e desvio padrão mensal inferior (4,50%<6,87%). De forma análoga, vemos que $F_2 \succ F_5$, dado que 0,51%>0,41% e 4,50%<7,65%.

[8] No caso $F_3 \succ F_5$, notamos que essa afirmação resulta do fato de $F_3$ ter retorno médio mensal superior a $F_5$ (0,42%>0,41%) e desvio padrão mensal inferior (6,87%<7,65%).

[9] No caso $F_4 \succ F_1$, vemos que essa afirmação resulta do fato de $F_4$ ter retorno médio mensal superior a $F_1$ (0,80%>0,53%) e desvio padrão mensal inferior (4,84%<6,12%). Deixamos os outros três casos de dominância como exercício para o leitor. Observemos agora que não é possível estabelecer a dominância de $F_4$ em relação

e. No caso de $F_5$, não há dominância em relação a nenhum dos outros cinco fundos de investimento, sendo suficiente observar que esse é o fundo com o maior nível de desvio padrão mensal.

f. Por fim, para $F_6$ observamos dominância em relação a $F_1$, $F_3$ e $F_5$, mas não em relação aos outros dois fundos de investimento[10].

Tabela 6.1 – Retorno médio e desvio padrão de seis fundos de investimento

|  | Fundo 1 ($F_1$) | Fundo 2 ($F_2$) | Fundo 3 ($F_3$) | Fundo 4 ($F_4$) | Fundo 5 ($F_5$) | Fundo 6 ($F_6$) |
|---|---|---|---|---|---|---|
| Nov./10 | -1,66% | 3,95% | 0,94% | -1,07% | -2,03% | 0,03% |
| Dez./10 | 3,17% | 2,83% | 4,80% | 4,99% | 5,09% | 4,17% |
| Jan./11 | -4,05% | -1,73% | -2,23% | -6,30% | -6,50% | -4,16% |
| Fev./11 | 1,26% | 1,91% | 1,67% | 0,77% | 0,18% | 1,16% |
| Mar./11 | 5,07% | 4,63% | 2,82% | 4,81% | 4,44% | 4,36% |
| Abr./11 | 2,08% | 1,61% | 4,93% | 4,41% | 4,69% | 3,54% |
| Maio/11 | 0,56% | -1,34% | -4,37% | 0,72% | 0,01% | -0,88% |
| Jun./11 | -1,79% | -0,87% | -0,14% | 1,80% | -0,92% | -0,39% |
| Jul./11 | 0,57% | -4,08% | -2,19% | -2,86% | -6,51% | -3,02% |
| Ago./11 | -4,27% | -4,72% | -6,03% | -2,39% | -5,91% | -4,66% |
| Set./11 | -16,05% | -1,33% | -15,30% | -12,38% | -20,95% | -13,20% |
| Out./11 | 18,04% | 11,42% | 14,63% | 7,44% | 16,44% | 13,59% |
| Nov./11 | -5,52% | -7,09% | -10,89% | -2,40% | -8,11% | -6,80% |
| Dez./11 | -0,89% | 0,56% | -3,65% | 0,10% | -1,51% | -1,08% |
| Jan./12 | 9,46% | 7,71% | 11,94% | 12,28% | 10,53% | 10,39% |
| Fev./12 | 7,98% | 5,80% | 11,72% | 7,09% | 6,44% | 7,81% |
| Mar./12 | -5,43% | -3,96% | -4,48% | -2,65% | -5,42% | -4,39% |
| Abr./12 | -2,37% | -2,96% | -5,14% | -2,32% | -2,51% | -3,06% |
| Maio/12 | -9,38% | -9,12% | -11,98% | -7,45% | -14,42% | -10,47% |
| Jun./12 | 3,25% | 0,23% | -0,41% | 2,15% | 2,32% | 1,51% |

a $F_2$, dado que embora o primeiro apresente maior retorno médio relativo (0,80%>0,51%), também apresenta maior desvio padrão mensal (4,84%>4,50%).

[10] No caso $F_6 \succ F_1$, por exemplo, observamos que essa afirmação resulta do fato de $F_6$ ter retorno médio mensal superior a $F_1$ (0,54%>0,53%) e desvio padrão mensal inferior (5,69%<6,12%). Deixamos as demais verificações como exercício para o leitor.

|  | Fundo 1 ($F_1$) | Fundo 2 ($F_2$) | Fundo 3 ($F_3$) | Fundo 4 ($F_4$) | Fundo 5 ($F_5$) | Fundo 6 ($F_6$) |
|---|---|---|---|---|---|---|
| Jul./12 | 1,55% | -2,48% | -0,78% | 2,63% | 8,70% | 1,93% |
| Ago./12 | 2,57% | 5,39% | 6,48% | 0,69% | 7,42% | 4,51% |
| Set./12 | 0,35% | 0,93% | 2,84% | 1,74% | 0,19% | 1,21% |
| Out./12 | 1,02% | -0,46% | 4,11% | 2,21% | 3,60% | 2,10% |
| Nov./12 | -1,46% | -3,06% | -1,80% | -0,34% | -1,19% | -1,57% |
| Dez./12 | 6,75% | 6,38% | 7,70% | 6,14% | 9,82% | 7,36% |
| Jan./13 | 3,91% | 2,56% | 3,49% | 2,72% | 4,42% | 3,42% |
| Fev./13 | 0,13% | 1,68% | 2,97% | -0,04% | 3,28% | 1,60% |
| **Retorno Médio** | **0,53%** | **0,51%** | **0,42%** | **0,80%** | **0,41%** | **0,54%** |
| **Desvio Padrão** | **6,12%** | **4,50%** | **6,87%** | **4,84%** | **7,65%** | **5,69%** |

Fonte: o autor

## 6.2 Carteiras Eficientes e a Fronteira Eficiente

Definimos uma carteira eficiente como aquela que:

a. Apresenta o máximo retorno esperado para um nível máximo de risco esperado previamente escolhido.

b. Apresenta o mínimo risco esperado para um nível mínimo de retorno esperado previamente escolhido.

Um exercício muito interessante, partindo da definição anterior, é o de verificar que uma carteira eficiente nunca será dominada por qualquer outra carteira de investimento. Como consequência, a obtenção de todas as possíveis carteiras eficientes resulta ser uma tarefa de suma importância para os gestores de carteiras, dado que ele terá identificado todas as carteiras dominantes.

Para verificar que uma carteira eficiente nunca será dominada por outra carteira, consideremos a Figura 6.3. Nessa figura, suponhamos que C seja uma carteira eficiente, podemos observar que:

a. Se C é uma carteira eficiente, então, D não pode existir, dado que teria o mesmo nível de retorno esperado que C, mas com o nível de risco esperado inferior.

b. De forma análoga, se C é uma carteira eficiente, B não pode existir, dado que teria o mesmo nível de risco esperado que C, mas com o nível de retorno esperado superior.

c. Por fim, dado que D não pode existir, muito menos A que teria o mesmo nível de risco esperado e retorno esperado ainda maior. Analogamente, dado que B não pode existir, então, A também não, dado que teria o mesmo nível de retorno esperado com nível de risco esperado menor.

Portanto, podemos concluir que se C é uma carteira eficiente, D, B e A não podem existir e, como consequência, que não há carteira que possa dominar uma carteira eficiente.

Figura 6.3 – Carteiras eficientes e dominância relativa

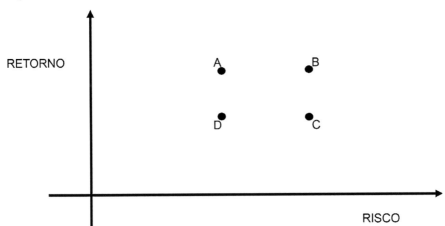

Fonte: o autor

Agora, suponhamos que A seja uma carteira eficiente na Figura 6.3, podemos observar que:

a. Se A é uma carteira eficiente, D não pode ser eficiente também, dado que teria o mesmo nível de risco esperado que A, mas retorno esperado menor. Da Figura 6.2 vemos que $A \succ D$.

b. De forma análoga, se A é uma carteira eficiente, então, B não pode ser eficiente também dado que teria o mesmo nível de risco esperado que C, mas com o nível de retorno esperado superior. Da Figura 6.2 temos que $A \succ B$.

c. Por fim, como C é dominada por D e B, então, é dominada também por A e, por conseguinte, também não é uma carteira eficiente. Da Figura 6.2 notamos que $A \succ C$.

Resumindo, conforme exibido na Figura 6.4, se a carteira representada é eficiente, as demais carteiras eficientes necessariamente estarão nas regiões hachuradas[11] e, portanto, as carteiras eficientes não podem ser dominadas por outras carteiras de investimento.

---

[11] O leitor deve observar que essas duas regiões correspondem às regiões de indiferença na Figura 6.2.

Figura 6.4 – Regiões possíveis para carteiras eficientes

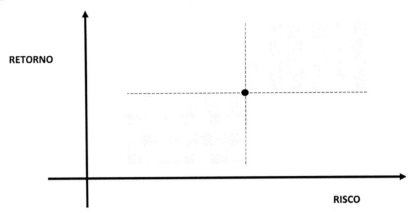

Fonte: o autor

Nós nos referiremos de agora em diante ao conjunto de todas as carteiras eficientes simplesmente como a fronteira eficiente.

Neste ponto, é natural surgir a pergunta: dado um conjunto de ativos, assim como todas as restrições de alocação requeridas pelo investidor[12], como seria possível obtermos a fronteira eficiente?

### 6.2.1 Aproximação para a Fronteira Eficiente

Assumindo que um conjunto de ativos foi previamente escolhido para possível investimento, assim como todas as restrições explicitadas na política de investimento, a Figura 6.5 e a Figura 6.6 ilustram, visualmente, como obter uma aproximação para a fronteira eficiente:

a. O primeiro passo é a obtenção da carteira de mínimo risco, ou seja, a carteira tal que nenhuma outra exiba risco esperado inferior. O retorno dessa carteira será considerado como o mínimo retorno possível para qualquer carteira eficiente.

b. O segundo passo requer obter a carteira com o máximo retorno esperado, ou seja, a carteira tal que nenhuma outra exiba retorno esperado superior. Associado a essa carteira estará o máximo risco esperado possível para todas as carteiras possíveis.

---

[12] Lembremos, a política de investimentos estabelece tais restrições, conforme explicado em capítulo anterior.

c. Finalmente, o terceiro passo pode ser implementado de duas formas:

i. No caso da Figura 6.5, diferentes níveis de risco esperado são escolhidos para que as correspondentes carteiras de máximo retorno esperado sejam obtidas. Naturalmente, os níveis de risco esperado possíveis estão situados entre os níveis de risco esperado das duas carteiras obtidas nos dois passos anteriores.

ii. No caso da Figura 6.6, diferentes níveis de retorno esperado são escolhidos para que as correspondentes carteiras de mínimo risco esperado sejam obtidas. Naturalmente, os níveis de retorno esperado possíveis escolhidos estão situados entre os níveis de retorno esperado das duas carteiras obtidas nos dois passos anteriores.

Existem várias metodologias para a obtenção das alocações e dos níveis de retorno e riscos das carteiras obtidas no terceiro passo da Figura 6.5 e 6.6. Uma possibilidade é o Modelo Média-Variância (MARKOWITZ, 1959), no qual a distribuição conjunta dos retornos de todos os ativos é assumida como uma Normal Multivariada, como já apresentado no segundo capítulo deste livro.

Figura 6.5 – Aproximação com a maximização de retornos esperados

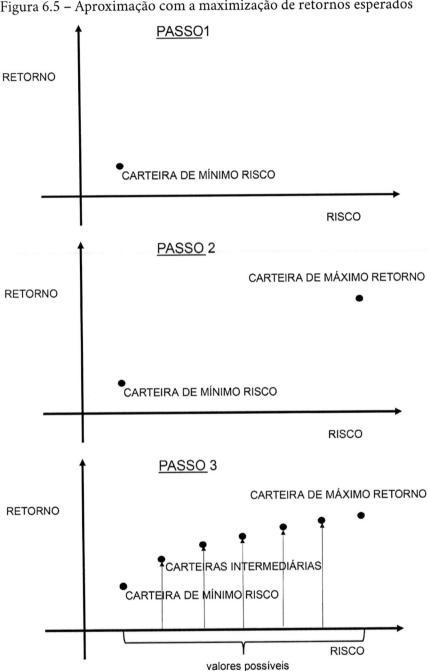

Fonte: o autor

Figura 6.6 – Aproximação com a minimização de riscos esperados

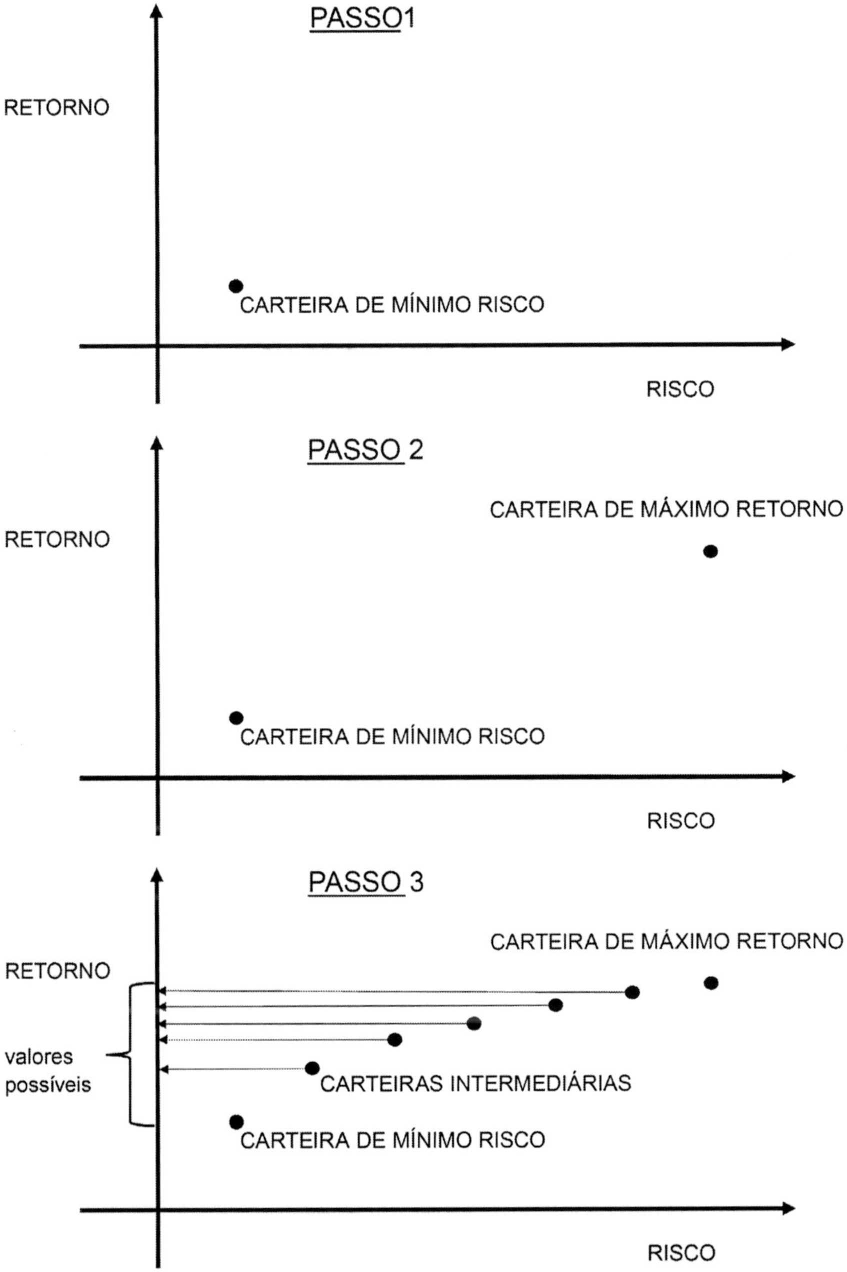

**PASSO 1**

RETORNO

• CARTEIRA DE MÍNIMO RISCO

RISCO

**PASSO 2**

RETORNO

CARTEIRA DE MÁXIMO RETORNO •

• CARTEIRA DE MÍNIMO RISCO

RISCO

**PASSO 3**

RETORNO

valores possíveis

CARTEIRA DE MÁXIMO RETORNO •

• CARTEIRAS INTERMEDIÁRIAS

• CARTEIRA DE MÍNIMO RISCO

RISCO

Fonte: o autor

Podemos observar que as aproximações nas Figuras 6.5 e 6.6 apresentam sete carteiras: uma carteira de mínimo risco, uma carteira de máximo retorno e cinco carteiras intermediárias. Como abordaremos ainda neste capítulo, uma aproximação para a fronteira eficiente com sete carteiras demanda a resolução de igual número de problemas de otimização (HILLIER; LIEBERMAN, 1995). As características desses problemas de otimização dependem diretamente das medidas de retorno e risco escolhidas.

### 6.3 O Modelo Média-Variância (MMV)

As hipóteses de modelagem que assumimos para a versão mais simples do MMV são:

a. Existem $n$ ativos disponíveis para investimento.

b. O montante investido no $i$-ésimo ativo é denotado por $X_i$, $i = 1,\ldots,n$.

c. Somente é possível tomar posições compradas nos ativos, o que implica $X_i \geq 0 \ \forall i = 1,\ldots,n$.

d. É possível comprar qualquer montante do $i$-ésimo ativo.

e. O montante total disponível para investimento é denotado por $C$, o que resulta na restrição

$$X_1 + \ldots + X_n = C \tag{6.1}$$

f. A distribuição conjunta dos retornos dos $n$ ativos segue uma distribuição Normal Multivariada,

$$\begin{pmatrix} R_1 \\ R_2 \\ \vdots \\ R_n \end{pmatrix} \sim N \left( \begin{pmatrix} \mu_1 \\ \mu_2 \\ \vdots \\ \mu_n \end{pmatrix}, \begin{pmatrix} \sigma_1^2 & \rho_{12}\sigma_1\sigma_2 & \cdots & \rho_{1n}\sigma_1\sigma_n \\ \rho_{12}\sigma_1\sigma_2 & \sigma_2^2 & \cdots & \rho_{2n}\sigma_2\sigma_n \\ \vdots & \vdots & \ddots & \vdots \\ \rho_{1n}\sigma_1\sigma_n & \rho_{2n}\sigma_2\sigma_n & \cdots & \sigma_n^2 \end{pmatrix} \right) \tag{6.2}$$

o que nos leva a concluir que a distribuição de retornos de uma carteira de investimento qualquer é tal que $R_\pi = X_1 \times R_1 + \ldots + X_n \times R_n \sim N\left(\mu_\pi, \sigma_\pi^2\right)$, com o retorno esperado igual a

$$\mu_\pi = X_1 \times \mu_1 + \ldots + X_n \times \mu_n \qquad (6.3)$$

e o risco esperado obtido de

$$\sigma_\pi^2 = X_1^2 \times \sigma_1^2 + \ldots + 2 \times \rho_{1n} \times X_1 \times X_n \times \sigma_1 \times \sigma_n + \ldots + X_n^2 \times \sigma_n^2 \qquad (6.4)$$

Por exemplo, se reconsiderarmos os seis fundos cujas estimativas para os retornos médios e desvios padrões foram exibidos na Tabela 6.1 e estimarmos a matriz de correlações[13], logo,

$$\begin{pmatrix} R_1 \\ R_2 \\ \vdots \\ R_6 \end{pmatrix} \sim N \left( \begin{pmatrix} 0,53\% \\ 0,51\% \\ \vdots \\ 0,54\% \end{pmatrix}, \begin{pmatrix} 6,12\%^2 & 0,80 \times 6,12\% \times 4,50\% & \cdots & 0,97 \times 6,12\% \times 5,69\% \\ 0,80 \times 6,12\% \times 4,50\% & 4,50\%^2 & \cdots & 0,87 \times 4,50\% \times 5,69\% \\ \vdots & \vdots & \ddots & \vdots \\ 0,97 \times 6,12\% \times 5,69\% & 0,87 \times 4,50\% \times 5,69\% & \cdots & 5,69\%^2 \end{pmatrix} \right) \qquad (6.5)$$

com estimativas de máxima verossimilhança para o retorno esperado mensal

$$\hat{\mu}_\pi = 0,53\% \times X_1 + 0,51\% \times X_2 + \ldots + 0,54\% \times X_6 \qquad (6.6)$$

e para o desvio padrão dos retornos mensais

$$\hat{\sigma}_\pi = \sqrt{6,12\%^2 \times X_1^2 + 2 \times 0,80 \times X_1 \times X_2 \times 6,12\% \times 4,50\% + \ldots + 5,69\%^2 \times X_6^2} \qquad (6.7)$$

### 6.3.1 Carteira de Mínimo Risco Esperado

Suponhamos que um investidor considera compor uma carteira de mínimo desvio padrão dos retornos mensais. A formulação matemática do referido problema resulta ser

---

[13] Os valores estimados para as quinze correlações, cuja obtenção deixamos como tarefa para o leitor, são dadas por

$$\begin{pmatrix} 1 & \hat{\rho}_{12} & \hat{\rho}_{13} & \hat{\rho}_{14} & \hat{\rho}_{15} & \hat{\rho}_{16} \\ \hat{\rho}_{12} & 1 & \hat{\rho}_{23} & \hat{\rho}_{24} & \hat{\rho}_{25} & \hat{\rho}_{26} \\ \hat{\rho}_{13} & \hat{\rho}_{23} & 1 & \hat{\rho}_{34} & \hat{\rho}_{35} & \hat{\rho}_{36} \\ \hat{\rho}_{14} & \hat{\rho}_{24} & \hat{\rho}_{34} & 1 & \hat{\rho}_{45} & \hat{\rho}_{46} \\ \hat{\rho}_{15} & \hat{\rho}_{25} & \hat{\rho}_{35} & \hat{\rho}_{45} & 1 & \hat{\rho}_{56} \\ \hat{\rho}_{16} & \hat{\rho}_{26} & \hat{\rho}_{36} & \hat{\rho}_{46} & \hat{\rho}_{56} & 1 \end{pmatrix} = \begin{pmatrix} 1 & 0,80 & 0,92 & 0,90 & 0,93 & 0,97 \\ 0,80 & 1 & 0,87 & 0,73 & 0,77 & 0,87 \\ 0,92 & 0,87 & 1 & 0,88 & 0,91 & 0,97 \\ 0,90 & 0,73 & 0,88 & 1 & 0,92 & 0,94 \\ 0,93 & 0,77 & 0,91 & 0,92 & 1 & 0,97 \\ 0,97 & 0,87 & 0,97 & 0,94 & 0,97 & 1 \end{pmatrix}$$

Minimizar $\quad X_1^2 \times \sigma_1^2 + \ldots + 2 \times \rho_{1n} \times X_1 \times X_n \times \sigma_1 \times \sigma_n + \ldots + X_n^2 \times \sigma_n^2 \quad (6.8)$

Sujeito a: $\quad X_1 + X_2 + \ldots + X_n = C$

$\quad X_1, X_2, \ldots, X_n \geq 0$

ou seja, um problema de programação quadrática (TAHA, 2010). A resolução desse problema de otimização resultará nos valores ótimos para as $n$ variáveis $X_1, \ldots, X_n$, ou seja, a alocação ótima em cada ativo.

Para uma ilustração numérica, consideremos o problema de estruturar um fundo-de-fundos[14] baseado nos seis fundos da Tabela 6.1. O problema de encontrar a alocação do fundo-de-fundos que minimiza o risco esperado quando $C = 100\%$ pode ser escrito como

Minimizar $\quad 6,12\%^2 \times X_1^2 + 2 \times 0,80 \times X_1 \times X_2 \times 6,12\% \times 4,50\% + \ldots + 5,69\%^2 \times X_6^2 \quad (6.9)$

Sujeito a: $\quad X_1 + X_2 + \ldots + X_6 = 100\%$

$\quad X_1, X_2, \ldots, X_6 \geq 0$

A resolução numérica de (6.9) nos leva às alocações dadas na Tabela 6.2[15]. A substituição desses valores em (6.6) e (6.7) resulta em estimativas para o retorno esperado mensal e desvio padrão dos retornos mensais iguais a 0,62% e 4,32%, respectivamente[16].

Tabela 6.2 – Alocações da carteira de mínimo risco esperado

|          | Fundo 1 | Fundo 2 | Fundo 3 | Fundo 4 | Fundo 5 | Fundo 6 |
|----------|---------|---------|---------|---------|---------|---------|
| Alocação | 0%      | 63,44%  | 0%      | 36,56%  | 0%      | 0%      |

Fonte: o autor

---

[14] Definida como uma estratégia de investimento ativa em que um investidor compra cotas de diferentes fundos de investimento disponibilizados no mercado financeiro. O leitor interessado no assunto pode encontrar mais detalhes em Maginn et al. (2007). Uma discussão no caso específico de um fundo-de-fundos-de-*hedge* no Brasil pode ser lida em Duarte Jr. (2002).

[15] Os problemas de otimização apresentados neste livro foram todos resolvidos com o uso da ferramenta Solver do Microsoft Excel. Lembramos que os problemas apresentados neste livro são ilustrações numéricas de pequenas dimensões, mas, usualmente, na prática do mercado financeiro, os problemas são muito maiores, com mais ativos e, eventualmente, várias restrições; e, nesses casos, não será mais possível a utilização da ferramenta Solver dadas as suas limitações, sendo imperativa a utilização de pacotes de otimização comerciais.

[16] Feita a substituição dos valores da Tabela 6.2 em (6.6) e (6.7), obtemos

$\hat{\mu}_\pi = 0,53\% \times 0\% + 0,51\% \times 63,44\% + \ldots + 0,54\% \times 0\% \approx 0,62\%$ e

$\hat{\sigma}_\pi = \sqrt{6,12\%^2 \times 0\%^2 + 2 \times 0,80 \times 0\% \times 63,44\% \times 6,12\% \times 4,50\% + \ldots + 5,69\%^2 \times 0\%^2} \approx 4,32\%$ .

### 6.3.2 Carteira de Máximo Retorno Esperado

Suponhamos, como segundo passo para a obtenção de uma aproximação para a fronteira eficiente e em linha com as Figuras 6.5 e 6.6, que o investidor considera compor uma carteira de máximo retorno esperado. A formulação matemática do referido problema é dada por

$$\text{Maximizar} \quad \mu_1 \times X_1 + \ldots + \mu_n \times X_n \quad (6.10)$$
$$\text{Sujeito a:} \quad X_1 + \ldots + X_n = C$$
$$X_1, \ldots, X_n \geq 0$$

ou seja, um problema de programação linear (TAHA, 2010). A resolução desse problema de otimização resultará nos valores ótimos para as $n$ variáveis $X_1, \ldots, X_n$, ou seja, a alocação em cada ativo.

Reconsideremos o problema de estruturar um fundo-de-fundos baseado nos seis fundos da Tabela 6.1. O problema de encontrar a alocação do fundo-de-fundos que maximiza o retorno esperado, quando $C = 100\%$, pode ser escrito como

$$\text{Maximizar} \quad 0{,}53\% \times X_1 + 0{,}51\% \times X_2 + \ldots + 0{,}54\% \times X_6 \quad (6.11)$$
$$\text{Sujeito a:} \quad X_1 + X_2 + \ldots + X_6 = 100\%$$
$$X_1, X_2, \ldots, X_6 \geq 0$$

A resolução numérica de (6.11) nos leva às alocações dadas na Tabela 6.3. A substituição desses valores em (6.6) e (6.7) resulta nas estimativas de retorno esperado mensal e desvio padrão dos retornos mensais iguais a 0,80% e 4,84%, respectivamente[17].

Tabela 6.3 – Alocações da carteira de máximo retorno esperado

|           | Fundo 1 | Fundo 2 | Fundo 3 | Fundo 4 | Fundo 5 | Fundo 6 |
|-----------|---------|---------|---------|---------|---------|---------|
| Alocação  | 0%      | 0%      | 0%      | 100%    | 0%      | 0%      |

Fonte: o autor

---

[17] Feita a substituição dos valores na Tabela 6.3 em (6.6) e (6.7), obtemos
$\hat{\mu}_\pi = 0{,}53\% \times 0\% + 0{,}51\% \times 0\% + \ldots + 0{,}54\% \times 0\% \approx 0{,}80\%$"
e $\hat{\sigma}_\pi = \sqrt{6{,}12\%^2 \times 0\%^2 + 2 \times 0{,}80 \times 0\% \times 0\% \times 6{,}12\% \times 4{,}50\% + \ldots + 5{,}69\%^2 \times 0\%^2} \approx 4{,}84\%$.

### 6.3.3 Carteiras Intermediárias

Para a obtenção das carteiras intermediárias existem duas possibilidades:

a. Maximizar o retorno esperado sujeito a um nível previamente fixado de risco esperado, conforme a Figura 6.5. Nesse caso, a formulação matemática geral do problema pode ser escrita como

$$\text{Maximizar} \quad \mu_1 \times X_1 + \ldots + \mu_n \times X_n \quad (6.12)$$
$$\text{Sujeito a:} \quad X_1^2 \times \sigma_1^2 + \ldots + 2 \times \rho_{1n} \times X_1 \times X_n \times \sigma_1 \times \sigma_n + \ldots + X_n^2 \times \sigma_n^2 = \varphi^2$$
$$X_1 + \ldots + X_n = C$$
$$X_1, \ldots, X_n \geq 0$$

em que $\varphi$ denota o nível de risco esperado previamente fixado. Notamos que (6.12) resulta ser um problema de programação não-linear (TAHA, 2010), potencialmente de difícil solução em função da restrição não-linear presente (HILLIER; LIEBERMAN, 1995).

b. Minimizar o risco esperado sujeito a um nível de retorno esperado previamente fixado, conforme a Figura 6.6. Nesse caso, a formulação geral do problema pode ser escrita como

$$\text{Minimizar} \quad X_1^2 \times \sigma_1^2 + \ldots + 2 \times \rho_{1n} \times X_1 \times X_n \times \sigma_1 \times \sigma_n + \ldots + X_n^2 \times \sigma_n^2 \quad (6.13)$$
$$\text{Sujeito a:} \quad \mu_1 \times X_1 + \ldots + \mu_n \times X_n = \gamma$$
$$X_1 + \ldots + X_n = C$$
$$X_1, \ldots, X_n \geq 0$$

em que $\gamma$ denota o nível de retorno esperado fixado. Observamos que (6.13) resulta ser um problema de programação quadrática de dificuldade similar ao problema (6.8).

Como a utilização de (6.12) ou de (6.13) levará ao mesmo conjunto de carteiras intermediárias (MARKOWITZ, 1959), é razoável escolher a abordagem em função da facilidade de solução do ponto de vista computacional. Resulta que (6.13) é o problema de solução mais fácil, logo, sugerimos sempre a utilização do procedimento descrito na Figura 6.6 para a obtenção de uma aproximação para a fronteira eficiente.

Como ilustração numérica, consideremos gerar uma aproximação usando o procedimento descrito na Figura 6.6 com a obtenção de cinco carteiras intermediárias[18] com retornos esperados igualmente espaçados. Como o retorno esperado máximo é 0,80%, e o retorno esperado mínimo é 0,62%, teremos que resolver o problema

Minimizar $\quad 6{,}12\%^2 \times X_1^2 + 2\times 0{,}80\times X_1\times X_2\times 6{,}12\%\times 4{,}50\% + \ldots + 5{,}69\%^2 \times X_6^2 \quad (6.14)$

Sujeito a: $\quad 0{,}53\%\times X_1 + 0{,}51\%\times X_2 + \ldots + 0{,}54\%\times X_6 = \gamma$

$$X_1 + X_2 + \ldots + X_6 = 100\%$$

$$X_1, X_2, \ldots, X_6 \geq 0$$

cinco vezes consecutivas, uma para cada valor de $\gamma \in \{0{,}65\%, 0{,}68\%, 0{,}71\%, 0{,}74\%, 0{,}77\%\}$ [19]. A Tabela 6.4 resume os valores de retorno e risco esperados para os sete pontos da aproximação da fronteira eficiente. A Figura 6.7 exibe a aproximação para a fronteira eficiente com as sete carteiras cujos retorno e risco esperados estão dados na Tabela 6.4.

Tabela 6.4 – Retorno e risco esperados para sete pontos na fronteira eficiente

|  | Cart. de Mínimo Risco | Cart. Intermed. ($\gamma = 0{,}65\%$) | Cart. Intermed. ($\gamma = 0{,}68\%$) | Cart. Intermed. ($\gamma = 0{,}71\%$) | Cart. Intermed. ($\gamma = 0{,}74\%$) | Cart. Intermed. ($\gamma = 0{,}77\%$) | Cart. de Máximo Retorno |
|---|---|---|---|---|---|---|---|
| Retorno Médio Mensal | 0,62% | 0,65% | 0,68% | 0,71% | 0,74% | 0,77% | 0,80% |
| Desvio Padrão dos Retornos Mensais | 4,32% | 4,34% | 4,38% | 4,45% | 4,55% | 4,68% | 4,84% |

Fonte: o autor

---

[18] Ou seja, uma aproximação para a fronteira eficiente com sete pontos: as cinco carteiras intermediárias, a carteira de mínimo risco esperado e a carteira de máximo retorno esperado.

[19] Os valores intermediários para o retorno médio mensal foram obtidos nesse exemplo numérico após a divisão em seis partes iguais do intervalo entre o mínimo retorno médio mensal, 0,62%, obtido da resolução de (6.9), e o máximo retorno médio mensal, 0,80%, obtido da resolução de (6.11). Por exemplo $0{,}65\% \approx \frac{5}{6}\times 0{,}62\% + \frac{1}{6}\times 0{,}80\%$, $0{,}68\% \approx \frac{4}{6}\times 0{,}62\% + \frac{2}{6}\times 0{,}80\%$, e assim por diante até $0{,}77\% \approx \frac{1}{6}\times 0{,}62\% + \frac{5}{6}\times 0{,}80\%$

Figura 6.7 – Aproximação com sete pontos para a fronteira eficiente

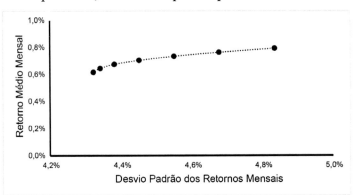

Fonte: o autor

A Tabela 6.5 exibe a alocação ótima do fundo-de-fundos ao longo da aproximação da fronteira eficiente[20], enquanto a Figura 6.8 resume visualmente os dados obtidos. Dessa última figura, podemos facilmente observar que somente há alocação em $F_2$ e $F_4$, com os demais (quatro fundos) excluídos da fronteira eficiente. Além disso, observamos que para carteiras com maiores níveis de riscos a concentração se dá preferencialmente em $F_4$, enquanto para carteiras com menores níveis de riscos há maior equilíbrio na alocação em $F_2$ e $F_4$.

Tabela 6.5 – Alocações ao longo da fronteira eficiente

|  | Cart. de Mínimo Risco | Cart. Intermed. ($\gamma = 0{,}65\%$) | Cart. Intermed. ($\gamma = 0{,}68\%$) | Cart. Intermed. ($\gamma = 0{,}71\%$) | Cart. Intermed. ($\gamma = 0{,}74\%$) | Cart. Intermed. ($\gamma = 0{,}77\%$) | Cart. de Máximo Retorno |
|---|---|---|---|---|---|---|---|
| Desvio Padrão dos Retornos Mensais | 4,32% | 4,34% | 4,38% | 4,45% | 4,55% | 4,68% | 4,84% |
| $F_1$ | 0,00% | 0,00% | 0,00% | 0,00% | 0,00% | 0,00% | 0,00% |

---

[20] Por exemplo, para a segunda carteira intermediária, com $\gamma = 0{,}68\%$, temos que o desvio padrão dos retornos mensais foi estimado em 4,38%, as alocações em $F_2$ e $F_4$ resultaram iguais a 42,63% e 57,37%, respectivamente, com as alocações nos outros quatro fundos todas iguais a zero.

| | | | | | | | |
|---|---|---|---|---|---|---|---|
| $F_2$ | 63,44% | 52,97% | 42,63% | 32,30% | 21,97% | 11,64% | 0,00% |
| $F_3$ | 0,00% | 0,00% | 0,00% | 0,00% | 0,00% | 0,00% | 0,00% |
| $F_4$ | 36,56% | 47,03% | 57,37% | 67,70% | 78,03% | 88,36% | 100,00% |
| $F_5$ | 0,00% | 0,00% | 0,00% | 0,00% | 0,00% | 0,00% | 0,00% |
| $F_6$ | 0,00% | 0,00% | 0,00% | 0,00% | 0,00% | 0,00% | 0,00% |
| | 100% | 100% | 100% | 100% | 100% | 100% | 100% |

Fonte: o autor

Figura 6.8 – Alocações ao longo da fronteira eficiente

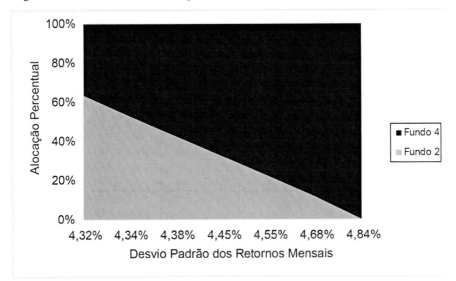

Fonte: o autor

Duas questões interessantes surgem naturalmente nesse momento:

a. Como a introdução de novas restrições à alocação de recursos impacta o formato da fronteira eficiente e as alocações?

b. Como a introdução do ativo livre de risco como alternativa para investimento impacta o formato da fronteira eficiente e as alocações?

Observemos a seguir as respostas a essas duas perguntas.

### 6.3.4 Novas Restrições

Nessa subseção, observamos como a inclusão de novas restrições de investimento impacta o formato da aproximação da fronteira eficiente exibida na Figura 6.7, assim como as alocações exibidas na Figura 6.8.

A Figura 6.9 ilustra as modificações quando são impostas novas restrições de alocação máxima para cada fundo individualmente, em dois níveis:

a. Primeiramente a restrição de máxima alocação de 75%[21].
b. A seguir, a restrição de máxima alocação de 50%[22].

Vemos que, conforme as alocações se tornam mais restritivas, as aproximações para as fronteiras eficientes tendem a exibir retornos médios mensais decrescentes para um mesmo nível de desvios padrão dos retornos mensais ou desvios padrão dos retornos mensais crescentes para o mesmo nível de retorno médio mensal.

---

[21] Neste caso, as restrições $X_1, X_2, \ldots, X_6 \geq 0$ dadas em (6.9), (6.11) e (6.14) são substituídas pelas restrições $0 \leq X_1, X_2, \ldots, X_6 \leq 75\%$, garantindo assim que o montante alocado a qualquer um dos seis fundos nunca supere 75% do montante total (100%) disponível para investimento. Por exemplo, (6.9) deve ser modificado para

Minimizar  $6,12\%^2 \times X_1^2 + 2 \times 0,80 \times X_1 \times X_2 \times 6,12\% \times 4,50\% + \ldots + 5,69\%^2 \times X_6^2$
Sujeito a:  $X_1 + X_2 + \ldots + X_6 = 100\%$
$0 \leq X_1, X_2, \ldots, X_6 \leq 75\%$

enquanto (6.11) para

Maximizar  $0,53\% \times X_1 + 0,51\% \times X_2 + \ldots + 0,54\% \times X_6$
Sujeito a:  $X_1 + X_2 + \ldots + X_6 = 100\%$
$0 \leq X_1, X_2, \ldots, X_6 \leq 75\%$

e assim por diante.

[22] De forma similar ao caso anterior, as restrições $X_1, X_2, \ldots, X_6 \geq 0$ dadas em (6.9), (6.11) e (6.14) são substituídas pelas restrições $0 \leq X_1, X_2, \ldots, X_6 \leq 50\%$, garantindo assim que o montante alocado a qualquer um dos seis fundos nunca supere 50% do montante total (100%) disponível para investimento.

Figura 6.9 – Três aproximações para a fronteira eficiente

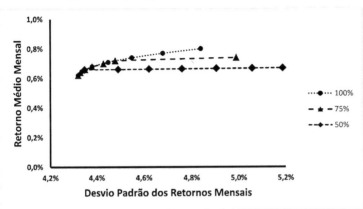

Fonte: o autor

As disposições gráficas das alocações nos seis fundos ao longo das aproximações para a fronteira eficiente estão exibidas nas Figuras 6.10 e 6.11, das quais percebemos que $F_6$ passa a compor as carteiras na fronteira eficiente juntamente com $F_2$ e $F_4$, conforme o nível de risco aumenta.

Figura 6.10 – Alocações com restrição de alocação máxima em 75%

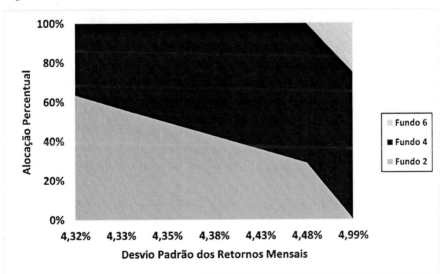

Fonte: o autor

Figura 6.11 – Alocações com restrição de alocação máxima em 50%

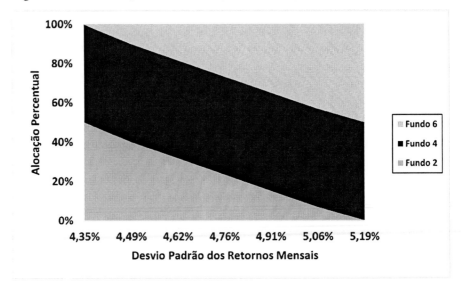

Fonte: o autor

### 6.3.5 Fronteira Eficiente com o Ativo Livre de Risco

Igualmente interessante é observar como a inclusão do ativo livre de risco na lista de possíveis investimentos altera o formato da fronteira eficiente exibida na Figura 6.7 e as alocações dadas na Figura 6.8.

Consideramos o problema em que continuamos com os seis fundos disponíveis para investimento, mas agora há um sétimo ativo presente, o qual denominaremos de ativo livre de risco[23]. Nesta seção, usaremos para representar o ativo livre de risco o investimento em um certificado de depósito de um mês indexado à LIBOR US$[24]. A Tabela 6.6 resume os dados usados nesta subseção.

---

[23] Entendido como um ativo que possui baixíssimo níveis de riscos de crédito (inadimplência) e de mercado (taxas de juros).
[24] A London Interbank Offered Rate (LIBOR) pode ser entendida como a taxa de juros negociada entre os grandes bancos operando no mercado financeiro londrino. Essas taxas são negociadas para diferentes moedas, incluídas o US$, £, € e ¥. A LIBOR é usada para negociações que incluem também derivativos. Ela pode ser aceita como uma taxa livre de risco dada a qualidade creditícia dos envolvidos e seu curto prazo.

## Tabela 6.6 – Retorno médio e desvio padrão de sete ativos

|  | Fundo 1 ($F_1$) | Fundo 2 ($F_2$) | Fundo 3 ($F_3$) | Fundo 4 ($F_4$) | Fundo 5 ($F_5$) | Fundo 6 ($F_6$) | Cert. de Dep. (LIBOR US$) |
|---|---|---|---|---|---|---|---|
| Nov./10 | -1,66% | 3,95% | 0,94% | -1,07% | -2,03% | 0,03% | 0,02% |
| Dez./10 | 3,17% | 2,83% | 4,80% | 4,99% | 5,09% | 4,17% | 0,02% |
| Jan./11 | -4,05% | -1,73% | -2,23% | -6,30% | -6,50% | -4,16% | 0,02% |
| Fev./11 | 1,26% | 1,91% | 1,67% | 0,77% | 0,18% | 1,16% | 0,02% |
| Mar./11 | 5,07% | 4,63% | 2,82% | 4,81% | 4,44% | 4,36% | 0,02% |
| Abr./11 | 2,08% | 1,61% | 4,93% | 4,41% | 4,69% | 3,54% | 0,02% |
| Maio/11 | 0,56% | -1,34% | -4,37% | 0,72% | 0,01% | -0,88% | 0,02% |
| Jun./11 | -1,79% | -0,87% | -0,14% | 1,80% | -0,92% | -0,39% | 0,02% |
| Jul./11 | 0,57% | -4,08% | -2,19% | -2,86% | -6,51% | -3,02% | 0,02% |
| Ago./11 | -4,27% | -4,72% | -6,03% | -2,39% | -5,91% | -4,66% | 0,02% |
| Set./11 | -16,05% | -1,33% | -15,30% | -12,38% | -20,95% | -13,20% | 0,02% |
| Out./11 | 18,04% | 11,42% | 14,63% | 7,44% | 16,44% | 13,59% | 0,02% |
| Nov./11 | -5,52% | -7,09% | -10,89% | -2,40% | -8,11% | -6,80% | 0,02% |
| Dez./11 | -0,89% | 0,56% | -3,65% | 0,10% | -1,51% | -1,08% | 0,02% |
| Jan./12 | 9,46% | 7,71% | 11,94% | 12,28% | 10,53% | 10,39% | 0,02% |
| Fev./12 | 7,98% | 5,80% | 11,72% | 7,09% | 6,44% | 7,81% | 0,02% |
| Mar./12 | -5,43% | -3,96% | -4,48% | -2,65% | -5,42% | -4,39% | 0,02% |
| Abr./12 | -2,37% | -2,96% | -5,14% | -2,32% | -2,51% | -3,06% | 0,02% |
| Maio/12 | -9,38% | -9,12% | -11,98% | -7,45% | -14,42% | -10,47% | 0,02% |
| Jun./12 | 3,25% | 0,23% | -0,41% | 2,15% | 2,32% | 1,51% | 0,02% |
| Jul./12 | 1,55% | -2,48% | -0,78% | 2,63% | 8,70% | 1,93% | 0,02% |
| Ago./12 | 2,57% | 5,39% | 6,48% | 0,69% | 7,42% | 4,51% | 0,02% |
| Set./12 | 0,35% | 0,93% | 2,84% | 1,74% | 0,19% | 1,21% | 0,02% |
| Out./12 | 1,02% | -0,46% | 4,11% | 2,21% | 3,60% | 2,10% | 0,02% |
| Nov./12 | -1,46% | -3,06% | -1,80% | -0,34% | -1,19% | -1,57% | 0,02% |
| Dez./12 | 6,75% | 6,38% | 7,70% | 6,14% | 9,82% | 7,36% | 0,02% |
| Jan./13 | 3,91% | 2,56% | 3,49% | 2,72% | 4,42% | 3,42% | 0,02% |
| Fev./13 | 0,13% | 1,68% | 2,97% | -0,04% | 3,28% | 1,60% | 0,02% |
| **Retorno Médio** | 0,53% | 0,51% | 0,42% | 0,80% | 0,41% | 0,54% | 0,02% |
| **Desvio Padrão** | 6,12% | 4,50% | 6,87% | 4,84% | 7,65% | 5,69% | 0,00% |

Fonte: o autor

Assumimos que os sete ativos têm retornos que seguem conjuntamente uma distribuição Normal Multivariada dada por (após a estimação de seus parâmetros[25])

$$\begin{pmatrix} R_1 \\ R_2 \\ \vdots \\ R_7 \end{pmatrix} \sim N \left( \begin{pmatrix} 0,53\% \\ 0,51\% \\ \vdots \\ 0,02\% \end{pmatrix}, \begin{pmatrix} 6,12\%^2 & 0,80 \times 6,12\% \times 4,50\% & \cdots & 0,00 \times 6,12\% \times 0,00\% \\ 0,80 \times 6,12\% \times 4,50\% & 4,50\%^2 & \cdots & 0,00 \times 4,50\% \times 0,00\% \\ \vdots & \vdots & \ddots & \vdots \\ 0,00 \times 6,12\% \times 0,00\% & 0,00 \times 4,50\% \times 0,00\% & \cdots & 0,00\%^2 \end{pmatrix} \right)$$

o que nos leva à distribuição $R_\pi = X_1 \times R_1 + \ldots + X_7 \times R_7 \sim N\left(\mu_\pi, \sigma_\pi^2\right)$ de uma carteira com alocações $X_1, X_2, \ldots, X_7$, cujas estimativas para seus parâmetros são dadas por

$$\hat{\mu}_\pi = 0,53\% \times X_1 + 0,51\% \times X_2 + \ldots + 0,02\% \times X_7 \quad (6.15)$$

e para o desvio padrão dos retornos mensais

$$\hat{\sigma}_\pi = \sqrt{6,12\%^2 \times X_1^2 + 2 \times 0,80 \times X_1 \times X_2 \times 6,12\% \times 4,50\% + \ldots + 0,00\%^2 \times X_7^2} \quad (6.16)$$

A aproximação para a fronteira eficiente pode agora ser obtida seguindo os mesmos passos usados para a obtenção da Figura 6.7. A Figura 6.12 compara diretamente as duas fronteiras quando não há restrição para alocação em nenhum dos sete ativos[26], com e sem o ativo livre de risco. Já a Figura 6.13 apresenta as alocações ao longo da fronteira com o ativo livre de risco, devendo ser comparada à Figura 6.8. Percebemos que:

a. Com a inclusão do ativo livre de risco, a carteira de mínimo risco é agora composta integralmente por esse último ativo, com risco (medido pelo desvio padrão dos retornos mensais) igual a zero.

b. Há a sobreposição apenas da carteira de máximo retorno para as duas aproximações, em que, em ambos os casos, a alocação dessa carteira é idêntica: totalmente investida em $F_4$.

c. A aproximação da fronteira eficiente com o ativo livre de risco é agora um segmento de reta conectando a carteira de mínimo risco à carteira de máximo retorno[27].

---

[25] Deixamos como exercício para o leitor verificar que as correlações do ativo livre de risco com cada um dos seis fundos são iguais a zero.

[26] Ou seja, $X_1, X_2, \ldots, X_7 \geq 0$, sendo possível alocar até o montante total (100%) em qualquer dos sete ativos.

[27] Adiantamos que, a prova rigorosa da existência dessa relação linear entre o retorno esperado e o risco esperado da fronteira eficiente quando o ativo livre de risco se encontra disponível para investimento será apresentada no Capítulo 9.

d. Somente ocorrem investimentos em $F_4$ e no ativo livre de risco ao longo da fronteira eficiente, com o primeiro predominando para carteiras com riscos esperados mais elevados, e o último predominando no caso de carteiras com riscos esperado reduzidos.

Figura 6.12 – Duas aproximações com sete pontos para a fronteira eficiente

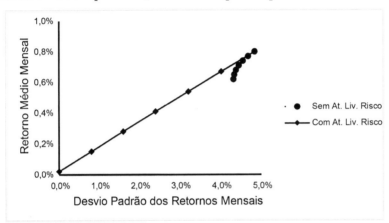

Fonte: o autor

Figura 6.13 – Alocações ao longo da fronteira eficiente com o ativo livre de risco

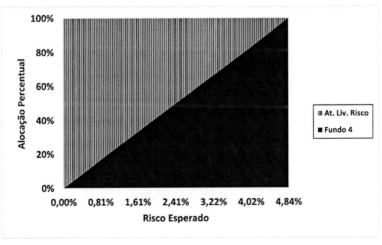

Fonte: o autor

Um último exercício interessante é observar como a introdução de restrições impacta o formato da fronteira eficiente quando o ativo livre de risco se encontra disponível para investimento. Para esse fim, consideramos repetir o exercício feito para a obtenção da Figura 6.9.

A Figura 6.14 apresenta cinco aproximações para a fronteira eficiente: as duas já exibidas na Figura 6.12 e outras três obtidas com a imposição de restrições de 75%, 50% e 25% à alocação em qualquer dos sete ativos[28]. Por sua vez, as alocações obtidas estão exibidas nas Figuras 6.15, 6.16 e 6.17 para as três aproximações com as restrições de 75%, 50% e 25%, respectivamente.

Figura 6.14 – Cinco aproximações para a fronteira eficiente

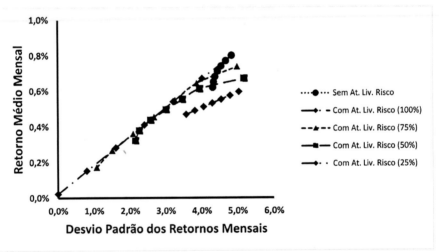

Fonte: o autor

---

[28] Por exemplo, no caso da restrição de 75% para a alocação máxima nas sete possibilidades de investimento, a equação (6.9) é modificada para Minimizar $6,12\%^2 \times X_1^2 + 2 \times 0,80 \times X_1 \times X_2 \times 6,12\% \times 4,50\% + ... + 0,00\%^2 \times X_7^2$
Sujeito a: $X_1 + X_2 + ... + X_7 = 100\%$
$0 \leq X_1, X_2, ..., X_7 \leq 75\%$

enquanto a equação (6.11) é modificada para Maximizar $0,53\% \times X_1 + 0,51\% \times X_2 + ... + 0,02\% \times X_7$ e assim
Sujeito a: $X_1 + X_2 + ... + X_7 = 100\%$
$0 \leq X_1, X_2, ..., X_7 \leq 75\%$

por diante.

Figura 6.15 – Alocações com o ativo livre de risco e as alocações máximas em 75%

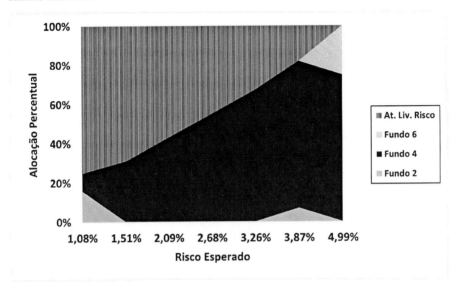

Fonte: o autor

Figura 6.16 – Alocações com o ativo livre de risco e as alocações máximas em 50%

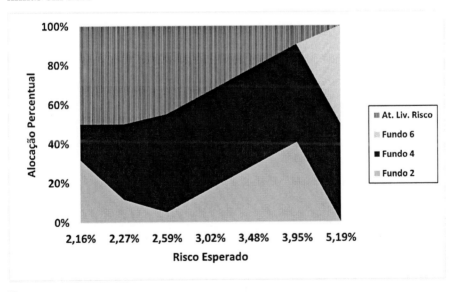

Fonte: o autor

Figura 6.17 – Alocações com o ativo livre de risco e as alocações máximas em 25%

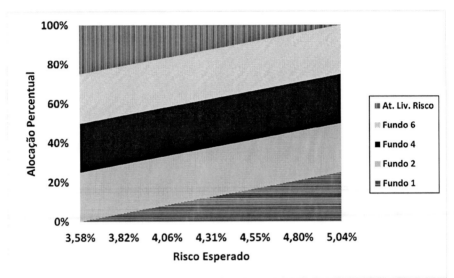

Fonte: o autor

### 6.4 Extensões e Questões Computacionais

A modelagem apresentada até aqui para o MMV é a mesma proposta em Markowitz (1952). É possível estender essa modelagem para flexibilizar o processo de investimento. Eis algumas leituras interessantes para aqueles interessados nessas extensões:

a. A modelagem do MMV pode incorporar posições vendidas, negociação por lotes, impostos, custos de transação e a possibilidade de alavancagem, como discutido em Kolm, Tutuncu, Fabozzi (2014); Mansini e Speranza (2005); Mansini, Ogryczak e Speranza (2014); e Pogue (1970), entre outros.

b. Um segundo ponto usualmente criticado na modelagem MMV é o fato que supor que todas as distribuições de retornos são simétricas[29]. O caso típico em que não é possível admitir a simetria das distribuições dos retornos dos ativos disponíveis para investimento é quando são consideradas opções ou ativos com opções embutidas. Em outros termos, nessas circunstâncias, a hipótese de que os

---

[29] Lembrando, a distribuição Normal (univariada ou multivariada) é simétrica (KRISHNAMOORTHY, 2006).

retornos de todos os ativos disponíveis para investimento seguem uma distribuição simétrica, como a Normal Multivariada, não pode ser sustentada. Várias alterações podem ser adotadas nessa situação. As possibilidades de correção dessa limitação do MMV incluem a utilização do Modelo Média-Semivariância (MMSV), Modelo Média-Downside Risk (MMDR) e Modelo Média-*Value-at-Risk* (MMVaR), como argumentado e ilustrado numericamente em Duarte Jr. (1994); Fishburn (1977); Harlow (1993); Kallberg e Ziemba (1983); Lewis (1990); Markowitz *et al.* (1993); Marmer e Ng (1993); Michaud (1989); Sortino e Meer (1991); Zenios (1993), entre muitos outros, para o mercados financeiros europeu e norte-americano, assim como Duarte Jr. (1997a, 2005); Duarte Jr. e Maia (1997); Duarte Jr. e Alcântara (1999), para o caso específico do mercado financeiro brasileiro.

c. Outro ponto que merece atenção quanto ao uso do MMV é a sua sensibilidade a dados atípicos utilizados para a estimação dos parâmetros como em (6.6) e (6.7). Como ilustrado numericamente em Reyna *et al.* (1999) para os mercados acionários latino-americanos, o MMV tende a ter suas alocações, assim como medidas de retorno e risco, significativamente impactadas quando observações atípicas são utilizadas na estimação dos parâmetros da distribuição conjunta dos retornos. Como consequência, há elevada sensibilidade do MMV a alterações nas estimativas para o retorno e o risco das carteiras eficientes. Como também ilustrado em Duarte Jr. (1997a); Duarte Jr. e Mendes (1998a, 1998b); Duarte Jr. e Silva (2015); Ferreira, Duarte Jr. e Mendes (2000); Mendes e Duarte Jr. (1998), esse é um problema típico de mercados emergentes, como o brasileiro. Reyna *et al.* (2005) propõe o uso de técnicas de estatística robusta (HUBER; RONCHETTI, 2009) como solução. Outras possibilidades já foram propostas, por exemplo, o uso do Modelo Média-Desvio Absoluto (MMDA), como ilustrado em Konno e Yamazaki (1991) e Liu (2011), embora façamos o alerta de que esse último modelo ainda pode ser afetado por observações atípicas.

d. Um quarto ponto de possível correção é adotar os chamados modelos baseados em cenários[30], os quais provêm informação muito mais

---

[30] Ou seja, *scenario-based models*.

detalhada para a análise das alocações ótimas, conforme abordado em Carino *et al.* (1994); Crum, Klingman e Tavis (1979); Duarte Jr. (1997b); Duarte Jr. e Rajagopal (1999); Koskosidis e Duarte Jr. (1997); Mulvey e Vladimirou (1990, 1992); Zenios (1993), entre outros. Vale mencionar que, sob certas circunstâncias, os modelos baseados em cenários capturam os mesmos resultados obtidos diretamente do MMV, como verificado em Duarte Jr. (1999).

e.  Outro ponto que merece atenção é a incorporação de expectativas do investidor aos dados históricos quando da obtenção das carteiras eficientes[31]. A referência clássica nesse assunto para o MMV é Black e Litterman (1991). Por sua vez, Koskosidis e Duarte Jr. (1997) estendem os resultados para modelos baseados em cenários, sendo possível verificar rigorosamente que capturam a proposta de Black e Litterman (1991) como um caso particular.

f.  Por fim, para aqueles interessados na implementação computacional dos resultados numéricos apresentados neste capítulo, é possível considerar vários artigos ilustrativos. Por exemplo, Markowitz *et al.* (1992) descreve como tornar mais eficiente a implementação computacional do MMV para a obtenção de uma aproximação para a fronteira eficiente. Por sua vez, Markowitz *et al.* (1993) adapta a metodologia proposta em Markowitz *et al.* (1992) para utilização na obtenção de carteiras eficientes no caso do MMSV. Duarte Jr. (1999) consolida os resultados de Markowitz *et al.* (1992, 1993) em uma única modelagem, a qual incorpora também o MMDR e o MMDA, e compara a velocidade de resolução numérica proposta para as quatro modelagens (MMV, MMSV, MMDR e MMDA), obtendo, ao final, argumentos para mostrar que o MMV não necessariamente resulta em um problema mais fácil sob a ótica computacional quando comparado às outras três metodologias.

---

[31] Vale lembrar que, como descrito no Capítulo 5, o processo de construção da fronteira eficiente pressupõe a incorporação das expectativas dos investidores sobre o desempenho futuro de todos os ativos (isoladamente e conjuntamente).

# 7

# *HEDGE* DE MÍNIMA VARIÂNCIA

*O segredo do sucesso é saber algo que ninguém mais sabe.*

*(Aristóteles)*

Um dos principais problemas que gestores de carteiras de investimentos enfrentam é o de controlar o nível de exposição a riscos de mercado (taxas de juros e de câmbio, e preços de ações e *commodities*) de suas posições. Esse problema pode ser solucionado com a compra ou venda de ativos, de forma a readequar os níveis de risco aos valores considerados aceitáveis pelo gestor.

Uma classe de ativos bastante utilizada para a finalidade de controlar as exposições a riscos de mercado de carteiras de investimento é a dos derivativos (JARROW; TURNBULL, 1999). Segundo o *Bank for International Settlements*, em 2018, o tamanho do mercado mundial de derivativos se encontrava acima de US$850 trilhões – embora outras fontes colocassem, naquele mesmo ano, o tamanho daquele mercado já acima de US$ 1 quatrilhão. Lembremos que o principal uso dos derivativos é exatamente para gerir os riscos de mercado de carteiras de investimento (HULL, 1995).

Um caso particular do problema de gerir riscos de mercado em carteiras de investimento é o denominado *Hedge* Ótimo (HO). Uma das estratégias mais populares para o HO na prática dos mercados financeiros internacionais é aquela que busca a minimização da variância dos retornos de uma carteira, conhecida na literatura de finanças como *Hedge* de Mínima Variância (HMV).

Como o HMV foi concebido a partir do Modelo Média-Variância, a sua apresentação neste capítulo seguirá a modelagem e notação adotadas no capítulo anterior.

## 7.1 *Hedge* de Mínima Variância com um Contrato Derivativo

Consideremos a situação na qual um contrato derivativo esteja disponível para a efetivação do HMV. Denotemos por $R_C$ e $R_{D_1}$ as distribuições dos retornos de uma carteira de investimentos e do derivativo $D_1$, respectivamente, tal que seja válido que

$$\begin{pmatrix} R_C \\ R_{D_1} \end{pmatrix} \sim N\left( \begin{pmatrix} \mu_C \\ \mu_{D_1} \end{pmatrix}, \begin{pmatrix} \sigma_C^2 & \rho_{C,D_1} \times \sigma_C \times \sigma_{D_1} \\ \rho_{C,D_1} \times \sigma_C \times \sigma_{D_1} & \sigma_{D_1}^2 \end{pmatrix} \right).$$

Assumindo que a quantidade que deve ser comprada/vendida do derivativo $D_1$ para a efetivação do HMV é denotada por $n_{D_1}$, a carteira final terá distribuição de retornos dada por

$$R_\pi = R_C + n_{D_1} \times R_{D_1} \qquad (7.1)$$

para a qual vale que $R_\pi \sim N\left( \mu_\pi, \sigma_\pi^2 \right)$, com

$$\mu_\pi = \mu_C + n_{D_1} \times \mu_{D_1} \qquad (7.2)$$

e

$$\sigma_\pi^2 = \sigma_C^2 + n_{D_1}^2 \times \sigma_{D_1}^2 + 2 \times \rho_{C,D_1} \times \sigma_C \times n_{D_1} \times \sigma_{D_1} \qquad (7.3)$$

Como um primeiro exemplo ilustrativo, consideremos a existência de uma carteira de investimentos com montante de R$10.000.000,00, cuja volatilidade anual está em 30%, que resulta em $\sigma_C = R\$3.000.000,00$. Assumimos a existência de um contrato derivativo $D_1$ com valor nocional de R$50.000,00, cuja volatilidade anual foi calculada em 20%, resultando em $\sigma_{D_1} = R\$10.000,00$. Por fim, assumimos que a correlação entre os retornos da carteira e do derivativo $D_1$ é tal que $\rho_{C,D_1} = 0,75$. A Figura 7.1 resume a relação entre $\sigma_\pi$ e alguns valores de $n_{D_1}$ quando $-600 \leq n_{D_1} \leq +200$.

Figura 7.1 – Desvio padrão versus número de contratos derivativos

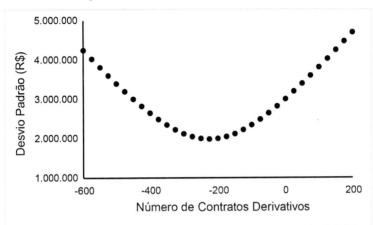

Fonte: o autor

Da Figura 7.1 observamos que $\sigma_\pi$ parece atingir um único valor mínimo. A Figura 7.2 apresenta detalhes da Figura 7.1 quando $-230 \leq n_{D_1} \leq -220$, o que nos permite notar que o único mínimo é atingido quando $n_{D_1} = -225$, ou seja, quando duzentos e vinte e cinco contratos derivativos são vendidos.

Figura 7.2 – Mínimo para o desvio padrão da carteira com contratos derivativos

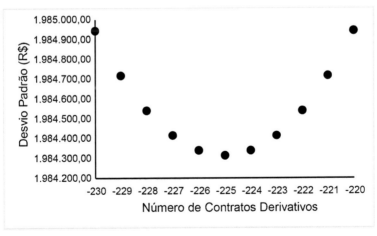

Fonte: o autor

A notação geral do problema de HMV com um derivativo pode ser escrita como

$$\text{Minimizar} \quad \sigma_C^2 + n_{D_1}^2 \times \sigma_{D_1}^2 + 2 \times \rho_{C,D_1} \times \sigma_C \times n_{D_1} \times \sigma_{D_1} \quad (7.4)$$

$$\text{Sujeito a:} \quad n_{D_1} \in \{\ldots, -2, -1, 0, 1, 2, \ldots\}$$

ou seja, um problema de programação quadrática inteira (TAHA, 2010).

É possível verificar que o problema de otimização (7.4) sempre admite um mínimo que será igual a $\left\lfloor -\dfrac{\rho_{C,D_1} \times \sigma_C}{\sigma_{D_1}} \right\rfloor$ ou $\left\lceil -\dfrac{\rho_{C,D_1} \times \sigma_C}{\sigma_{D_1}} \right\rceil$[1]. Como ilustração numérica, consideremos os valores usados para a construção da Figura 7.2, para os quais temos $\left\lfloor -\dfrac{0,75 \times 3.000.000}{10.000} \right\rfloor = \left\lceil -\dfrac{0,75 \times 3.000.000}{10.000} \right\rceil = -225$ ou seja, o mínimo é atingido com a venda de duzentos e vinte e cinco contratos derivativos, em linha com o exibido na Figura 7.2, resultando no valor $\sigma_\pi \approx R\$1.984.313,48$ [2].

Uma medida interessante do desempenho de um HMV pode ser calculada como

$$\text{Eficiência do HMV} = \frac{\sigma_C - \sigma_\pi}{\sigma_C} \quad (7.5)$$

a qual no caso do exemplo numérico resulta ser igual a

$$\text{Eficiência do HMV} = \frac{R\$3.000.000,00 - R\$1,984.313,48}{R\$3.000.000,00} \approx 34\% \quad (7.6)$$

A interpretação financeira desse valor é a seguinte: o HMV obtido com a venda de duzentos e vinte e cinco contratos derivativos reduz o desvio padrão inicial da carteira original em aproximadamente 34%, ou seja, de R\$3.000.000,00 para R\$1.984.313,48. Naturalmente, quanto maior

---

[1] Lembrando, dado um número real qualquer $x$, a quantidades $\lfloor x \rfloor$ denota o inteiro imediatamente menor que $x$, enquanto $\lceil x \rceil$ denota o inteiro imediatamente maior que $x$. Por exemplo, se $x = -4, 6$, então $\lfloor -4, 6 \rfloor = -5$, enquanto $\lceil -4, 6 \rceil = -4$.

[2] Substituindo valores encontramos que

$\sigma_\pi = \sqrt{3.000.000^2 + (-225)^2 \times 10.000^2 + 2 \times 0,75 \times 3.000.000 \times (-225) \times 10.000} \approx 1.984.313,48$.

a redução propiciada pela operação de compra/venda de derivativos, maior deve ser considerada a eficiência do HMV.

Como o leitor deve imaginar, não há motivo para a utilização de apenas um contrato derivativo para a obtenção do HMV. Por exemplo, é possível utilizar simultaneamente dois contratos derivativos para obter o HMV, o que requer estender o problema de otimização descrito em (7.4).

## 7.2 *Hedge* de Mínima Variância com Dois Contratos Futuros

Consideremos agora a situação na qual dois contratos derivativos estejam disponíveis para a efetivação do HMV. Denotemos por $R_C, R_{D_1}$ e $R_{D_2}$ as distribuições dos retornos da carteira de investimentos e dos derivativos $D_1$ e $D_2$, respectivamente, tal que

$$\begin{pmatrix} R_C \\ R_{D_1} \\ R_{D_2} \end{pmatrix} \sim N\left( \begin{pmatrix} \mu_C \\ \mu_{D_1} \\ \mu_{D_2} \end{pmatrix}, \begin{pmatrix} \sigma_C^2 & \rho_{C,D_1} \times \sigma_C \times \sigma_{D_1} & \rho_{C,D_2} \times \sigma_C \times \sigma_{D_2} \\ \rho_{C,D_1} \times \sigma_C \times \sigma_{D_1} & \sigma_{D_1}^2 & \rho_{D_1,D_2} \times \sigma_{D_1} \times \sigma_{D_2} \\ \rho_{C,D_2} \times \sigma_C \times \sigma_{D_2} & \rho_{D_1,D_2} \times \sigma_{D_1} \times \sigma_{D_2} & \sigma_{D_2}^2 \end{pmatrix} \right).$$

Sejam $n_{D_1}$ e $n_{D_2}$ as quantidades que devem ser compradas/vendidas dos derivativos $D_1$ e $D_2$. A carteira final terá distribuição de retornos dada por $R_\pi \sim N(\mu_\pi, \sigma_\pi^2)$, que satisfaz

$$R_\pi = R_C + n_{D_1} \times R_{D_1} + n_{D_2} \times R_{D_2} \tag{7.7}$$

para a qual vale que

$$\mu_\pi = \mu_C + n_{D_1} \times \mu_{D_1} + n_{D_2} \times \mu_{D_2} \tag{7.8}$$

e

$$\sigma_\pi^2 = \sigma_C^2 + n_{D_1}^2 \times \sigma_{D_1}^2 + n_{D_2}^2 \times \sigma_{D_2}^2 + 2 \times \rho_{C,D_1} \times \sigma_C \times n_{D_1} \times \sigma_{D_1} + \tag{7.9}$$
$$+ 2 \times \rho_{C,D_2} \times \sigma_C \times n_{D_2} \times \sigma_{D_2} + 2 \times \rho_{D_1,D_2} \times n_{D_1} \times \sigma_{D_1} \times n_{D_2} \times \sigma_{D_2}$$

O problema de otimização para a determinação das quantidades ótimas a serem compradas/vendidas de $D_1$ e $D_2$ pode ser escrito como

Minimizar
$$\sigma_C^2 + n_{D_1}^2 \times \sigma_{D_1}^2 + n_{D_2}^2 \times \sigma_{D_2}^2 + 2 \times \rho_{C,D_1} \times \sigma_C \times n_{D_1} \times \sigma_{D_1} + \quad (7.10)$$
$$+ 2 \times \rho_{C,D_2} \times \sigma_C \times n_{D_2} \times \sigma_{D_2} + 2 \times \rho_{D_1,D_2} \times n_{D_1} \times \sigma_{D_1} \times n_{D_2} \times \sigma_{D_2}$$

Sujeito a:
$$n_{D_1}, n_{D_2} \in \{\ldots, -2, -1, 0, 1, 2, \ldots\}$$

sendo esse um problema de programação quadrática inteira (TAHA, 2010), como o apresentado em (7.4).

Como um exemplo ilustrativo, consideremos a existência de uma carteira de investimentos com montante de R$10.000.000,00, cuja volatilidade anual é igual a 30%, resultando que $\sigma_C = R\$3.000.000,00$. Assumimos a existência de dois contratos derivativos, $D_1$ e $D_2$, cujos valores nocionais são R$50.000,00 e R$52.500,00, com volatilidades anuais em 20% e 25%, resultando que $\sigma_{D_1} = R\$10.000,00$ e $\sigma_{D_2} = R\$13.125,00$. Assumimos que as correlações entre pares de retornos valem $\rho_{C,D_1} = 0,75, \rho_{C,D_2} = 0,70$ e $\rho_{D_1,D_2} = 0,85$.

A Figura 7.3 resume a relação entre $\sigma_\pi$ e os valores $n_{D_1}$ e $n_{D_2}$ quando $-900 \le n_{D_1} \le +900$ e $-900 \le n_{D_2} \le +900$.

Figura 7.3 – Volatilidade para diferentes quantidades de contratos futuros

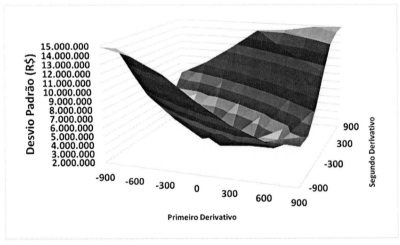

Fonte: o autor

A resolução do problema de minimização quadrática inteira (7.10)[3] resulta nas soluções ótimas $n_{D_1}^* = -168$ e $n_{D_2}^* = -51$, ou seja, a posição vendida de cento e sessenta e oito contratos derivativos em $D_1$, e cinquenta e um contratos derivativos em $D_2$, em linha com a Figura 7.4. A Figura 7.4 aproxima a região da Figura 7.3 para $-171 \leq n_{D_1} \leq -165$ e $-54 \leq n_{D_2} \leq -48$. Podemos constatar agora visualmente que o mínimo ocorre quando $n_{D_1} = -168$ e $n_{D_2} = -51$.

Figura 7.4 – Desvio padrão ao redor do valor ótimo

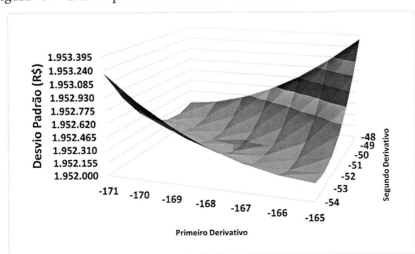

Fonte: o autor

A volatilidade final da carteira, após o HMV, cai de $\sigma_C = R\$3.000.000,00$ para

$\sigma_\pi = R\$1.952.132,91 \sigma_\pi^2 = 3.000.000^2 + (-168)^2 \times 10.000^2 + (-51)^2 \times 13.125^2 + 2 \times 0,75 \times$

$3.000.000 \times (-168) \times 10.000 + 2 \times 0,70 \times 3.000.000 \times (-51) \times 13.125 + 2 \times 0,85 \times (-168)$

$\times 10.000 \times (-51) \times 13.125 \approx 1.952.132,91^2$, resultando no nível de eficiência de

---

[3] Ou seja, o problema

Minimizar $\quad 9.000.000.000.000 + 100.000.000 \times n_{D_1}^2 + 172.265.625 \times n_{D_2}^2 +$
$\quad + 45.000.000.000 \times n_{D_1} + 55.125.000.000 \times n_{D_2} + 223.125.000 \times n_{D_1} \times n_{D_2}$

Sujeito a: $\quad n_{D_1}, n_{D_2} \in \{\ldots, -2, -1, 0, 1, 2, \ldots\}$

$$\text{Eficiência do HMV} = \frac{\sigma_C - \sigma_\pi}{\sigma_C} = \frac{R\$3.000.000,00 - R\$1.952.132,91}{R\$3.000.000,00} \approx 35\% \quad (7.11)$$

Vale agora comparar os valores em (7.6) e (7.11) para constatar que a introdução de um segundo contrato derivativo, nesse caso, melhora a eficiência do HMV apenas marginalmente.

## 7.3 Dois Exemplos com Dados Reais

### 7.3.1 Carteira com Um Ativo

Consideremos um gestor de carteiras atuante no mercado acionário brasileiro que apresentava em sua carteira, no dia 31 de agosto de 2017, uma posição com 250.000 ações preferencias de Banco Bradesco S/A (BBDC4), o que correspondia ao montante de R$8.395.000,00, segundo dados na Tabela 7.1[4]. Os cenários históricos para essa posição em BBDC4 estão apresentados na mesma tabela[5]. Para o conjunto completo de cenários históricos de BBDC4, é possível calcular o desvio padrão, resultando em R$84.620,95, assim como estimar o *Value-at-Risk* para o nível de significância de 1%, o qual se encontrava em −R$158.014,49[6].

No mesmo dia, 31 de agosto de 2017, o Contrato Futuro de Ibovespa com vencimento mais próximo (outubro de 2017), cujo código era INDV17, apresentava valor de ajuste, após fechamento do pregão, em R$71.458,00. A Tabela 7.1 apresenta os valores de ajuste do contrato INDV17, assim como os cenários históricos para um único contrato durante todo o mês de

---

[4] O preço de fechamento de BBDC4 em 31 de agosto de 2017 foi R$33,58, em que obtemos $R\$33,58 \times 250.000 = R\$8.395.000,00$.

[5] Por exemplo, $R\$120.261,35 \approx R\$8.395.000,00 \times \ln\left(\frac{30,56}{30,19}\right)$,

$R\$109.169,29 \approx R\$8.395.000,00 \times \ln\left(\frac{30,96}{30,56}\right)$ e assim por diante. Caso o leitor não se recorde como efetuar estes cálculos, sugerimos a releitura da seção 3.4.

[6] Mais uma vez, para o leitor que não se recorda como efetuar esses cálculos, sugerimos a releitura do Capítulo 3.

agosto de 2017[7]. Também é possível calcular o desvio padrão dos cenários históricos de INDV17, resultando em R$525,16.

Tabela 7.1 – Cenários históricos para carteira com BBDC4 e INDV17

| Dia | BBDC4 | INDV17 | Cen. Hist. (BBDC4) | Cen. Hist. (INDV17) |
|---|---|---|---|---|
| 31/07/2017 | 30,19 | 66.210 | - | - |
| 01/08/2017 | 30,56 | 66.758 | 102.261,35 | 589,00 |
| 02/08/2017 | 30,96 | 67.387 | 109.169,29 | 670,13 |
| 03/08/2017 | 30,95 | 66.945 | -2.712,00 | -470,25 |
| 04/08/2017 | 30,98 | 67.085 | 8.133,38 | 149,28 |
| 07/08/2017 | 31,34 | 68.119 | 96.990,81 | 1093,00 |
| 08/08/2017 | 31,67 | 68.015 | 87.934,47 | -109,18 |
| 09/08/2017 | 31,69 | 67.791 | 5.299,87 | -235,73 |
| 10/08/2017 | 31,39 | 67.041 | -79.851,58 | -794,98 |
| 11/08/2017 | 31,67 | 67.406 | 74.551,71 | 387,99 |
| 14/08/2017 | 32,30 | 68.285 | 165.359,42 | 925,82 |
| 15/08/2017 | 32,38 | 68.414 | 20.766,86 | 134,87 |
| 16/08/2017 | 32,38 | 68.794 | 0,00 | 395,81 |
| 17/08/2017 | 32,11 | 68.860 | -70.295,03 | 68,52 |
| 18/08/2017 | 32,77 | 69.568 | 170.804,29 | 730,96 |
| 21/08/2017 | 32,76 | 69.479 | -2.562,19 | -91,48 |
| 22/08/2017 | 33,50 | 70.878 | 187.520,62 | 1424,55 |
| 23/08/2017 | 33,80 | 71.301 | 74.844,48 | 425,19 |
| 24/08/2017 | 33,91 | 71.953 | 27.276,64 | 650,47 |
| 25/08/2017 | 33,94 | 71.829 | 7.423,73 | -123,25 |
| 28/08/2017 | 33,42 | 71.875 | -129.616,59 | 45,75 |
| 29/08/2017 | 33,99 | 72.084 | 141.974,90 | 207,49 |
| 30/08/2017 | 33,65 | 71.565 | -84.397,52 | -516,35 |
| 31/08/2017 | 33,58 | 71.458 | -17.481,79 | -106,92 |

Fonte: o autor

---

[7] Por exemplo, $R\$589,00 \approx R\$71.458,00 \times ln\left(66.758/66.210\right)$, $R\$670,13 \approx R\$71.458,00 \times ln\left(67.387/66.758\right)$ e assim por diante.

A Figura 7.5 resume graficamente a relação entre os cenários históricos de BBDC4 e INDV17. A mera inspeção visual da disposição dos pontos já deveria nos levar a esperar a obtenção de estimativa positiva e estatisticamente significante para a correlação entre os referidos cenários históricos. De fato, a correlação estimada, tomando como base os pontos exibidos na Figura 7.5, ou seja, os valores das duas últimas colunas da Tabela 7.1, resulta ser aproximadamente 0,76.

Figura 7.5 – Cenário históricos de BBDC4 e INDV17

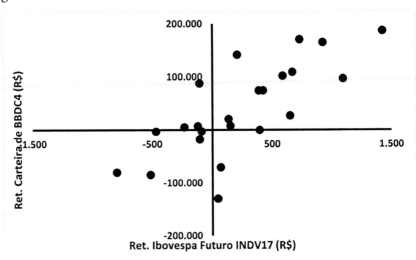

Fonte: o autor

A modelagem matemática do problema de HMV pode ser escrita assumindo que a distribuição conjunta de retornos diários de uma carteira com 250.000 ações de BBDC4, $R_{BBDC4}$, e de um único contrato futuro INDV17, $R_{INDV17}$, segue uma distribuição Normal Bivariada dada por[8]

$$\begin{pmatrix} R_{BBDC4} \\ R_{INDV17} \end{pmatrix} \sim N\left( \begin{pmatrix} 38.843,27 \\ 236,99 \end{pmatrix}, \begin{pmatrix} 84.620,95^2 & 0,76 \times 84.620,95 \times 525,16 \\ 0,76 \times 84.620,95 \times 525,16 & 525,16^2 \end{pmatrix} \right) \quad (7.12)$$

---

[8] As estimativas de máxima verossimilhança sob hipótese de normalidade para os cinco parâmetros da distribuição conjunta são $\hat{\mu}_{BBDC4} = 38.843,27$, $\hat{\mu}_{INDV17} = 236,99$, $\hat{\sigma}_{BBDC4} = 84.620,95$, $\hat{\sigma}_{INDV17} = 525,16$ e $\hat{\rho}_{BBDC4,INDV17} = 0,76$.

Assumindo que $n_{INDV17}$ denota o número de contratos futuros de INDV17 que devem ser comprados/vendidos[9], a distribuição de probabilidade da carteira completa (250.00 ações de BBDC4 e $n_{INDV17}$ contratos futuros INDV17), denotada $R_\pi$, será tal que

$$R_\pi = R_{BBDC4} + n_{INDV17} \times R_{INDV17} \qquad (7.13)$$

com $R_\pi \sim N\left(\mu_\pi, \sigma_\pi^2\right)$, com estimativas

$$\mu_\pi = 38.843,27 + n_{INDV17} \times 236,99 \qquad (7.14)$$

e

$$\sigma_\pi^2 = 84.620,95^2 + 2 \times 0,76 \times 84.620,95 \times n_{INDV17} \times 525,16 + n_{INDV17}^2 \times 525,16^2 \qquad (7.15)$$

A relação gráfica entre $\sigma_\pi$ e $n_{INDV17}$ para $-350 \leq n_{INDV17} \leq 150$ está dada na Figura 7.6, em que percebemos um único valor mínimo, conforme havíamos constatado no caso da Figura 7.1.

---

[9] Caso $n_{INDV17} > 0$, diremos que foram comprados contratos futuros de INDV17, enquanto caso, diremos que foram vendidos contratos futuros de INDV17. Devemos observar também que $n_{INDV17} \in \{\ldots, -2, -1, 0, 1, 2, \ldots\}$, ou seja, não é possível comprar/vender um número fracionário de contratos futuros. É importante mencionar que, usualmente, contratos futuros são negociados em lotes, e não de forma unitária, mas, por uma questão de simplificação da notação, assumiremos no restante do capítulo o lote de negociação é composto por um único contrato.

Figura 7.6 – Desvio padrão versus número de contratos INDV17

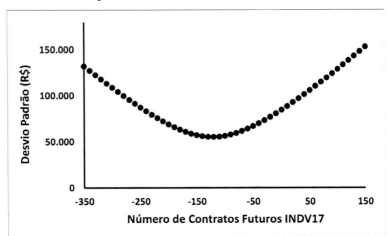

Fonte: o autor

A Figura 7.7 apresenta em detalhes a curva da Figura 7.6 especificamente quando $-128 \leq n_{INDV17} \leq -116$, o que nos permite observar que o mínimo é atingido quando $n_{INDV17} = -122$ (quando cento e vinte e dois contratos futuros INDV17 são vendidos). A Tabela 7.2 resume os valores exibidos na Figura 7.7.

Figura 7.7 – Mínimo desvio padrão da carteira

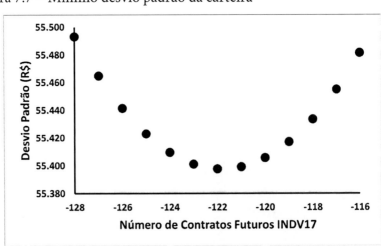

Fonte: o autor

Tabela 7.2 – Desvio padrão da carteira com BBDC4 e INDV17

| Desvio Padrão (R$) | Núm. Cont. Fut ($n_{INDV17}$) |
|---|---|
| 55.493,08 | -128 |
| 55.464,77 | -127 |
| 55.441,42 | -126 |
| 55.423,03 | -125 |
| 55.409,61 | -124 |
| 55.401,17 | -123 |
| 55.397,71 | -122 |
| 55.399,23 | -121 |
| 55.405,72 | -120 |
| 55.417,19 | -119 |
| 55.433,63 | -118 |
| 55.455,04 | -117 |
| 55.481,42 | -116 |

Fonte: o autor

A modelagem matemática do problema de HMV pode ser escrita como

Minimizar $\quad 84.620,95^2 + 2 \times 0,76 \times 84.620,95 \times n_{INDV17} \times 525,16 + n_{INDV17}^2 \times 525,16^2 \quad (7.16)$
Sujeito a: $\quad n_{INDV17} \in \{\ldots, -2, -1, 0, 1, 2, \ldots\}$

para a qual temos que

$$\left\lfloor -\frac{0,76 \times 84620,95}{525,16} \right\rfloor = -122 \text{ e } \left\lceil -\frac{0,76 \times 84620,95}{525,16} \right\rceil = -121.$$

Da Tabela 7.2, constatamos que o mínimo é atingido com a venda de 122 contratos, sendo essa a solução de (7.16).

É possível calcular também a eficiência do HMV, em que obtemos

$$\text{Eficiência do HMV} = \frac{\sigma_{BBDC4} - \sigma_\pi}{\sigma_{BBDC4}} = \frac{R\$84.620,95 - R\$55.397,71}{R\$84.620,95} \approx 35\% \quad (7.17)$$

Lembremos que o *Value-at-Risk* para o nível de significância de 1% da carteira original (somente com ações BBDC4) foi obtido anteriormente em −R$158.014,49. Após o HMV, a carteira completa (com as 250.000 ações de BBDC4 e a posição vendida em 122 contratos INDV17) exibe o *Value-at-Risk* igual a −R$118.943,48 também para o nível de significância de 1%.

### 7.3.2 Carteira com Três Ativos

Consideramos a seguir um segundo exemplo numérico com uma carteira de ações composta por 250.000 ações de BBDC4, 300.000 ações de Banco do Brasil S/A (BBAS3) e 200.000 ações de Itaú-Unibanco S/A (ITUB4). Os dados de BBDC4, BBAS3, ITUB4 e INDV17, assim como os cenários históricos para carteira e o contrato futuro, estão exibidos na Tabela 7.3[10]. O valor de mercado da carteira com as ações é de R$25.675.000,00 aos preços de fechamento de 31 de agosto de 2017[11].

Tabela 7.3 − Cenários históricos para carteira com três ações e INDV17

| Dia | BBDC4 | BBAS3 | ITUB4 | INDV17 | Cen. Hist. (Carteira) | Cen. Hist. (INDV17) |
|---|---|---|---|---|---|---|
| 31/07/2017 | 30,19 | 28,70 | 37,32 | 66.210 | - | - |
| 01/08/2017 | 30,56 | 29,30 | 38,50 | 66.758 | 544.029,81 | 589,00 |
| 02/08/2017 | 30,96 | 30,48 | 38,90 | 67.387 | 556.221,29 | 670,13 |
| 03/08/2017 | 30,95 | 30,68 | 38,81 | 66.945 | 38.831,08 | -470,25 |
| 04/08/2017 | 30,98 | 30,87 | 38,71 | 67.085 | 44.174,20 | 149,28 |
| 07/08/2017 | 31,34 | 31,35 | 39,32 | 68.119 | 365.272,97 | 1093,00 |
| 08/08/2017 | 31,67 | 31,35 | 39,80 | 68.015 | 185.852,75 | -109,18 |
| 09/08/2017 | 31,69 | 30,77 | 39,55 | 67.791 | -217.539,21 | -235,73 |
| 10/08/2017 | 31,39 | 30,92 | 39,05 | 67.041 | -137.736,18 | -794,98 |
| 11/08/2017 | 31,67 | 30,90 | 39,25 | 67.406 | 109.818,62 | 387,99 |

---

[10] Por exemplo,

$R\$556.221,29 \approx R\$250.000 \times R\$33,58 \times ln\left(\frac{30,96}{30,56}\right) + 300.000 \times R\$30,70 \times ln\left(\frac{30,48}{29,30}\right) + 200.000 \times R\$40,35 \times ln\left(\frac{38,90}{38,50}\right)$,

$R\$38.831,08 \approx R\$250.000 \times R\$33,58 \times ln\left(\frac{30,95}{30,96}\right) + 300.000 \times R\$30,70 \times ln\left(\frac{30,68}{30,48}\right) + 200.000 \times R\$40,35 \times ln\left(\frac{38,81}{38,90}\right)$, e

assim por diante. Os cenários históricos para INDV17 são como já exibidos na Tabela 7.1.

[11] Ou seja, $R\$25.675.000,00 \approx 250.000 \times R\$33,58 + 300.000 \times R\$30,70 + 200.000 \times R\$40,35$.

| Dia | BBDC4 | BBAS3 | ITUB4 | INDV17 | Cen. Hist. (Carteira) | Cen. Hist. (INDV17) |
|---|---|---|---|---|---|---|
| 14/08/2017 | 32,30 | 31,09 | 39,96 | 68.285 | 366.492,09 | 925,82 |
| 15/08/2017 | 32,38 | 30,94 | 39,73 | 68.414 | -70.359,33 | 134,87 |
| 16/08/2017 | 32,38 | 30,69 | 39,81 | 68.794 | -58.487,17 | 395,81 |
| 17/08/2017 | 32,11 | 30,15 | 39,49 | 68.860 | -298.920,69 | 68,52 |
| 18/08/2017 | 32,77 | 30,42 | 39,87 | 69.568 | 330.198,65 | 730,96 |
| 21/08/2017 | 32,76 | 30,82 | 39,58 | 69.479 | 58.840,26 | -91,48 |
| 22/08/2017 | 33,50 | 31,99 | 40,42 | 70.878 | 700.157,07 | 1424,55 |
| 23/08/2017 | 33,80 | 32,01 | 40,86 | 71.301 | 167.973,63 | 425,19 |
| 24/08/2017 | 33,91 | 32,12 | 41,20 | 71.953 | 125.745,28 | 650,47 |
| 25/08/2017 | 33,94 | 32,00 | 41,08 | 71.829 | -50.588,33 | -123,25 |
| 28/08/2017 | 33,42 | 31,70 | 40,72 | 71.875 | -287.399,87 | 45,75 |
| 29/08/2017 | 33,99 | 31,49 | 41,09 | 72.084 | 153.755,76 | 207,49 |
| 30/08/2017 | 33,65 | 31,17 | 40,87 | 71.565 | -221.791,59 | -516,35 |
| 31/08/2017 | 33,58 | 30,70 | 40,35 | 71.458 | -260.748,93 | -106,92 |

Fonte: o autor

A Figura 7.8 resume graficamente a relação entre os cenários históricos da carteira composta pelas três ações e de um único contrato futuro INDV17. Tomando como base os pontos exibidos na Figura 7.8, ou seja, as duas últimas colunas da Tabela 7.3, a estimativa de máxima verossimilhança para a correlação resulta ser aproximadamente $0,78$.

Figura 7.8 – Cenários históricos de uma carteira com três ações e um contrato futuro

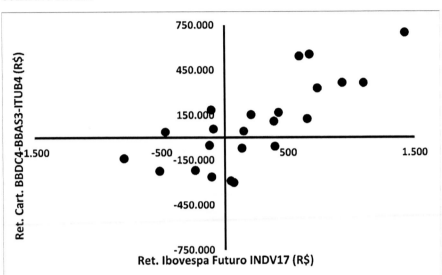

Fonte: o autor

Assumindo que a distribuição conjunta para os retornos da carteira, $R_C$, e de um contrato futuro, $R_{INDV17}$, é uma Normal Bivariada, a partir dos cenários históricos exibidos na Tabela 7.3 é possível obter as estimativas de máxima verossimilhança sob a hipótese de normalidade[12], o que nos leva a

$$\begin{pmatrix} R_C \\ R_{INDV17} \end{pmatrix} \sim N\left( \begin{pmatrix} 93.208,36 \\ 236,99 \end{pmatrix}, \begin{pmatrix} 276.631,32^2 & 0,78 \times 276.631,32 \times 525,16 \\ 0,78 \times 276.631,32 \times 525,16 & 525,16^2 \end{pmatrix} \right) \quad (7.18)$$

Assumimos que $n_{INDV17}$ denota o número de contratos futuros de INDV17 que devem ser comprados/vendidos, o que resulta na distribuição final, $R_\pi$, dada por

$$R_\pi = R_C + n_{INDV17} \times R_{INDV17} \qquad (7.19)$$

com $R_\pi \sim N\left(\mu_\pi, \sigma_\pi^2\right)$, estimativas

---

[12] As estimativas são $\mu_C = 93.208,36$, $\mu_{INDV17} = 236,99$, $\sigma_C = 276.631,32$, $\sigma_{INDV17} = 525,16$ e $\rho_{C,INDV17} = 0,78$. Deixamos como exercício para o leitor verificar que o *Value-at-Risk* da carteira com três ações ao nível de significância de 1% é aproximadamente — R$550.332,33.

$$\mu_\pi = 93.208,36 + n_{INDV17} \times 236,99 \quad (7.20)$$

e

$$\sigma_\pi^2 = 276.631,32^2 + 2 \times 0,78 \times 276.631,32 \times n_{INDV17} \times 525,16 + n_{INDV17}^2 \times 525,16^2 \quad (7.21)$$

O problema de HMV pode agora ser modelado matematicamente como

Minimizar $\quad 276.631,32^2 + 2 \times 0,78 \times 276.631,32 \times n_{INDV17} \times 525,16 + n_{INDV17}^2 \times 525,16^2 \quad (7.22)$
Sujeito a: $\quad\quad\quad\quad\quad n_{INDV17} \in \{...,-2,-1,0,1,2,...\}$

A solução numérica de (7.22) nos leva ao número ótimo de contratos futuros a serem vendidos: $\left\lfloor -\dfrac{0,78 \times 276.631,32}{525,16} \right\rfloor = -410$ ou $\left\lceil -\dfrac{0,78 \times 276.631,32}{525,16} \right\rceil = -409$. A Figura 7.9 ilustra que o mínimo é atingido quando quatrocentos e nove contratos INDV17 são vendidos, resultando em um desvio padrão de R$174.166,53 conforme a Tabela 7.4.

Figura 7.9 – Mínimo desvio padrão da carteira

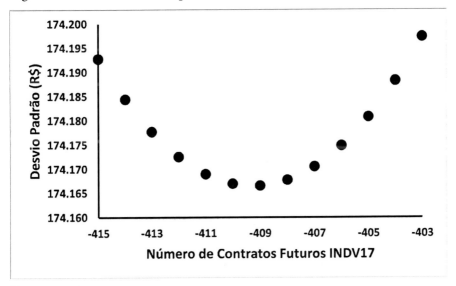

Fonte: o autor

Tabela 7.4 – Mínimo desvio padrão da carteira

| Desvio Padrão (R$) | Núm. Cont. Fut ($n_{INDV17}$) |
|---|---|
| 174.192,70 | -415 |
| 174.184,38 | -414 |
| 174.177,64 | -413 |
| 174.172,49 | -412 |
| 174.168,92 | -411 |
| 174.166,93 | -410 |
| 174.166,53 | -409 |
| 174.167,71 | -408 |
| 174.170,47 | -407 |
| 174.174,82 | -406 |
| 174.180,75 | -405 |
| 174.188,26 | -404 |
| 174.197,36 | -403 |

Fonte: o autor

O cálculo da eficiência do HMV resulta em

$$\text{Eficiência do HMV} = \frac{\sigma_{BBDC4,BBAS3,ITUB4} - \sigma_\pi}{\sigma_C} = \frac{R\$276.631,32 - R\$174.166,53}{R\$276.631,32} \approx 37\% \quad (7.23)$$

com a interpretação financeira de que a venda de quatrocentos e nove contratos futuros de INDV17 reduz a volatilidade inicial da carteira em 37% (de R$276.631,32 para R$174.166,53).

## 7.4 Comentários Finais

Mais uma vez, é natural imaginar que o HMV não se restrinja ao uso de até dois derivativos, mas sim permita o uso de um número qualquer desses instrumentos financeiros. Embora nos limitemos nesta seção a exemplos numéricos com até dois derivativos, sugerimos ao leitor interessado em exemplos com o uso de vários derivativos, com dados reais do mercado financeiro brasileiro, a leitura de Duarte Jr. e Mendes (1998a), em que os autores exploram o uso de distintas quantidades de contratos derivativos para o problema de HMV, utilizando para tal contratos futuros negociados em bolsa sobre ações, juros e câmbio. Duarte Jr. e Mendes (1998a) endereçam também as limitações relativas à modelagem matemática do problema de HMV, as quais não diferem muito daquelas já colocadas anteriormente para o Modelo Média-Variância, ao final do capítulo anterior.

Uma segunda leitura interessante é Duarte Jr. e Maia (1997), artigo no qual os autores ilustram as diferenças entre as distribuições de retornos de opções e contratos futuros e as limitações que estas diferenças acabam por impor ao HMV. Ainda sobre as características das distribuições de retorno e seus efeitos sobre a mitigação de riscos de mercado, Duarte Jr. (1998b) e Duarte Jr. e Alcântara (1999) são leituras interessantes, especialmente por utilizar somente dados do mercado financeiro brasileiro.

Outro aspecto importante é recordar que qualquer estratégia de *hedge* (incluída o HMV) assume maior importância exatamente quando os mercados financeiros se encontram em períodos de maior turbulência. Nestes momentos, novamente, o HMV pode demonstrar limitações em sua eficiência, sendo recomendado a consideração de outras estratégias de *hedge*, como discutido em Duarte Jr. e Silva (2015), em que os autores utilizam dados reais do mercado financeiro brasileiro e contratos derivativos (contratos futuros e opções) em momentos de estresse.

# CAPITAL ASSET PRICING MODEL

> *A imaginação é mais importante que o conhecimento,*
> *porque o conhecimento é limitado,*
> *ao passo que a imaginação abrange o mundo inteiro.*
>
> *(Albert Einstein)*

Consideramos, neste capítulo, a obtenção e uso prático do modelo matemático *Capital Asset Pricing Model* (CAPM). Derivado na década de 1960, o CAPM é hoje utilizado em diferentes campos de finanças aplicadas, incluindo a análise de projetos, gestão de carteiras passivas, análise do desempenho passado de gestores de carteiras, medição de risco de mercado, determinação do custo de capital de novos investimentos etc.

Assumimos todas as hipóteses de modelagem já descritas no Capítulo 6, incluindo que temos a capacidade de obter a fronteira eficiente para um conjunto qualquer de ativos[1].

## 8.1 Motivação

A Figura 8.1 exibe uma fronteira eficiente obtida com o uso do Modelo Média-Variância (MMV), a qual considera somente investimentos nos ativos arriscados[2] disponíveis para investimento. Lembrando, cada ponto ao longo da fronteira eficiente representa uma carteira de investimento para a qual a composição está disponível[3].

---

[1] A leitura do presente capítulo requer o estudo prévio do Capítulo 6.
[2] Ou seja, sem o ativo livre de riscos.
[3] Ou seja, montantes investidos em cada ativo.

Figura 8.1 – Fronteira eficiente

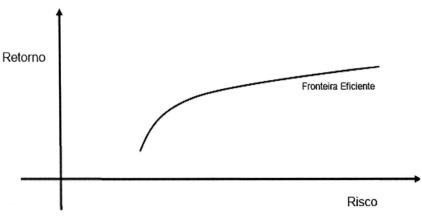

Fonte: o autor

A Figura 8.2 apresenta uma carteira qualquer (denominada Q) sobre a fronteira eficiente, assim como o ativo livre de risco. Seguimos o padrão de notação apresentado no Capítulo 6, com a distribuição da carteira Q sendo denotada por $R_Q \sim N(\mu_Q, \sigma_Q^2)$. De agora em diante, denotaremos o retorno do ativo livre de risco pela constante $r_{LR}$, dado que o valor do desvio padrão de seu retorno é assumido igual a zero.

Figura 8.2 – Fronteira eficiente, uma carteira e o ativo livre de risco

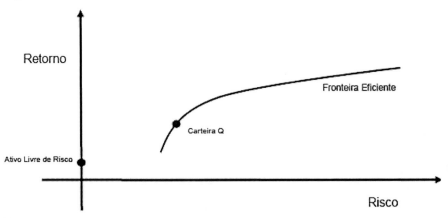

Fonte: o autor

Supomos que o investidor considera alocar os seus recursos somente na carteira Q e no ativo livre de riscos. Denotamos por $x_Q$ e $x_{LR}$ os montantes investidos na carteira Q e no ativo livre de risco, respectivamente. Se

$$R_\pi = x_Q \times R_Q + x_{LR} \times r_{LR} \quad (8.1)$$

então, $R_\pi \sim N(\mu_\pi, \sigma_\pi^2)$ é tal que $\mu_\pi = x_Q \times \mu_Q + x_{LR} \times r_{LR}$ e $\sigma_\pi^2 = x_Q^2 \times \sigma_Q^2$. Supondo que $x_Q \geq 0$ [4], podemos reescrever a última igualdade como $\sigma_\pi = x_Q \times \sigma_Q = x_Q \times \sigma_Q + x_{LR} \times 0$. As duas igualdades podem agora ser postas na forma matricial como

$$\begin{pmatrix} \mu_\pi \\ \sigma_\pi \end{pmatrix} = x_Q \times \begin{pmatrix} \mu_Q \\ \sigma_Q \end{pmatrix} + x_{LR} \times \begin{pmatrix} r_{LR} \\ 0 \end{pmatrix} \quad (8.2)$$

Podemos observar, na Figura 8.2, que os dois pontos relativos à carteira Q e ao ativo livre de risco possuem como coordenadas $\begin{pmatrix} \mu_Q \\ \sigma_Q \end{pmatrix}$ e $\begin{pmatrix} r_{LR} \\ 0 \end{pmatrix}$, respectivamente. Se fizermos $x_Q = \lambda$ e $x_{LR} = 1 - \lambda$, com $0 \leq \lambda \leq 1$, logo, (8.2) pode ser reescrita como

$$\begin{pmatrix} \mu_\pi \\ \sigma_\pi \end{pmatrix} = \lambda \times \begin{pmatrix} \mu_Q \\ \sigma_Q \end{pmatrix} + (1 - \lambda) \times \begin{pmatrix} r_{LR} \\ 0 \end{pmatrix} \quad (8.3)$$

ou seja, como a combinação convexa dos pontos relativos à carteira Q e ao ativo livre de risco na Figura 8.2. Lembrando, o lugar geométrico representado pela combinação convexa entre $\begin{pmatrix} \mu_Q \\ \sigma_Q \end{pmatrix}$ e $\begin{pmatrix} r_{LR} \\ 0 \end{pmatrix}$, é o segmento de reta que os conecta, como devidamente representado pelo segmento de reta pontilhado na Figura 8.3 (GERSTING, 1984).

---

[4] Lembrando, se $a$ e $b$ são constantes, e se $Z$ é uma variável aleatória com valor esperado $E(Z)$ e variância $Var(Z)$, então, $E(a \times Z + b) = a \times E(Z) + b$ e $Var(a \times Z + b) = a^2 \times Var(Z)$ (ROSS, 2014).

## Figura 8.3 – Investimentos na carteira Q e no ativo livre de risco

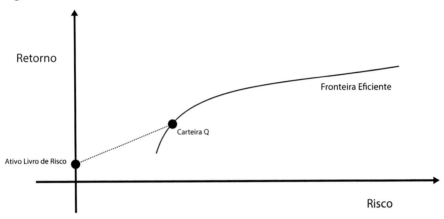

Fonte: o autor

Do ponto de vista financeiro os pontos sobre o segmento de reta pontilhado na Figura 8.3 representam carteiras de investimento compostas pelo investimento no ativo livre de risco e na carteira Q, nas proporções $1-\lambda$ e $\lambda$, respectivamente. Em outros termos, qualquer ponto ao longo do segmento de reta pontilhado na Figura 8.3 é tal que o investidor aloca o percentual $\lambda$ na carteira Q, e empresta o percentual $1-\lambda$ a outros investidores no mercado financeiro, sendo remunerado à taxa livre de riscos $r_{LR}$[5].

Como uma ilustração numérica, suponhamos que $r_{LR} = 2\%$ e que $R_Q \sim N(10\%, 15\%^2)$. Assumindo (8.3), a Tabela 8.1 exibe os retornos e os riscos de onze carteiras que representam a possibilidade de investimento para diferentes níveis de empréstimos feitos (à taxa livre de riscos, ou seja, 2%) pelo investidor, obtidos de

$$\begin{pmatrix} \mu_\pi \\ \sigma_\pi \end{pmatrix} = \lambda \times \begin{pmatrix} 10\% \\ 15\% \end{pmatrix} + (1-\lambda) \times \begin{pmatrix} 2\% \\ 0\% \end{pmatrix} \qquad (8.4)$$

com $\lambda \in \{0\%, 10\%, ..., 100\%\}$[6]. A Figura 8.4 dispõe os pontos da Tabela 8.1 graficamente.

---

[5] Notemos que alocar $1-\lambda$ no ativo livre de risco é o mesmo que emprestar esse montante tendo a certeza do recebimento da remuneração $r_{LR}$ ao final do horizonte de investimento..

[6] Por exemplo, para $\lambda = 10\%$ temos $\begin{pmatrix} \mu_\pi \\ \sigma_\pi \end{pmatrix} = 10\% \times \begin{pmatrix} 10\% \\ 15\% \end{pmatrix} + (1-10\%) \times \begin{pmatrix} 2\% \\ 0\% \end{pmatrix} = 10\% \times \begin{pmatrix} 10\% \\ 15\% \end{pmatrix} + 90\% \times \begin{pmatrix} 2\% \\ 0\% \end{pmatrix} = \begin{pmatrix} 2,8\% \\ 1,5\% \end{pmatrix}$, e assim por diante.

Tabela 8.1 – Carteiras para posições credoras

| Empréstimo $(1-\lambda)$ | Alocação em Q $(\lambda)$ | Risco | Retorno |
|---|---|---|---|
| 100% | 0% | 2,0% | 0,0% |
| 90% | 10% | 2,8% | 1,5% |
| 80% | 20% | 3,6% | 3,0% |
| 70% | 30% | 4,4% | 4,5% |
| 60% | 40% | 5,2% | 6,0% |
| 50% | 50% | 6,0% | 7,5% |
| 40% | 60% | 6,8% | 9,0% |
| 30% | 70% | 7,6% | 10,5% |
| 20% | 80% | 8,4% | 12,0% |
| 10% | 90% | 9,2% | 13,5% |
| 0% | 100% | 10,0% | 15,0% |

Fonte: o autor

Figura 8.4 – Disposição gráfica dos pontos da Tabela 8.1

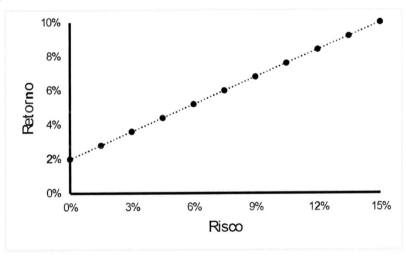

Fonte: o autor

Naturalmente, é possível considerar outras carteiras sobre a fronteira eficiente da Figura 8.1 em vez da carteira Q. Por exemplo, a Figura 8.5 ilustra a escolha da carteira M, a qual possui uma característica única: ela é tal que a semirreta com origem no ativo livre de risco tangencia a fronteira eficiente, exatamente na posição relativa à carteira M. Nesse caso específico, a semirreta é chamada de *Capital Market Line* (CML), enquanto a carteira M é denominada de Carteira de Mercado (CM). Existem três perguntas interessantes sobre a Figura 8.5 que merecem respostas cuidadosas.

Figura 8.5 – *Capital Market Line*

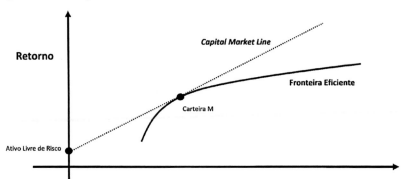

Fonte: o autor

A primeira pergunta está relacionada à obtenção da CML. A essa altura já sabemos como construir as carteiras sobre a CML que estão no segmento de reta entre o ativo livre de risco e a carteira M, sendo suficiente seguir os mesmos passos usados para a construção da Figura 8.4. Porém, como obter as carteiras sobre a CML além da carteira M (ou seja, aquelas com retornos e riscos maiores do que as respectivas quantidades da carteira M)?

A resposta a essa pergunta passa por lembrar que as carteiras sobre a CML com nível de retorno e risco inferiores ao da carteira M são obtidas quando o investidor empresta parte de seus recursos (ou seja, $1-\lambda$) que são remunerados à taxa $r_{LR}$, alocando o restante (ou seja, $\lambda$) na carteira M. Por sua vez, as carteiras sobre a CML com retorno e risco maiores do que os da carteira M podem ser obtidas quando o investidor toma valores emprestados no mercado financeiro à taxa $r_{LR}$, investindo tais captações inteiramente na carteira M. Em outras palavras, o investidor se endivida (à taxa $r_{LR}$) para obter mais recursos para investir na carteira M, composta somente por ativos arriscados e, por consequência, atingir maiores níveis de retorno esperado, tendo, no entanto, que aceitar maiores níveis de risco[7]. Isso é obtido do ponto de vista de modelagem matemática ainda com o uso da equação (8.3), mas agora somente com o requerimento de que $\lambda \geq 0$ (em vez de $0 \leq \lambda \leq 1$, como feito para a obtenção da Figura 8.4).

Como ilustração numérica consideremos um exemplo com $r_{LR} = 2\%$ e que $R_M \sim N(12\%, 18\%^2)$. A Tabela 8.2 é similar à Tabela 8.1, com uma única diferença: considera que o investidor pode emprestar recursos à taxa $r_{LR}$, assim como tomar recursos emprestados à mesma taxa para investir na carteira M. Por exemplo, ao considerarmos a última linha da Tabela 8.2, vemos que o investidor toma um empréstimo de 100% de seu patrimônio (ou seja, a posição no ativo livre de risco é igual a − 100%) e o aloca na Carteira M, obtendo uma posição alavancada em 100% (ou seja, 200% do patrimônio inicial disponível para investimento na carteira M). O nível de risco da carteira obtida sobre a CML com estes parâmetros atinge 36% e o retorno esperado alcança 22%[8]. A Figura 8.6 resume graficamente a relação entre os níveis de risco e retorno das carteiras sobre a CML para $\lambda \in \{0\%, 10\%, \ldots, 200\%\}$[9].

Tabela 8.2 – Carteiras para posições credoras e devedoras

| Empréstimo (1−λ) | Alocação em M (λ) | Risco | Retorno |
|---|---|---|---|
| 100% | 0% | 0,0% | 2,0% |
| 90% | 10% | 1,8% | 3,0% |
| 80% | 20% | 3,6% | 4,0% |
| 70% | 30% | 5,4% | 5,0% |
| 60% | 40% | 7,2% | 6,0% |
| 50% | 50% | 9,0% | 7,0% |
| 40% | 60% | 10,8% | 8,0% |
| 30% | 70% | 12,6% | 9,0% |

---

[7] Podemos observar que a possibilidade de o investidor emprestar ou tomar emprestado montantes à taxa livre de risco $r_{LR}$ expande substancialmente a sua capacidade de investimento quando comparada à possibilidade de investir apenas em ativos arriscados, como na Figura 8.1, uma vez que lhe confere a oportunidade de obter qualquer carteira ao longo da CML na Figura 8.5.

[8] Por exemplo, para $\lambda = 200\%$ temos $\begin{pmatrix} \mu_\pi \\ \sigma_\pi \end{pmatrix} = 200\% \times \begin{pmatrix} 12\% \\ 18\% \end{pmatrix} + (1-200\%) \times \begin{pmatrix} 2\% \\ 0\% \end{pmatrix} = 200\% \times \begin{pmatrix} 12\% \\ 18\% \end{pmatrix} - 100\% \times \begin{pmatrix} 2\% \\ 0\% \end{pmatrix} = \begin{pmatrix} 22\% \\ 36\% \end{pmatrix}$.

[9] Naturalmente podemos considerar $\lambda > 200\%$, o que aumenta ainda mais o nível de endividamento do investidor à taxa $r_{LR}$ para alavancar os seus investimentos na carteira M.

| | | | |
|---|---|---|---|
| 20% | 80% | 14,4% | 10,0% |
| 10% | 90% | 16,2% | 11,0% |
| 0% | 100% | 18,0% | 12,0% |
| -10% | 110% | 19,8% | 13,0% |
| -20% | 120% | 21,6% | 14,0% |
| -30% | 130% | 23,4% | 15,0% |
| -40% | 140% | 25,2% | 16,0% |
| -50% | 150% | 27,0% | 17,0% |
| -60% | 160% | 28,8% | 18,0% |
| -70% | 170% | 30,6% | 19,0% |
| -80% | 180% | 32,4% | 20,0% |
| -90% | 190% | 34,2% | 21,0% |
| -100% | 200% | 36,0% | 22,0% |

Fonte: o autor[10]

Figura 8.6 – Disposição gráfica dos pontos da Tabela 8.2

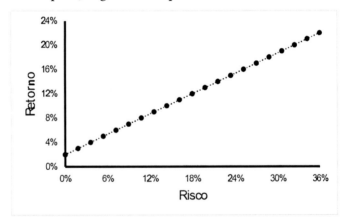

Fonte: o autor

A segunda pergunta interessante a respeito da Figura 8.5 é a existência (ou não) de relações de dominância entre as carteiras sobre a CML e sobre a fronteira eficiente original (repetimos, que havia sido obtida somente com os ativos arriscados).

---

[10] Retorno das carteiras sobre a CML para $\lambda \in \{0\%, 10\%, \ldots, 200\%\}$ $\lambda > 200\% r_{LR}$.

Notemos que, para qualquer carteira sobre a fronteira eficiente com um nível de risco especificado, é sempre possível encontrar outra carteira sobre a CML, com o mesmo nível de risco, mas com retorno maior. Analogamente, para cada carteira sobre a fronteira eficiente com um nível de retorno fixado, é sempre possível encontrar outra carteira sobre a CML com o mesmo nível de retorno, mas com menor risco. Podemos observar que a única exceção é a carteira M, dado que pertence à fronteira eficiente e à CML. Concluímos, portanto, que com exceção da carteira M, todos as demais carteiras sobre a fronteira eficiente estão dominadas pelas carteiras sobre a CML. Em outros termos, a possibilidade de o investidor emprestar ou tomar emprestado à taxa do ativo livre de risco expande de tal forma as possibilidades de investimento, que a fronteira eficiente original, obtida somente com os ativos arriscados, resulta dominada pelo conjunto de carteiras sobre a CML.

A terceira pergunta interessante se refere às características da carteira M que a fazem tão especial. Lembremos que essa carteira é composta somente por ativos arriscados. Fixada a proporção de cada ativo arriscado na carteira M, essa proporção seguirá imutável para qualquer outra carteira sobre a CML. Por exemplo, assumamos que as alocações de dois ativos arriscados – chamados A e B – na carteira M sejam $x_A$ e $x_B$, respectivamente, o que resulta na proporção (alocada na carteira M) dada pela razão $x_A/x_B$. Assumindo agora que o nível de investimento de uma carteira qualquer sobre a CML seja tal que $\lambda$ esteja alocado na carteira M e $1-\lambda$ no ativo livre de risco, como consequência, teremos $\lambda \times x_A$ e $\lambda \times x_B$ alocados nos ativos arriscados A e B, respectivamente, resultando na proporção $(\lambda \times x_A)/(\lambda \times x_B) = x_A/x_B$, exatamente como na carteira M. Com efeito, dado que as carteiras sobre a CML resultam dominantes, o investidor somente escolherá entre essas carteiras, o que implica que todos terão os ativos arriscados na mesma proporção, exatamente como na proporção na carteira M, variando apenas a escolha entre os montantes que serão emprestados ou tomados (como empréstimo) à taxa do ativo livre de risco[11]. Diante dessa última observação, observamos que se um ativo arriscado não pertence à carteira M, ele não

---

[11] Este resultado é conhecido como o Teorema da Separação (TOBIN, 1958). Nesse caso, o investidor segue necessariamente duas etapas consecutivas quando investindo: a primeira etapa envolve a decisão de investir na carteira M, enquanto a segunda etapa envolve o montante a ser emprestado ou tomado à taxa de retorno livre de riscos.

demandará interesse dos investidores em possuí-lo e, portanto, desaparecerá do mercado – em outros termos, somente os ativos que compõem a carteira M existirão no mercado.

No Capítulo 4 definimos o que é uma carteira de referência e vimos também como estruturá-la. Lembremos que, dentre as possibilidades para a adoção de uma carteira de referência estão índices de mercado. Um índice de mercado pode ser compreendido como uma carteira que apresenta em sua composição ativos negociados no mercado: alguns índices possuem em sua composição todos os ativos disponíveis para negociação em determinado segmento do mercado, como o IMA-Geral, que cobre todos os títulos públicos federais emitidos no país; enquanto outro índices se limitam a um subconjunto de ativos, menor que o total, como o Ibovespa, que considera apenas ações com alta liquidez, excluindo todas as demais que não satisfaçam os critérios de seleção estabelecidos em sua metodologia.

Podemos compreender a carteira M como um índice de mercado que apresenta em sua composição todos os ativos de interesse para os investidores. Em outros termos, a carteira M pode ser percebida como uma representação do interesse coletivo (de todos os investidores) nos ativos disponíveis para investimento. Como consequência, retornando às definições do Capítulo 4, podemos compreender a carteira M como uma possível carteira de referência a ser usada para a avaliação do desempenho das demais carteiras existentes no mercado. Em outros termos, a carteira M pode ser percebida como uma carteira que representa o mercado, sendo razoável a sua adoção como uma carteira de referência.

## 8.2 A Equação do CAPM

Neste ponto, consideremos a Figura 8.7, na qual duas carteiras são exibidas sobre a CML: a mesma carteira M da Figura 8.5 e outra carteira qualquer, simplesmente denominada P no restante deste capítulo. Denotemos por $\mu_P$ e $\sigma_P$ o retorno esperado e o risco dos retornos dessa última carteira, com $R_P \sim N\left(\mu_P, \sigma_P^2\right)$ .

Figura 8.7 – Duas carteiras sobre a CML

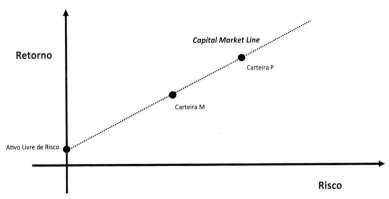

Fonte: o autor

Estamos agora interessados em determinar as relações matemáticas existentes entre $\mu_P$, $\mu_M$, $\sigma_P$ e $\sigma_M$. Primeiro, notemos da relação linear existente entre as carteiras M e P que

$$\frac{\mu_P - r_{LR}}{\sigma_P} = \frac{\mu_M - r_{LR}}{\sigma_M} \Rightarrow \mu_P = r_{LR} + \frac{\sigma_P}{\sigma_M} \times (\mu_M - r_{LR}) \qquad (8.5)$$

A seguir, é possível calcular a correlação entre as distribuições de retornos $R_M$ e $R_P$, denotada $\rho_{M,B}$. Lembremos que, de acordo com (8.3), existe um valor para $\lambda$ que relaciona os valores de $\mu_P$, $\mu_M$, $\sigma_P$ e $\sigma_M$; seja tal valor igual a $\lambda^*$, logo[12]

$$\rho_{M,B} = \frac{Cov(R_M, R_P)}{\sigma_M \times \sigma_P} = \frac{Cov(R_M, \lambda^* \times R_M + (1-\lambda^*) \times r_{LR})}{\sigma_M \times \lambda^* \times \sigma_M} = \frac{Cov(R_M, \lambda^* R_M)}{\lambda^* \times \sigma_M^2} = \qquad (8.6)$$

$$= \frac{\lambda^* \times Cov(R_M, R_M)}{\lambda^* \times \sigma_M^2} = \frac{\lambda^* \times \sigma_M^2}{\lambda^* \times \sigma_M^2} = 1 \Rightarrow \frac{Cov(R_M, R_P)}{\sigma_M \times \sigma_P} = 1 \Rightarrow \sigma_P = \frac{Cov(R_M, R_P)}{\sigma_M}$$

Substituindo $\sigma_P$ em (8.5), chegamos a

---

[12] Lembrando (ROSS, 2014), se $a$ e $b$ são constantes e se $Z$ e $Y$ são variáveis aleatórias, então, $Cov(a \times Z + b, Y) = Cov(a \times Z, Y) = a \times Cov(Z, Y)$, assim como.

$$\mu_P = r_{LR} + \frac{Cov(R_M, R_P)}{\sigma_M^2} \times (\mu_M - r_{LR}) \qquad (8.7)$$

Ao definirmos

$$\mu_P = r_{LR} + \frac{Cov(R_M, R_P)}{\sigma_M^2} \times (\mu_M - r_{LR}) \qquad (8.8)$$

podemos simplificar a notação de (8.7) para

$$\beta_{P,M} = \frac{Cov(R_M, R_P)}{\sigma_M^2} \qquad (8.9)$$

que é a equação (original) do CAPM, com $\beta_{P,M}$ denominado o "beta" da carteira P em relação à carteira M

A estimação de $\beta_{P,M}$ pode ser feita com o uso de diferentes estimadores. Por exemplo, se forem coletadas $m$ pares de observações para os retornos das carteiras P e M – denotados $(r_1^P, r_1^M), ((r_2^P, r_2^M)), ..., ((r_n^P, r_n^M))$ –, então, a estimativa de máxima verossimilhança sob a hipótese de normalidade para $\beta_{P,M}$ (BICKEL; DOKSUM, 2000) é obtida de

$$\beta_{P,M} = \frac{\left(\dfrac{\sum_{j=1}^{m}(r_j^P - \bar{r}_P) \times (r_j^M - \bar{r}_M)}{n}\right)}{\left(\dfrac{\sum_{j=1}^{m}(r_j^M - \bar{r}_M)^2}{n}\right)} \qquad (8.10)$$

em que

$$\bar{r}_P = \frac{\sum_{j=1}^{m} r_j^P}{n} \qquad (8.11)$$

e

$$\overline{r}_M = \frac{\sum_{j=1}^{m} r_j^M}{n} \qquad (8.12)$$

A Tabela 8.3 apresenta dados diários para três ações e o Ibovespa durante o mês de agosto de 2017. As estimativas obtidas para os betas das três ações em relação ao Ibovespa estão exibidas na Tabela 8.4[13].

Tabela 8.3 - Dados de três ações e do Ibovespa

| Dia | Banco Bradesco S.A. (BBDC4) | Banco do Brasil S.A. (BBAS3) | Itaú-Unibanco S.A. (ITUB4) | Ibovespa |
|---|---|---|---|---|
| 31/07/2017 | 30,19 | 28,70 | 37,32 | 65920,36 |
| 01/08/2017 | 30,56 | 29,30 | 38,50 | 66516,23 |
| 02/08/2017 | 30,96 | 30,48 | 38,90 | 67135,99 |
| 03/08/2017 | 30,95 | 30,68 | 38,81 | 66777,13 |
| 04/08/2017 | 30,98 | 30,87 | 38,71 | 66897,98 |
| 07/08/2017 | 31,34 | 31,35 | 39,32 | 67939,66 |
| 08/08/2017 | 31,67 | 31,35 | 39,80 | 67898,94 |
| 09/08/2017 | 31,69 | 30,77 | 39,55 | 67671,06 |
| 10/08/2017 | 31,39 | 30,92 | 39,05 | 66992,09 |
| 11/08/2017 | 31,67 | 30,90 | 39,25 | 67358,59 |
| 14/08/2017 | 32,30 | 31,09 | 39,96 | 68284,66 |
| 15/08/2017 | 32,38 | 30,94 | 39,73 | 68355,13 |
| 16/08/2017 | 32,38 | 30,69 | 39,81 | 68594,30 |
| 17/08/2017 | 32,11 | 30,15 | 39,49 | 67976,80 |
| 18/08/2017 | 32,77 | 30,42 | 39,87 | 68714,66 |
| 21/08/2017 | 32,76 | 30,82 | 39,58 | 68634,65 |
| 22/08/2017 | 33,50 | 31,99 | 40,42 | 70011,25 |
| 23/08/2017 | 33,80 | 32,01 | 40,86 | 70477,63 |
| 24/08/2017 | 33,91 | 32,12 | 41,20 | 71132,80 |
| 25/08/2017 | 33,94 | 32,00 | 41,08 | 71073,65 |
| 28/08/2017 | 33,42 | 31,70 | 40,72 | 71016,59 |

---

[13] Por exemplo, lembrando o Capítulo 2, estimamos por máxima verossimilhança que $\hat{\sigma}^2_{IBOV} \approx 0,76319\%^2$ e $\hat{\sigma}_{BBDC4,IBOV} \approx 0,00637\%$, o que nos leva a obter $\hat{\beta}_{BBDC4,IBOV} \approx 1,09423$.

| Dia | Banco Bradesco S.A. (BBDC4) | Banco do Brasil S.A. (BBAS3) | Itaú-Unibanco S.A. (ITUB4) | Ibovespa |
|---|---|---|---|---|
| 29/08/2017 | 33,99 | 31,49 | 41,09 | 71329,85 |
| 30/08/2017 | 33,65 | 31,17 | 40,87 | 70886,26 |
| 31/08/2017 | 33,58 | 30,70 | 40,35 | 70835,05 |

Fonte: o autor

Tabela 8.4 – Estimativas do beta de três ações brasileiras

| Ação | Beta |
|---|---|
| BBDC4 ($\beta_{BBDC4,IBOV}$) | 1,09423 |
| BBAS3 ($\beta_{BBAS3,IBOV}$) | 1,26179 |
| ITUB4 ($\beta_{ITUB4,IBOV}$) | 1,22401 |

Fonte: o autor

Os retornos mensais de seis fundos de investimentos e do Ibovespa (todos em US$) estão exibidos na Tabela 8.5 para um período de vinte e oito meses, assim como de um ativo livre de risco[14]. Os betas estimados para os seis fundos de investimentos (em relação ao Ibovespa) estão disponibilizados na Tabela 8.6[15]. Observamos que os seis fundos possuem, todos, betas inferiores a um.

Tabela 8.5 – Retornos mensais de seis fundos de investimento e do Ibovespa

| | Fundo 1 ($F_1$) | Fundo 2 ($F_2$) | Fundo 3 ($F_3$) | Fundo 4 ($F_4$) | Fundo 5 ($F_5$) | Fundo 6 ($F_6$) | Ibovespa | LIBOR US$ (1 mês) |
|---|---|---|---|---|---|---|---|---|
| Nov./10 | -1,66% | 3,95% | 0,94% | -1,07% | -2,03% | 0,03% | -5,02% | 0,02% |
| Dez./10 | 3,17% | 2,83% | 4,80% | 4,99% | 5,09% | 4,17% | 5,43% | 0,02% |
| Jan./11 | -4,05% | -1,73% | -2,23% | -6,30% | -6,50% | -4,16% | -4,35% | 0,02% |
| Fev./11 | 1,26% | 1,91% | 1,67% | 0,77% | 0,18% | 1,16% | 1,96% | 0,02% |

---

[14] No caso, representado por certificados de depósito indexados à LIBOR US$ mensal, conforme explicado no Capítulo 6.

[15] Por exemplo, estimamos por máxima verossimilhança que $\hat{\sigma}^2_{IBOV} \approx 8,83753\%^2$ e $\hat{\sigma}_{F_1,IBOV} \approx 0,51176\%$ o que nos leva a obter $\hat{\beta}_{F_1,IBOV} \approx 0,65524$.

|  | Fundo 1($F_1$) | Fundo 2($F_2$) | Fundo 3($F_3$) | Fundo 4($F_4$) | Fundo 5($F_5$) | Fundo 6($F_6$) | Ibo-vespa | LIBOR US$ (1 mês) |
|---|---|---|---|---|---|---|---|---|
| Mar./11 | 5,07% | 4,63% | 2,82% | 4,81% | 4,44% | 4,36% | 3,82% | 0,02% |
| Abr./11 | 2,08% | 1,61% | 4,93% | 4,41% | 4,69% | 3,54% | -0,18% | 0,02% |
| Maio/11 | 0,56% | -1,34% | -4,37% | 0,72% | 0,01% | -0,88% | -2,70% | 0,02% |
| Jun./11 | -1,79% | -0,87% | -0,14% | 1,80% | -0,92% | -0,39% | -2,27% | 0,02% |
| Jul./11 | 0,57% | -4,08% | -2,19% | -2,86% | -6,51% | -3,02% | -5,45% | 0,02% |
| Ago./11 | -4,27% | -4,72% | -6,03% | -2,39% | -5,91% | -4,66% | -5,83% | 0,02% |
| Set./11 | -16,05% | -1,33% | -15,30% | -12,38% | -20,95% | -13,20% | -20,73% | 0,02% |
| Out./11 | 18,04% | 11,42% | 14,63% | 7,44% | 16,44% | 13,59% | 22,45% | 0,02% |
| Nov./11 | -5,52% | -7,09% | -10,89% | -2,40% | -8,11% | -6,80% | -9,10% | 0,02% |
| Dez./11 | -0,89% | 0,56% | -3,65% | 0,10% | -1,51% | -1,08% | -3,67% | 0,02% |
| Jan./12 | 9,46% | 7,71% | 11,94% | 12,28% | 10,53% | 10,39% | 19,87% | 0,02% |
| Fev./12 | 7,98% | 5,80% | 11,72% | 7,09% | 6,44% | 7,81% | 6,17% | 0,02% |
| Mar./12 | -5,43% | -3,96% | -4,48% | -2,65% | -5,42% | -4,39% | -8,05% | 0,02% |
| Abr./12 | -2,37% | -2,96% | -5,14% | -2,32% | -2,51% | -3,06% | -7,70% | 0,02% |
| Maio/12 | -9,38% | -9,12% | -11,98% | -7,45% | -14,42% | -10,47% | -17,54% | 0,02% |
| Jun./12 | 3,25% | 0,23% | -0,41% | 2,15% | 2,32% | 1,51% | -0,20% | 0,02% |
| Jul./12 | 1,55% | -2,48% | -0,78% | 2,63% | 8,70% | 1,93% | 1,77% | 0,02% |
| Ago./12 | 2,57% | 5,39% | 6,48% | 0,69% | 7,42% | 4,51% | 2,35% | 0,02% |
| Set./12 | 0,35% | 0,93% | 2,84% | 1,74% | 0,19% | 1,21% | 4,04% | 0,02% |
| Out./12 | 1,02% | -0,46% | 4,11% | 2,21% | 3,60% | 2,10% | -3,59% | 0,02% |
| Nov./12 | -1,46% | -3,06% | -1,80% | -0,34% | -1,19% | -1,57% | -2,92% | 0,02% |
| Dez./12 | 6,75% | 6,38% | 7,70% | 6,14% | 9,82% | 7,36% | 9,37% | 0,02% |
| Jan./13 | 3,91% | 2,56% | 3,49% | 2,72% | 4,42% | 3,42% | 0,77% | 0,02% |
| Fev./13 | 0,13% | 1,68% | 2,97% | -0,04% | 3,28% | 1,60% | -3,28% | 0,02% |

Fonte: o autor

Tabela 8.6 – Betas de seis fundos em relação ao Ibovespa

| $\beta_{F_1,IBOV}$ | $\beta_{F_2,IBOV}$ | $\beta_{F_3,IBOV}$ | $\beta_{F_4,IBOV}$ | $\beta_{F_5,IBOV}$ | $\beta_{F_6,IBOV}$ |
|---|---|---|---|---|---|
| 0,65524 | 0,42121 | 0,70788 | 0,49875 | 0,78696 | 0,61401 |

Fonte: o autor

É importante mencionar que as estimativas para os betas exibidas na Tabela 8.4 e Tabela 8.6 resultarão diferentes se outros períodos de dados forem usados na coleta, assim como se a frequência (diária, semanal, mensal etc.) for mudada. Em outros termos, os valores na Tabela 8.4 e Tabela 8.6 são as estimativas de máxima verossimilhança específicas para os dados na Tabela 8.3 e Tabela 8.5, respectivamente.

## 8.3 Beta de uma Carteira

Uma pergunta natural neste ponto é: qual a interpretação financeira do beta? Em outros termos, o que significa o valor $\hat{\beta}_{BBDC4,IBOV} = 1,09423$?

Para responder essa pergunta, consideremos reescrever (8.9) como

$$\beta_{P,M} = \frac{\mu_P - r_{LR}}{\mu_M - r_{LR}} \qquad (8.13)$$

Observamos que o beta é a razão entre os montantes pelos quais os retornos esperados das carteiras P e M superam o retorno do ativo livre de risco. Temos para o caso de $\hat{\beta}_{BBDC4,IBOV} = 1,09423$ que, se o retorno do Ibovespa[16] superar o retorno do ativo livre de risco em 1%, deve-se esperar que o retorno esperado de uma carteira composta apenas por ações BBDC4 supere o retorno do ativo livre de risco por 1,09423%. Analogamente, se o retorno do Ibovespa superar o retorno do ativo livre de risco por 1%, deve-se esperar que o valor do retorno esperado de uma carteira composta apenas por ações ITUB4 supere o retorno do ativo livre de risco por 1,22401%.

Outro ponto interessante para consideração está relacionado ao beta de uma carteira de investimento e como ele se relaciona com os betas dos ativos que a compõem. Por exemplo, assumindo que tenhamos uma carteira composta por ações de BBDC4, BBAS3 e ITUB4, como calcular o beta da carteira partindo dos betas das três ações?

Para tomar um exemplo com dados reais, suponhamos que, no fechamento do mercado no dia 31/08/2017, um investidor tivesse 225.000 ações de BBDC4, 250.000 ações de BBAS3 e 175.000 ações de ITUB4. Naquele dia, os valores de fechamento das três ações foram R$33,58 (BBDC4), R$30,70 (BBAS3) e R$40,35 (ITUB4) conforme dados na Tabela 8.3. As

---

[16] Entendido aqui como uma carteira de referência que representa apropriadamente o mercado acionário brasileiro.

três posições eram, portanto, R$7.555.500,00 (BBDC4), R$7.675.000,00 (BBAS3) e R$7.061.250,00 (ITUB4), resultando em uma carteira total de R$22.291.750,00.

Se denotarmos por $R_\pi$ o retorno da carteira composta pelas três ações, qual o beta dessa carteira em relação ao Ibovespa (ou seja, $\beta_{\pi,IBOV}$)?

Lembremos que

$$x_\pi \times R_\pi = x_{BBDC4} \times R_{BBDC4} + x_{BBAS3} \times R_{BBAS3} + x_{ITUB4} \times R_{ITUB4} \quad (8.14)$$

em que $x_{BBDC4} = R\$7.555.500,00$,

$x_{BBAS3} = R\$7.675.000,00$, $x_{ITUB4} = R\$7.061250,00$ e

$x_\pi = x_{BBDC4} + x_{BBAS3} + x_{ITUB4} = R\$22.291.750,00$.

Tomando-se o valor esperado nos dois lados da equação (8.14), obtemos

$$x_\pi \times \mu_\pi = x_{BBDC4} \times \mu_{BBDC4} + x_{BBAS3} \times \mu_{BBAS3} + x_{ITUB4} \times \mu_{ITUB4} \quad (8.15)$$

Como $x_\pi = x_{BBDC4} + x_{BBAS3} + x_{ITUB4}$, então,

$$x_\pi \times r_{LR} = x_{BBDC4} \times r_{LR} + x_{BBAS3} \times r_{LR} + x_{ITUB4} \times r_{LR} \quad (8.16)$$

sendo possível subtrair (8.16) de (8.15) para obter

$$x_\pi \times (\mu_\pi - r_{LR}) = x_{BBDC4} \times (\mu_{BBDC4} - r_{LR}) + \\ + x_{BBAS3} \times (\mu_{BBAS3} - r_{LR}) + x_{ITUB4} \times (\mu_{ITUB4} - r_{LR}) \quad (8.17)$$

Substituindo (8.9) em (8.17) para as três ações e a carteira, obtemos

$$x_\pi \times \beta_{\pi,IBOV} \times (\mu_{IBOV} - r_{LR}) = x_{BBDC4} \times \beta_{BBDC4,IBOV} \times (\mu_{IBOV} - r_{LR}) + \\ + x_{BBAS3} \times \beta_{BBAS3,IBOV} \times (\mu_{IBOV} - r_{LR}) + x_{ITUB4} \times \beta_{ITUB4,IBOV} \times (\mu_{IBOV} - r_{LR}) \quad (8.18)$$

a qual permite a simplificação

$$\beta_{\pi,IBOV} = \left(\frac{x_{BBDC4}}{x_\pi}\right) \times \beta_{BBDC4,IBOV} + \left(\frac{x_{BBAS3}}{x_\pi}\right) \times \beta_{BBAS3,IBOV} + \left(\frac{x_{ITUB4}}{x_\pi}\right) \times \beta_{ITUB4,IBOV} \quad (8.19)$$

Lembrando que, para o caso dos estimadores de máxima verossimilhança (BICKEL; DOKSUM, 2000), vale reescrever (8.19) como

$$\hat{\beta}_{\pi,IBOV} = \left(\frac{x_{BBDC4}}{x_\pi}\right) \times \hat{\beta}_{BBDC4,IBOV} + \left(\frac{x_{BBAS3}}{x_\pi}\right) \times \hat{\beta}_{BBAS3,IBOV} + \left(\frac{x_{ITUB4}}{x_\pi}\right) \times \hat{\beta}_{ITUB4,IBOV} \quad (8.20)$$

Logo, podemos obter $\hat{\beta}_{\pi,IBOV}$ de

$$\hat{\beta}_{\pi,IBOV} = \left(\frac{R\$7.555.500,00}{R\$22.291.750,00}\right) \times 1,09423 + \left(\frac{R\$7.675.000,00}{R\$22.291.750,00}\right) \times 1,26179 + \left(\frac{R\$7.061.250,00}{R\$22.291.750,00}\right) \times 1,22401 \approx 1,19303 \quad (8.21)$$

Podemos afirmar, genericamente, que o valor do beta de uma carteira pode ser sempre obtido como a média ponderada dos betas dos ativos individuais, sendo o fator de ponderação o percentual do montante total investido em cada ativo na carteira total.

Diante do exposto anteriormente, percebemos que podemos alterar a composição de uma carteira qualquer de forma a atingir um determinado beta desejado. Como um exemplo genérico, consideremos a existência de quatro ativos cujos betas em relação a um determinado índice de mercado sejam denotados por $\beta_1 = 0,50$, $\beta_2 = 0,75$, $\beta_3 = 1,25$ e $\beta_4 = 1,50$. Se denotarmos o beta da carteira composta pelos quatro ativos (em relação ao mesmo índice de mercado) por $\beta_\pi$, torna-se possível calibrar o beta (da carteira) de forma a aumentar ou diminuir o seu nível em relação ao índice de mercado.

Imaginemos que, no momento inicial, as posições sejam iguais nos quatro ativos, o que resulta em

$$\beta_\pi = 25\% \times 0,50 + 25\% \times 0,75 + 25\% \times 1,25 + 25\% \times 1,50 = 1,00 \quad (8.22)$$

Em determinado instante, o gestor da carteira antecipa um período de turbulência adiante, para o qual ele deseja a redução das oscilações de sua carteira, o que pode ser obtido realocando o posicionamento para os ativos com os betas menores. Por exemplo, imaginemos que ele agora concentra metade de sua posição no ativo com o menor beta, após zerar a sua posição no ativo com o maior beta, resultando em

$$\beta_\pi = 50\% \times 0,50 + 25\% \times 0,75 + 25 \times 1,25 + 0\% \times 1,50 = 0,75 \quad (8.23)$$

ou seja, uma carteira que deve gerar oscilações menores do que o índice de mercado considerado.

Obviamente, é possível também buscar posições mais arriscadas ao aumentar o beta da carteira, algo que requer mover os percentuais aplicados para os ativos com os betas maiores.

Outra possibilidade é a de manter os retornos esperados da carteira próximos da carteira de referência, indicando o interesse de uma gestão passiva da carteira por indexação. Em uma situação como essa, é suficiente escolher posicionamentos nos quatro ativos de forma a manter $\beta_\pi = 1,00$ [17].

Esse exemplo simples é suficiente para ilustrar que o beta pode ser interpretado como uma medida de risco de mercado relativo, quando consideradas as oscilações de uma carteira qualquer em relação à carteira de referência.

## 8.4 Duas Extensões do CAPM e suas Aplicações Práticas

### 8.4.1 Teste de Jensen

É usual estender (8.9) e apresentar o CAPM como um modelo de regressão linear simples (DRAPER; SMITH, 1998), escrito como

$$r_j^P - r_{LR} = \alpha_{P,M} + \beta_{P,M} \times \left(r_j^M - r_{LR}\right) + \varepsilon_j \quad j = 1,\ldots,m \quad (8.24)$$

na qual o novo coeficiente, $\alpha_{P,M}$, denominado o alfa da carteira P em relação à carteira M, é introduzido.

Estão válidas as hipóteses prevalecentes de um modelo de regressão linear simples, ou seja, $\varepsilon_1,\ldots,\varepsilon_m$ são variáveis aleatórias independentes e identicamente distribuídas que satisfazem $E(\varepsilon_1) = 0$ e $Var(\varepsilon_1) = \sigma^2$.

As estimativas de mínimos quadrados ordinários (DRAPER; SMITH, 1998) para $\alpha_{P,M}$ e $\beta_{P,M}$ podem ser obtidas com $\hat{\beta}_{P,M}$ calculado, conforme (8.10), enquanto

---

[17] Qualquer solução do sistema linear
$$x_1 \times 0,50 + x_2 \times 0,75 + x_3 \times 1,25 + x_4 \times 1,50 = 1,00$$
$$x_1 + x_2 + x_3 + x_4 = 100\%$$
$$x_1, x_2, x_3, x_4 \geq 0$$
garantiria a indexação.

$$\hat{\alpha}_{P,M} = (\bar{r}_P - r_{LR}) - \hat{\beta}_{P,M} \times (\bar{r}_M - r_{LR}) \qquad (8.25)$$

Por exemplo, as estimativas para os alfas e betas dos seis fundos (em relação ao Ibovespa e à taxa livre de riscos representada pela LIBOR US$ mensal), cujos dados estão na Tabela 8.5, resultam ser conforme os valores na Tabela 8.6 e Tabela 8.7, em que essa última contém também o P-Valor (BICKEL; DOKSUM, 2000) para os alfas dos seis fundos.

Tabela 8.7 – Valores do alfa de seis fundos em relação ao Ibovespa

| $\alpha_{F_1,IBOV}$ (P-Valor) | $\alpha_{F_2,IBOV}$ (P-Valor) | $\alpha_{F_3,IBOV}$ (P-Valor) | $\alpha_{F_4,IBOV}$ (P-Valor) | $\alpha_{F_5,IBOV}$ (P-Valor) | $\alpha_{F_6,IBOV}$ (P-Valor) |
|---|---|---|---|---|---|
| 0,01098 (0,94%) | 0,00871 (9,29%) | 0,01031 (7,63%) | 0,01231 (0,45%) | 0,01100 (9,15%) | 0,01067 (0,43%) |

Fonte: o autor

Um teste de significância estatístico (LEHMANN; ROMANO, 2006) baseado no valor e no sinal do alfa pode ser utilizado para verificar o desempenho passado de uma carteira de investimento em relação a uma carteira de referência: esse é o Teste de Jensen (JENSEN, 1969), também conhecido como o Teste do Alfa.

A verificação do desempenho da carteira P em relação à carteira M pode ser realizada com o teste de significância estatística

$$H_0: \alpha_{P,M} = 0 \qquad (8.26)$$
$$H_1: \alpha_{P,M} \neq 0$$

a um determinado nível de significância. Caso a hipótese nula em (8.26) acabe rejeitada (em favor da hipótese alternativa), isto implicará que o valor de $\alpha_{P,M}$ é significativamente diferente de zero, indicando um desvio dos retornos da carteira P em relação à expressão matemática dada em (8.9), algo que merece investigação por parte do gestor da carteira, com duas situações possíveis para o alfa: estatisticamente significante e positivo, ou estatisticamente significante e negativo.

Caso o alfa seja estatisticamente significante e positivo, isso sinalizará que

$$\mu_P - r_{LR} > \beta_{P,M} \times (\mu_M - r_{LR}) \qquad (8.27)$$

ou seja, que o retorno da carteira P (acima do retorno do ativo livre de risco) supera o que seria razoável esperar de acordo com o CAPM, o que pode ser interpretado como um desempenho "bom" para o período dos dados analisados. Por outro lado, caso o alfa seja estatisticamente significante e negativo, a argumentação será contrária, o que poderá ser interpretado como um desempenho "ruim" para o período dos dados analisados.

Resumindo, carteiras para as quais o Teste de Jensen indica valores significativamente positivos devem ter seu desempenho avaliado como sendo "bom", enquanto carteiras com valores significativamente negativos devem ser avaliados como tendo desempenho passado "ruim".

Ao observarmos o P-Valor na Tabela 8.5 para os seis alfas estimados, constatamos que todos resultam significativamente positivos ao nível de significância de 10%, o que nos permite concluir que os desempenhos (para o período de análise) de todos os fundos foram bons quando comparados ao do Ibovespa. Por outro lado, se testamos ao nível de significância de 1%, somente os alfas dos fundos $F_1$, $F_4$ e $F_6$ resultam significativamente diferentes de zero e positivos, o que nos levaria a afirmar que somente esses três fundos apresentaram bom desempenho para o período dos dados analisado.

### 8.4.2 Teste de Treynor e Mazuy

Uma extensão possível para (8.24) é conforme

$$r_j^P - r_{LR} = \alpha_{P,M} + \beta_{P,M} \times (r_j^M - r_{LR}) + \gamma_{P,M} \times (r_j^M - r_{LR})^2 + \varepsilon_j \quad j = 1,\ldots,m \qquad (8.28)$$

em que o parâmetro $\gamma_{P,M}$, denominado gama, associado ao valor quadrado o retorno da carteira de mercado sobre o retorno do ativo livre de risco, é inserido no modelo. Notamos que o modelo de regressão resultante é agora polinomial de grau dois (DRAPER; SMITH, 1998), com as hipóteses de modelagem mantidas, com $\varepsilon_1, \ldots, \varepsilon_m$ variáveis aleatórias independentes e identicamente distribuídas que satisfazem $E(\varepsilon_1) = 0$ e $Var(\varepsilon_1) = \sigma^2$.

A motivação para a introdução do gama no modelo está relacionada à possibilidade de verificar a habilidade de *market timing* de um gestor de carteira. Em outros termos, a modelagem (8.28) pode ser usada para verificar se o gestor da carteira tem habilidade para antecipar corretamente momentos de alta ou de baixa no mercado, com o índice representativo do mercado subindo ou caindo. Diremos nesse caso que:

a. O gestor apresentou habilidade de *market timing* se $\gamma_{P,M} < 0$, tendo tomado as decisões de forma correta em relação à movimentação observada da carteira M
b. O gestor não realizou *market timing* se $\gamma_{P,M} = 0$.
c. O gestor não apresentou habilidade de *market timing* se $\gamma_{P,M} < 0$, tendo tomado as posições de forma contrária em relação à movimentação observada da carteira M[18].

O teste de significância estatística

$$H_0: \gamma_{P,M} = 0 \qquad (8.29)$$
$$H_1: \gamma_{P,M} \neq 0$$

deve ser aplicado ao modelo (8.28), sendo esse conhecido como o Teste do Gama ou o Teste de Treynor e Mazuy (TREYNOR; MAZUY, 1966).

A Tabela 8.8 resume os valores de gama obtidos para os dados na Tabela 8.5, assim como o P-Valor associado[19]. Vemos que, para o nível de significância de 10%, não há rejeição da hipótese nula em (8.29) para os três primeiros fundos de investimento, $F_1$, $F_2$ e $F_3$, o que sinaliza que os gestores dessas carteiras não realizaram *market timing* de acordo com o Teste do Gama. Para os fundos $F_4$ e $F_6$, notamos que a hipótese nula em (8.29) pode ser rejeitada em favor da hipótese alternativa ao nível de significância de 5%, com os dois gestores apresentando estimativas negativas para os seus gamas, o que sinaliza um desempenho ruim nesses dois casos no que se refere a *market timing*. A pior situação é observada,

---

[18] Em outras palavras, quando o gestor achava que o mercado apresentaria alta, o que se verificou foi queda e, por outro lado, quando o gestor achava que o mercado apresentaria queda, o que se verificou foi alta.
[19] Os resultados citados foram obtidos pelo autor com o uso do pacote estatístico SAS.

no entanto, com o gestor de $F_5$, com uma estimativa negativa para o seu gama, podendo a hipótese nula em (8.29) ser rejeitada ao nível de significância de 1%, o que indica um péssimo desempenho no que se refere a *market timing*.

Tabela 8.8 – Gamas de seis fundos em relação ao Ibovespa

| $\gamma_{F_1,IBOV}$ (P-Valor) | $\gamma_{F_2,IBOV}$ (P-Valor) | $\gamma_{F_3,IBOV}$ (P-Valor) | $\gamma_{F_4,IBOV}$ (P-Valor) | $\gamma_{F_5,IBOV}$ (P-Valor) | $\gamma_{F_6,IBOV}$ (P-Valor) |
|---|---|---|---|---|---|
| -0,36975 (19,76%) | 0,30636 (40,70%) | -0,66370 (10,14%) | -0,62870 (2,52%) | -1,26057 (0,34%) | -0,52327 (3,07%) |

Fonte: o autor

A Figura 8.8 resume os resultados obtidos para esse pior caso, com os valores ajustados para o retorno do fundo $F_5$ acima do ativo livre de risco sobrepostos sobre os dados originais. Podemos observar claramente a concavidade voltada para baixo do ajuste polinomial, relacionado ao valor negativo de seu gama (i.e $\hat{\gamma}_{F_5,IBOV} = 1,26057$)[20].

---

[20] É possível argumentar que os resultados mostrados na Figura 8.8 podem ter sido influenciados pelas quatro observações mais distantes da origem, sendo duas no primeiro quadrante e duas no terceiro quadrante. Nesse caso, tais observações podem ser rotuladas como pontos de alavancagem, o que recomendaria o uso de técnicas de estimação robusta, como discutido em Huber e Ronchetti (2009) e Maronna *et al.* (2018). Outra possibilidade seria retirar essas quatro observações da análise para analisar os seus efeitos sobre os valores na Tabela 8.8. Decidimos utilizar todas as observações neste livro, sem excluir nenhuma delas sob a alegação de se tratar de observação atípica, assim como não utilizarmos técnicas robustas de estimação para (8.28), uma vez que dificultaria a reprodução de nossos resultados pelos leitores (dada a usual maior complexidade computacional quando do uso de estimação robusta em modelos de regressão).

Figura 8.8 – Teste do gama para um fundo de investimento $F_5$

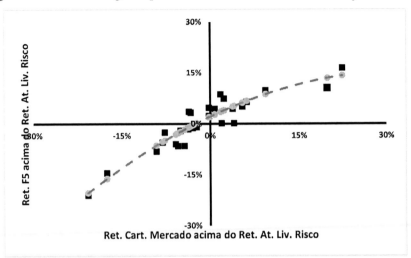

Fonte: o autor

## 8.5 Modelos de Fatores

É possível reescrever a equação (8.9) como

$$\mu_P = (1 - \beta_{P,M}) \times r_{LR} + \beta_{P,M} \times \mu_M \qquad (8.30)$$

o que resulta em

$$E(R_P) = \mu_P = a_P + b_P \times \mu_M = a_P + b_P \times E(R_M) \qquad (8.31)$$

se definirmos $a_P = (1 - \beta_{P,M}) \times r_{LR}$ e $b_P = \beta_{P,M}$.

Na equação (8.31), podemos entender que o retorno esperado da carteira $P$ depende do que chamaremos de um fator de mercado – no caso, o retorno esperado da carteira de mercado $M$. Sob a hipótese de que a equação (8.9) vale para qualquer carteira no mercado, ela deve valer também para qualquer ativo que componha a carteira $M$ [21]. Em outros termos, o retorno esperado de cada ativo depende do fator de mercado representado pelo retorno esperado da carteira $M$, segundo a equação (8.31).

---

[21] É suficiente pensarmos que uma determinada carteira contém apenas um único ativo.

Podemos estender a notação e reescrever (8.31) como

$$E(R_A) = a_A + b_A \times E(F_1) \qquad (8.33)$$

em que $R_A$ denota o retorno de um ativo qualquer que compõe a carteira $M$, e $F_1$ um fator de mercado que influencia o valor esperado de $R_A$.

Como motivação, vejamos as seguintes perguntas:

a. Ao considerarmos o retorno esperado de uma ação de Petrobras para um determinado horizonte de investimento, quais fatores devem ser considerados relevantes para a sua determinação?

  i. O retorno esperado da carteira que representa o mercado[22]?

  ii. O retorno esperado do preço do etanol?

  iii. O retorno esperado do preço do petróleo?

  iv. O retorno esperado do gás natural?

  v. Dado que as *commodities* que a Petrobras negocia têm seus preços determinados nos mercados internacionais, a desvalorização esperada do Real em relação às moedas fortes[23]?

  vi Quais outros fatores de mercado podem influenciar de forma relevante os retornos esperados de uma ação de Petrobras?

A busca de respostas para as indagações do parágrafo anterior nos leva naturalmente a considerar uma extensão para (8.32), conforme sugerido em Fama e French (1992, 1993, 2015); Rosenberg e Guy (1976a, 1976b); Rosenberg e Marathe (1976); Ross (1976); e Sharpe (1992), entre outros, resultando em

$$E(R_A) = a_A + b_{A,1} \times E(F_1) + \ldots + b_{A,n} \times E(F_n) \qquad (8.34)$$

em que $n$ fatores de mercado, $F_1, \ldots, F_n$, passam a ser considerados[24].

O uso de modelos como (8.33) para explicar os retornos esperados de ações levou à adoção na prática do mercado financeiro norte-americano, ao

---

[22] Por exemplo, o Ibovespa.

[23] Por exemplo, US$, £, €, ¥ etc.

[24] Por exemplo, no caso da Petrobras, um fator pode ser a variação do Ibovespa, outros três fatores podem ser as variações dos preços do etanol, petróleo e gás natural nos mercados internacionais, um quinto fator variações da taxa de câmbio R$/US$, e assim por diante.

final da década de 1970, dos chamados modelos setoriais[25]. A hipótese de um modelo setorial é que ações que pertencem ao mesmo setor econômico devem ter os seus preços movendo de forma próxima[26]. Por exemplo, se considerarmos os retornos das ações das instituições financeiras Bradesco (BBDC4) e Itaú-Unibanco (ITUB4), então, o movimento conjunto delas deve ser esperado como mais próximo entre si do que quando os retornos de Bradesco (BBDC4) são comparados aos retornos de Sabesp (SBSP3), Natura (NTCO3) ou Localiza (RENT3).

Os fatores usualmente adotados, no caso do mercado acionário, podem ser classificados em três categorias:

a. Fatores macroeconômicos, como previsão do crescimento do PIB, expectativas de variação de algum índice inflacionário, valorização/desvalorização do Real em relação às moedas fortes etc.

b. Fatores baseados em modelos estatísticos, como aqueles obtidos por meio da análise de componentes principais, das previsões de níveis de volatilidade etc.

c. Fatores fundamentalistas, como indicadores relacionados à liquidez, valor, dividendos, tamanho etc.

No início da década de 1980, um modelo setorial para o mercado acionário norte-americano popularizou de vez modelos como (8.33) na prática: o BARRA US Equity Model E2. Como exemplo, citamos que esse modelo se utilizava de 68 fatores para explicar os retornos de todas as ações negociadas nas bolsas norte-americanas, sendo 13 fatores comuns a todas

---

[25] A afirmação é, na verdade, válida não somente para ações individuais, mas para qualquer carteira com ações. A verificação desse resultado pode ser facilmente obtida para carteiras ao considerarmos a situação com dois ativos, $A$ e $B$, para as quais vale que e $E(R_B) = a_B + b_{B,1} \times E(F_1) + \ldots + b_{B,n} \times E(F_n)$.

Assumindo que tenhamos uma carteira $C$ com $n_A$ e $n_B$ ações de $A$ e $B$, respectivamente, logo,

$R_C = n_A R_A + n_B R_B$; o que nos leva a

$E(R_C) = n_A E(R_A) + n_B E(R_B) = n_A \left( a_A + b_{A,1} \times E(F_1) + \ldots + b_{A,n} \times E(F_n) \right) + n_B \left( a_B + b_{B,1} \times E(F_1) + \ldots + b_{B,n} \times E(F_n) \right)$,

que pode ser reescrito como $E(R_C) = a_C + b_{C,1} \times E(F_1) + \ldots + b_{C,n} \times E(F_n)$, em que

$a_C = n_A a_A + n_B a_B$ e $b_{C,j} = n_A b_{A,j} + n_B b_{B,j}$ para $j = 1, \ldots, n$. Ou seja, os mesmos $n$ fatores de mercado para os quais vale a relação (8.33) no caso de $A$ e $B$ são usados para explicar os retornos esperados da carteira $C$.

[26] Ou seja, podemos dizer que é razoável esperar que ações em um mesmo setor econômico exibam correlações para os seus retornos mais elevadas do que quando são comparadas a ações de outros setores econômicos.

as ações, enquanto 55 específicos para os diferentes setores econômicos considerados. Ainda hoje, as novas modelagens feitas a partir do BARRA US Equity Model E2 são muito populares entre gestores de carteiras nos mercados mais desenvolvidos, como o norte-americano, o europeu, o japonês, o canadense e o australiano. Algumas tentativas foram feitas no Brasil na década de 1990 para replicar o sucesso alcançado no mercado acionário norte-americano pelo BARRA US Equity Model E2, todas resultando em fracasso comercial[27].

Após o sucesso dos modelos de fatores no caso dos mercados acionários, surgiram modelos de fatores para os mercados de renda fixa. A principal diferença entre os modelos dos mercados acionários e de renda fixa está nos conjuntos de fatores adotados na modelagem estatística. Os fatores macroeconômicos e estatísticos tendem a ser similares nos dois casos, mas, em vez de fatores fundamentalistas, no caso dos mercados de renda fixa os fatores estão relacionados basicamente a dois grupos:

a. Fatores creditícios, como indicadores da evolução dos *spreads*[28] para diferentes classificações de crédito.
b. Fatores da estrutura a termos das taxas de juros, como indicadores da inclinação e/ou torção da curva, assim como expectativas de movimentações paralelas.

Assim como no caso dos modelos dos mercados acionários, os modelos desenvolvidos para os mercados de renda fixa mais desenvolvidos têm atingido sucesso comercial. Desconhecemos o desenvolvimento de modelos de fatores para o mercado de renda fixa brasileiro que tenha atingido sucesso comercial, como já mencionado anteriormente para o caso do mercado acionário local.

É possível reescrever (8.34) como um modelo de regressão linear múltipla, ou seja,

$$(R_A)_i = a_A + b_{A,1} \times (F_1)_i + \ldots + b_{A,n} \times (F_n)_i + \epsilon_i \ , i = 1 \ldots, m \quad (8.35)$$

em $(R_A)_1, \ldots, (R_A)_m, (F_1)_1, \ldots, (F_1)_m, \ldots, (F_n)_1, \ldots, (F_n)_m$ que denotam observações para a variável dependente, assim como para as variáveis

---

[27] Como discutido em Duarte Jr. e Mendes (1998b), há questões de modelagem e estimação que tornam o problema bem mais difícil em mercados menos desenvolvidos, como o brasileiro, em que os choques nos preços dos ativos podem ser mais frequentes e de maior magnitude quando comparados aos observados nos mercados mais desenvolvidos.
[28] Sobre a taxa de juros livre de riscos.

independentes, com $\epsilon_1,\ldots,\epsilon_m$ representando os erros do modelo. Uma vez coletadas observações para as variáveis dependentes e independentes e escolhido o método de estimação, estimativas para os $n+1$ parâmetros $a_A, b_{A,1}, \ldots b_{A,n}$ podem ser obtidas.

As aplicações práticas dos modelos de fatores são muitas, das quais apresentamos duas no restante deste capítulo: Análise de Estilos e *Arbitrage Pricing Theory*.

### 8.5.1 Análise de Estilos

A análise de estilos foi proposta em Sharpe (1988) e revisitada em Sharpe (1992) para o caso de fundos de investimentos. A motivação é a averiguação de como decompor os retornos passados de um fundo de investimento em diversos fatores[29]. Em outros termos, dado o modelo (8.34) com a hipótese de que $a_A = 0$, deseja-se estimar os $n$ parâmetros $b_{A,1}, \ldots b_{A,n}$ usualmente submetidos a algumas restrições lineares como veremos no exemplo real da análise de estilos apresentado a seguir.

Um gestor de fundos de investimentos brasileiro decidiu lançar, em 1997, um fundo de renda fixa de títulos soberanos de países emergentes latino-americanos – Brasil, Argentina e México – com retornos medidos em US$. Havia no mercado um grande gestor norte-americano, com ótima reputação global, que já oferecia um fundo que se propunha a investir em títulos soberanos de países emergentes, com retornos em US$, incluindo não apenas os três países latino-americanos já citados, mas também países do leste europeu – principalmente Rússia, mas também Bulgária. Havia, então, o interesse do gestor brasileiro em compreender como haviam sido as alocações do gestor norte-americano nos anos anteriores, o que não era possível de forma direta dado que não era possível acessar o histórico dessas posições. O autor propôs a análise de estilos com o uso dos retornos semanais do fundo norte-americano e de índices de mercado divulgados na época para os títulos soberanos dos países emergentes de interesse. Em adição, decidiu-se considerar como fatores os retornos em títulos do tesouro norte-americano, tanto no curto prazo (T-Bills) quanto no longo prazo (T-Bonds).

O modelo de fatores resultante para a análise pôde ser escrito como

---

[29] No caso específico de fundos de investimentos, usualmente índices de mercado.

$$E(R_F) = b_{T-Bills} \times E(F_{T-Bills}) + b_{T-Bonds} \times E(F_{T-Bonds}) + b_{ARG} \times E(F_{ARG}) + \quad (8.36)$$
$$+ b_{BRA} \times E(F_{BRA}) + b_{BUL} \times E(F_{BUL}) + b_{MEX} \times E(F_{MEX}) + b_{RUS} \times E(F_{RUS})$$

em que $R_F$ denota o retorno do fundo e $F_{T-Bills}$, $F_{T-Bonds}$, $F_{ARG}$, $F_{BRA}$, $F_{BUL}$, $F_{MEX}$ e $F_{RUS}$ os sete fatores de mercado identificados com índices de acordo com a Tabela 8.9. Por fim, aos parâmetros $b_{T-Bills}$, $b_{T-Bonds}$, $b_{ARG}$, $b_{BRA}$, $b_{BUL}$, $b_{MEX}$, $b_{RUS}$ foram impostas as seguintes restrições lineares[30]:

$$b_{T-Bills} + b_{T-Bonds} + b_{ARG} + b_{BRA} + b_{BUL} + b_{MEX} + b_{RUS} = 100\% \quad (8.37)$$
$$b_{T-Bills}, b_{T-Bonds}, b_{ARG}, b_{BRA}, b_{BUL}, b_{MEX}, b_{RUS} \geq 0$$

Tabela 8.9 – Fatores de mercado

| Fator de Mercado | Explicação |
| --- | --- |
| $F_{T-Bills}$ | Retorno Semanal das *Treasury Bills 1-month* |
| $F_{T-Bonds}$ | Retorno Semanal do *Salomon Brothers US Government Bond Index* |
| $F_{ARG}$ | Retorno Semanal do *Salomon Brothers Sovereign Argentina* |
| $F_{BRA}$ | Retorno Semanal do *Salomon Brothers Sovereign Brazil* |
| $F_{BUL}$ | Retorno Semanal do *Salomon Brothers Sovereign Bulgaria* |
| $F_{MEX}$ | Retorno Semanal do *Salomon Brothers Sovereign Mexico* |
| $F_{RUS}$ | Retorno Semanal do *Salomon Brothers Sovereign Russia* |

Fonte: o autor

Foram coletadas observações de retornos semanais para o fundo e os sete fatores de mercado entre janeiro de 1993 e dezembro de 1997. O modelo de regressão linear múltipla adotado foi

---

[30] Podemos observar que as restrições garantem que somente posições compradas podem ser tomadas e que o investimento deve ser feito na sua totalidade nos sete fatores adotados.

$$(R_F)_i = b_{T-Bills} \times E(F_{T-Bills}) + b_{T-Bonds} \times E(F_{T-Bonds}) + b_{ARG} \times E(F_{ARG}) + \qquad (8.38)$$
$$+ b_{BRA} \times E(F_{BRA}) + b_{BUL} \times E(F_{BUL}) + b_{MEX} \times E(F_{MEX}) + b_{RUS} \times E(F_{RUS}) + \epsilon_i \quad i = 1, \dots, n$$

com seus parâmetros sujeitos às restrições expostas em (8.37) e estimados pelo método robusto da Mínima Mediana Quadrada (HUBER; RONCHETTI, 2009)[31].

Foram obtidas estimativas para os sete parâmetros de (8.38) para o período compreendido entre janeiro de 1995 e dezembro de 1997, conforme ilustrado na Figura 8.9. Janelas móveis com dois anos de dados[32] foram usadas para o processo de estimação[33]. Na Figura 8.9, exibimos apenas os valores para os sete parâmetros $b_{T-Bills}$, $b_{T-Bonds}$, $b_{ARG}$, $b_{BRA}$, $b_{BUL}$, $b_{MEX}$, $b_{RUS}$ correspondentes às últimas semanas de cada mês, dado que a evolução dos referidos parâmetros é suave.

Figura 8.9 – Análise de estilo para um fundo soberano de países emergentes

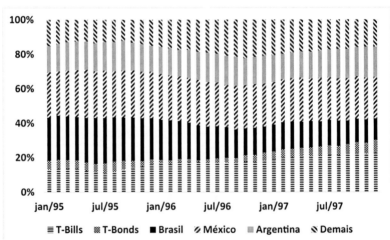

Fonte: o autor

---

[31] Em mercados emergentes, os retornos dos ativos usualmente apresentam muitas observações atípicas, o que pode causar problemas em processos de estimação que não sejam robustos, como devidamente ilustrado em Duarte Jr. e Mendes (1998a, 1998b, 1999) e Reyna *et al.* (1999, 2005).

[32] Ou seja, 104 observações semanais.

[33] Por exemplo, para a primeira semana de janeiro de 1995, foram usadas as 104 observações precedentes, compreendendo o período da segunda semana de janeiro de 1993 até a primeira semana de janeiro de 1995, e assim por diante, até a última semana de dezembro de 1997, quando foi usado o período da primeira semana de janeiro de 1995 até a última semana de dezembro de 1997.

A análise da Figura 8.9 nos permite concluir que:

a. A alocação no Brasil caiu consistentemente para o período exibido. Lembremos que a situação econômica do país seguiu depreciando desde a Crise Mexicana (meados de 1994)[34] até Crise Cambial Brasileira (início de 1999)[35].

b. As alocações em Argentina e México se mantiveram praticamente estáveis no período analisado.

c. Há um suave aumento das alocações em títulos do tesouro norte-americano (T-Bills e T-Bonds) no período exibido. Lembremos que, após a Crise Mexicana, vieram outras pequenas crises em países dos mercados emergentes intercaladas por duas grandes situações, denominadas Crise Asiática (meados de 1997)[36] e Crise Russa (meados de 1998)[37], culminando com a Crise Cambial Brasileira.

d. Por fim, as alocações representadas em Outros[38] apresenta um crescimento de meados de 1995 até o final de 1996 às custas da queda das alocações no Brasil e, a seguir, mostra um decréscimo regular já em antecipação à piora da condição da Rússia em 1997, até culminar com a Crise Russa de 1998.

Agora, deve estar claro para o leitor a riqueza da informação disponibilizada na Figura 8.9 e, por conseguinte, a utilidade na prática da análise de estilos – e dos modelos de fatores.

---

[34] Também chamada de Efeito Tequila nos mercados internacionais, quando uma crise política interna nos primeiros dias do governo do presidente Ernesto Zedillo deflagrou uma crise de confiança internacional em relação ao país, causando grande fuga de capitais e a abrupta desvalorização da moeda, Peso Mexicano, em relação às moedas fortes (US$, £, € etc.).

[35] Também chamada Efeito Samba nos mercados internacionais, ocorreu quando o país mudou de um regime de bandas cambiais para o regime de câmbio flutuante, experimentando forte desvalorização de sua moeda, Real, em relação às moedas fortes.

[36] Mais uma vez, a grande fuga de capitais forçou a desvalorização de várias moedas de países no oriente e no sudeste asiático, como Coreia do Sul, Tailândia, Cingapura, Filipinas, Indonésia e Malásia.

[37] Forte desvalorização da moeda russa e declaração de moratória derrubaram os mercados locais e emergentes.

[38] Na análise mostrada na Figura 8.9, as alocações em Outros compreendem os montantes somados investidos em Rússia e Bulgária.

### 8.5.2 Arbitrage Pricing Theory

#### 8.5.2.1 Um Fator de Mercado

Assumimos, nesta seção, que um investidor tem em sua carteira um conjunto de quatro ativos: $W, X, Y$ e $Z$; e que para os quatro ativos tenha sido identificado um único fator de mercado responsável por reger os retornos esperados deles, conforme

$$E(R_W) = a_W + b_W \times E(F_1) \quad (8.39)$$
$$E(R_X) = a_X + b_X \times E(F_1)$$
$$E(R_Y) = a_Y + b_Y \times E(F_1)$$
$$E(R_Z) = a_Z + b_Z \times E(F_1)$$

Assumimos também que os parâmetros em (8.38) são conforme exibidos na Tabela 8.10, assim como as alocações iniciais em cada ativo. Sob a hipótese de que o retorno esperado do fator de mercado para o próximo horizonte de investimento é 10%, os retornos esperados dos quatro ativos são conforme a Tabela 8.10[39], o que nos permite obter o retorno esperado da carteira consolidda para a alocação inicial, $E(R_C^{inicial})$, como sendo

$$E(R_C^{inicial}) = x_W^{inicial} \times E(R_W) + x_X^{inicial} \times E(R_X) + x_Y^{inicial} \times E(R_Y) + x_Z^{inicial} \times E(R_Z) = \quad (8.40)$$
$$= 21,51\% \times 12\% + 26,88\% \times 17\% + 19,35\% \times 9\% + 32,26\% \times 14\% \approx 13,41\%$$

Tabela 8.10 – Arbitragem com um fator de mercado

| Ativo | Coeficientes "a" | Coeficientes "b" | Alocação Inicial (R$) | Alocação Inicial (%) | Retorno Esperado |
|---|---|---|---|---|---|
| $W$ | 3% | 0,9 | 100.000 | 21,51% | 12% |
| $X$ | 5% | 1,2 | 125.000 | 26,88% | 17% |
| $Y$ | 2% | 0,7 | 90.000 | 19,35% | 9% |

---

[39] Por exemplo, temos que

$E(R_W) = a_W + b_W \times E(F_1) = 3\% + 0,9 \times E(F_1) = 3\% + 0,9 \times 10\% = 12\%$ e, de forma análoga, para os demais ativos.

| Z | 4% | 1,0 | 150.000 | 32,26% | 14% |
|---|---|---|---|---|---|
| | | | 465.000 | 100% | 13,41% |

Fonte: o autor

Fazemos agora a hipótese que não há qualquer custo para efetuar compras e vendas de ativos. É natural que o gestor pergunte: é possível realocar os recursos já disponíveis[40] nos mesmos quatro ativos com um retorno esperado maior, sem que flutuações do fator de mercado tenham impacto nos valores finais e não tendo ao final posições vendidas? Caso a reposta resulte positiva, podemos pensar em uma situação na qual uma oportunidade de "arbitragem" está disponível, o que deve ser imediatamente explorada pelo gestor. Em outros termos, partindo da alocação inicial disponibilizada na Tabela 8.10, com $x_W^{inicial} = 21,51\%$, $x_X^{inicial} = 26,88\%$, $x_Y^{inicial} = 19,35\%$ e $x_Z^{inicial} = 32,26\%$, quais deveriam ser as novas alocações, $x_W^{final}$, $x_X^{final}$, $x_Y^{final}$ e $x_Z^{final}$, de forma a maximizar o valor de $E\left(R_C^{final}\right)$ sem que possa haver qualquer impacto de alterações no valor esperado do fator de mercado, $E(F_1)$?

Definindo

$$\delta_W = x_W^{final} - x_W^{inicial} \quad (8.41)$$
$$\delta_X = x_X^{final} - x_X^{inicial}$$
$$\delta_Y = x_Y^{final} - x_Y^{inicial}$$
$$\delta_Z = x_Z^{final} - x_Z^{inicial}$$

podemos obter que

---

[40] Ou seja, no total de R$465.000, sem alteração do montante.

$$E\left(R_C^{final}\right) - E\left(R_C^{inicial}\right) = \tag{8.42}$$

$$= x_W^{final} \times E(R_W) + x_X^{final} \times E(R_X) + x_Y^{final} \times E(R_Y) + x_Z^{final} \times E(R_Z) -$$
$$- x_W^{inicial} \times E(R_W) - x_X^{inicial} \times E(R_X) - x_Y^{inicial} \times E(R_Y) - x_Z^{inicial} \times E(R_Z) =$$
$$= \left(x_W^{final} - x_W^{inicial}\right) \times E(R_W) + \left(x_X^{final} - x_X^{inicial}\right) \times E(R_X) +$$
$$+ \left(x_Y^{final} - x_Y^{inicial}\right) \times E(R_Y) + \left(x_Z^{final} - x_Z^{inicial}\right) \times E(R_Z) =$$
$$= \delta_W \times E(R_W) + \delta_X \times E(R_X) + \delta_Y \times E(R_Y) + \delta_Z \times E(R_Z) =$$
$$= \delta_W \times \left(a_W + b_W \times E(F_1)\right) + \delta_X \times \left(a_X + b_X \times E(F_1)\right) +$$
$$+ \delta_Y \times \left(a_Y + b_Y \times E(F_1)\right) + \delta_Z \times \left(a_Z + b_Z \times E(F_1)\right) = \ldots =$$
$$= \delta_W \times a_W + \delta_X \times a_X + \delta_Y \times a_Y + \delta_Z \times a_Z +$$
$$+ \left(\delta_W \times b_W + \delta_X \times b_X + \delta_Y \times b_Y + \delta_Z \times b_Z\right) \times E(F_1)$$

As seguintes restrições devem ser requeridas:

a. O requerimento que alterações no valor esperado do fator de mercado não tenham impacto pode ser modelado impondo que

$$\delta_W \times b_W + \delta_X \times b_X + \delta_Y \times b_Y + \delta_Z \times b_Z = 0 \tag{8.43}$$

b. O requerimento de que não haja alteração nas quantidades realocadas pode ser imposto com a restrição

$$\delta_W + \delta_X + \delta_Y + \delta_Z = 0 \tag{8.44}$$

c. O requerimento que as alocações finais sejam todas não-negativas pode ser posta com

$$x_W^{final} = \delta_W + x_W^{inicial} \geq 0 \tag{8.45}$$
$$x_X^{final} = \delta_X + x_X^{inicial} \geq 0$$
$$x_Y^{final} = \delta_Y + x_Y^{inicial} \geq 0$$
$$x_Z^{final} = \delta_Z + x_Z^{inicial} \geq 0$$

Podemos também observar de (8.41) que maximizar $E\left(R_C^{final}\right)$ é equivalente a maximizar $\delta_W \times a_W + \delta_X \times a_X + \delta_Y \times a_Y + \delta_Z \times a_Z$ sob a restrição (8.42), o que permite escrever a formulação do problema (na forma mais compacta possível) para as ações em (8.38) como

Maximizar $\quad \delta_W \times a_W + \delta_X \times a_X + \delta_Y \times a_Y + \delta_Z \times a_Z \quad$ (8.46)

Sujeito a: $\quad \delta_W \times b_W + \delta_X \times b_X + \delta_Y \times b_Y + \delta_Z \times b_Z = 0$

$$\delta_W + \delta_X + \delta_Y + \delta_Z = 0$$
$$\delta_W + x_W^{inicial} \geq 0$$
$$\delta_X + x_X^{inicial} \geq 0$$
$$\delta_Y + x_Y^{inicial} \geq 0$$
$$\delta_Z + x_Z^{inicial} \geq 0$$

O resultado é um problema de programação linear que pode ser facilmente resolvido com qualquer pacote comercial de otimização linear. Para o caso específico do conjunto de dados na Tabela 8.10, (8.44) resulta em

Maximizar $\quad \delta_W \times 3\% + \delta_X \times 5\% + \delta_Y \times 2\% + \delta_Z \times 4\% \quad$ (8.47)

Sujeito a: $\quad \delta_W \times 0,9 + \delta_X \times 1,2 + \delta_Y \times 0,7 + \delta_Z \times 1,0 = 0$

$$\delta_W + \delta_X + \delta_Y + \delta_Z = 0$$
$$\delta_W + 21,51\% \geq 0$$
$$\delta_X + 26,88\% \geq 0$$
$$\delta_Y + 19,35\% \geq 0$$
$$\delta_Z + 32,26\% \geq 0$$

cuja solução ótima é $\delta_W^* = -21,51\%$, $\delta_X^* = -26,88\%$, $\delta_Y^* = -10,75\%$, $\delta_Z^* = +59,14\%$, resumida na Tabela 8.11.

Tabela 8.11 – Alocação final após arbitragem

| Ativo | Alocação Inicial | Ret. Esp. Inicial | Delta ($\delta$) | Alocação Final | Ret. Esp. Final | Variação Ret. Esp. |
|---|---|---|---|---|---|---|
| $W$ | 21,51% | 12% | -21,51% | 0,00% | 12% | -0,65% |
| $X$ | 26,88% | 17% | -26,88% | 0,00% | 17% | -1,34% |
| $Y$ | 19,35% | 9% | -10,75% | 8,60% | 9% | -0,22% |

| Z | 32,26% | 14% | 59,14% | 91,40% | 14% | +2,37% |
|---|---|---|---|---|---|---|
|  | 100% | 13,41% |  | 100% | 13,57% | +0,16% |

Fonte: o autor

Da Tabela 8.11 observamos que o retorno esperado da carteira ao final da operação de arbitragem é 13,57%, ou seja, aproximadamente 0,16% acima do retorno esperado da carteira obtido com a alocação inicial. Esse incremento de retorno esperado é obtido após a retirada total dos montantes inicialmente alocados nos ativos $W$ e $X$, da retirada parcial do montante no ativo $Y$, com a migração desses desinvestimentos para o ativo $Z$, que termina com 91,40% da carteira total.

### 8.5.2.2 Dois Fatores de Mercado

Suponhamos agora que um gestor de carteiras possua cinco ativos, $V$, $W$, $X$, $Y$ e $Z$, para os quais é válido que

$$E(R_V) = a_V + b_{V1} \times E(F_1) + b_{V2} \times E(F_2)$$
$$E(R_W) = a_W + b_{W1} \times E(F_1) + b_{W2} \times E(F_2)$$
$$E(R_X) = a_X + b_{X1} \times E(F_1) + b_{X2} \times E(F_2)$$
$$E(R_Y) = a_Y + b_{Y1} \times E(F_1) + b_{Y2} \times E(F_2)$$
$$E(R_Z) = a_V + b_{Z1} \times E(F_1) + b_{Z2} \times E(F_2)$$
(8.48)

Assumimos que os parâmetros em (8.46) são conforme exibidos na Tabela 8.12, incluídas as alocações iniciais nos ativos. Supondo que os retornos esperados dos dois fatores de mercado foram previstos em 10% e 5% para o horizonte de investimento, logo, os retornos esperados dos quatro ativos são conforme a Tabela 8.12[41], o que nos permite obter o retorno esperado da carteira consolidada para a alocação inicial, $E\left(R_C^{inicial}\right)$, como sendo

---

[41] Por exemplo, temos que

$E(R_V) = a_V + b_{V1} \times E(F_1) + b_{V2} \times E(F_2) = 1\% + 0,8 \times E(F_1) + 1,1 \times E(F_2) = 1\% + 0,8 \times 10\% + 1,1 \times 5\% = 14,5\%$

e, de forma análoga, para os demais ativos.

$$E\left(R_C^{inicial}\right) = x_V^{inicial} \times E(R_V) + x_W^{inicial} \times E(R_W) + x_X^{inicial} \times E(R_X) + \quad (8.49)$$
$$+ x_Y^{inicial} \times E(R_Y) + x_Z^{inicial} \times E(R_Z) = 17{,}70\% \times 14{,}5\% + 17{,}70\% \times 17{,}5\% +$$
$$22{,}12\% \times 23{,}5\% + 15{,}93\% \times 13{,}5\% + 26{,}55\% \times 18{,}0\% \approx 17{,}79\%$$

Tabela 8.12 – Arbitragem com dois fatores de mercado

| Ativo | Coeficientes "$a$" | Coeficientes "$b_1$" | Coeficientes "$b_2$" | Alocação Inicial (R$) | Alocação Inicial (%) | Retorno Esperado |
|---|---|---|---|---|---|---|
| $V$ | 1% | 0,8 | 1,1 | 100.000 | 17,70% | 14,5% |
| $W$ | 3% | 0,9 | 1,1 | 100.000 | 17,70% | 17,5% |
| $X$ | 5% | 1,2 | 1,3 | 125.000 | 22,12% | 23,5% |
| $Y$ | 2% | 0,7 | 0,9 | 90.000 | 15,93% | 13,5% |
| $Z$ | 4% | 1,0 | 0,8 | 150.000 | 26,55% | 18,0% |
|   |   |   |   | 565.000 | 100% | 17,79% |

Fonte: o autor

Uma pergunta parecida com a que levou à obtenção do problema de programação linear (8.44) pode ser repetida aqui: seria possível mover recursos entre os cinco ativos, de forma a aumentar o valor esperado da carteira consolidada sem que houvesse qualquer sensibilidade a alterações nos valores esperados dos dois fatores nas equações em (8.46) e não tendo ao final posições vendidas? Para tal, coloquemos a notação

$$\delta_V = x_V^{final} - x_V^{inicial} \quad (8.48)$$
$$\delta_W = x_W^{final} - x_W^{inicial}$$
$$\delta_X = x_X^{final} - x_X^{inicial}$$
$$\delta_Y = x_Y^{final} - x_Y^{inicial}$$
$$\delta_Z = x_Z^{final} - x_Z^{inicial}$$

que leva a

$$E\left(R_C^{final}\right) - E\left(R_C^{inicial}\right) = x_V^{final} \times E(R_V) + x_W^{final} \times E(R_W) + \qquad (8.50)$$
$$+ x_X^{final} \times E(R_X) + x_Y^{final} \times E(R_Y) + x_Z^{final} \times E(R_Z) - x_V^{inicial} \times E(R_V) -$$
$$- x_W^{inicial} \times E(R_W) - x_X^{inicial} \times E(R_X) - x_Y^{inicial} \times E(R_Y) - x_Z^{inicial} \times E(R_Z) =$$
$$= \left(x_V^{final} - x_V^{inicial}\right) \times E(R_V) + \left(x_W^{final} - x_W^{inicial}\right) \times E(R_W) + \left(x_X^{final} - x_X^{inicial}\right) \times E(R_X) +$$
$$+ \left(x_Y^{final} - x_Y^{inicial}\right) \times E(R_Y) + \left(x_Z^{final} - x_Z^{inicial}\right) \times E(R_Z) =$$
$$= \delta_V \times E(R_V) + \delta_W \times E(R_W) + \delta_X \times E(R_X) + \delta_Y \times E(R_Y) + \delta_Z \times E(R_Z) =$$
$$= \delta_V \times \left(a_V + b_{V1} \times E(F_1) + b_{V2} \times E(F_2)\right) + \delta_W \times \left(a_W + b_{W1} \times E(F_1) + b_{W2} \times E(F_2)\right) +$$
$$+ \delta_X \times \left(a_X + b_{X1} \times E(F_1) + b_{X2} \times E(F_2)\right) + \delta_Y \times \left(a_Y + b_{Y1} \times E(F_1) + b_{Y2} \times E(F_2)\right) +$$
$$\delta_Z \times \left(a_Z + b_{Z1} \times E(F_1) + b_{Z2} \times E(F_2)\right) = \ldots =$$
$$= \delta_V \times a_V + \delta_W \times a_W + \delta_X \times a_X + \delta_Y \times a_Y + \delta_Z \times a_Z +$$
$$+ \left(\delta_V \times b_{V1} + \delta_W \times b_{W1} + \delta_X \times b_{X1} + \delta_Y \times b_{Y1} + \delta_Z \times b_{Z1}\right) \times E(F_1) +$$
$$+ \left(\delta_V \times b_{V2} + \delta_W \times b_{W2} + \delta_X \times b_{X2} + \delta_Y \times b_{Y2} + \delta_Z \times b_{Z2}\right) \times E(F_2)$$

Mais uma vez, um conjunto de restrições necessita ser especificado:

    a. O requerimento que alterações nos valores esperados dos fatores de mercado não tenham impacto impõe que

$$\delta_V \times b_{V1} + \delta_W \times b_{W1} + \delta_X \times b_{X1} + \delta_Y \times b_{Y1} + \delta_Z \times b_{Z1} = 0 \qquad (8.51)$$
$$\delta_V \times b_{V2} + \delta_W \times b_{W2} + \delta_X \times b_{X2} + \delta_Y \times b_{Y2} + \delta_Z \times b_{Z2} = 0$$

    b. O requerimento de que não haja alteração nas quantidades realocadas, o que resulta em

$$\delta_V + \delta_W + \delta_X + \delta_Y + \delta_Z = 0 \qquad (8.52)$$

    c. O requerimento de que não haja ao final posições vendidas impõe

$$x_V^{final} = \delta_V + x_V^{inicial} \geq 0 \qquad (8.53)$$
$$x_W^{final} = \delta_W + x_W^{inicial} \geq 0$$
$$x_X^{final} = \delta_X + x_X^{inicial} \geq 0$$
$$x_Y^{final} = \delta_Y + x_Y^{inicial} \geq 0$$
$$x_Z^{final} = \delta_Z + x_Z^{inicial} \geq 0$$

Podemos mais uma vez observar de (8.49) que maximizar $E\left(R_C^{final}\right)$ é equivalente a maximizar $\delta_V \times a_V + \delta_W \times a_W + \delta_X \times a_X + \delta_Y \times a_Y + \delta_Z \times a_Z$ sob as restrições dadas (8.50), o que resulta no problema de otimização

Maximizar $\delta_V \times a_V + \delta_W \times a_W + \delta_X \times a_X + \delta_Y \times a_Y + \delta_Z \times a_Z$ (8.54)
Sujeito a: $\delta_V \times b_{V1} + \delta_W \times b_{W1} + \delta_X \times b_{X1} + \delta_Y \times b_{Y1} + \delta_Z \times b_{Z1} = 0$
$\delta_V \times b_{V2} + \delta_W \times b_{W2} + \delta_X \times b_{X2} + \delta_Y \times b_{Y2} + \delta_Z \times b_{Z2} = 0$
$\delta_V + \delta_W + \delta_X + \delta_Y + \delta_Z = 0$
$\delta_V + x_V^{inicial} \geq 0$
$\delta_W + x_W^{inicial} \geq 0$
$\delta_X + x_X^{inicial} \geq 0$
$\delta_Y + x_Y^{inicial} \geq 0$

Substituindo os valores exibidos na Tabela 8.12 no problema (8.53), temos

Maximizar $\delta_V \times 1\% + \delta_W \times 3\% + \delta_X \times 5\% + \delta_Y \times 2\% + \delta_Z \times 4\%$ (8.55)
Sujeito a: $\delta_V \times 0,8 + \delta_W \times 0,9 + \delta_X \times 1,2 + \delta_Y \times 0,7 + \delta_Z \times 1,1 = 0$
$\delta_V \times 1,1 + \delta_W \times 1,1 + \delta_X \times 1,3 + \delta_Y \times 0,9 + \delta_Z \times 0,8 = 0$
$\delta_V + \delta_W + \delta_X + \delta_Y + \delta_Z = 0$
$\delta_V + 17,70\% \geq 0$
$\delta_W + 17,70\% \geq 0$
$\delta_X + 22,12\% \geq 0$
$\delta_Y + 15,93\% \geq 0$
$\delta_Z + 26,55\% \geq 0$

cuja solução ótima é $\delta_V^* = -17,70\%$, $\delta_W^* = -17,70\%$, $\delta_X^* = 15,62\%$, $\delta_Y^* = 28,11\%$, $\delta_Z^* = -8,33\%$, resumida na Tabela 8.13.

Tabela 8.13 – Alocação final após arbitragem

| Ativo | Alocação Inicial | Ret. Esp. Inicial | Delta ($\delta$) | Alocação Final | Ret. Esp. Final | Variação Ret. Esp. |
|---|---|---|---|---|---|---|
| V | 17,70% | 14,5% | -17,70% | 0,00% | 14,5% | -2,57% |
| W | 17,70% | 17,5% | -17,70% | 0,00% | 17,5% | -3,10% |
| X | 22,12% | 23,5% | 15,62% | 37,74% | 23,5% | +3,67% |
| Y | 15,93% | 13,5% | 28,11% | 44,04% | 13,5% | +3,79% |
| Z | 26,55% | 18,0% | -8,33% | 18,22% | 18,0% | -1,50% |
|   | 100% | 17,79% |   | 100% | 18,09% | +0,30% |

Fonte: o autor

Da Tabela 8.13 observamos que o retorno esperado da carteira ao final da operação de arbitragem é aproximadamente 0,30% ($\approx$ 18,09% – 17,79%), maior do que o retorno esperado inicial. Esse incremento de retorno esperado é obtido após a retirada total dos montantes inicialmente alocados nos ativos V e W, com a retirada parcial da alocação inicial em Z e com incrementos diferenciados nas posições dos outros dois ativos, X e Y.

# 9

# AVALIAÇÃO DO DESEMPENHO PASSADO DE CARTEIRAS

*Se queres prever o futuro, estuda o passado.*

*(Confúcio)*

O objeto de estudo deste capítulo é a investigação do desempenho passado de carteiras de investimento para a determinação de quais merecem destaque em relação às demais, dado um conjunto de critérios definidos previamente.

Como motivação, consideremos o trabalho de um gerente na área de *private banking* de uma instituição financeira. Uma de suas principais atividades diárias consiste em sugerir aos seus clientes diferentes possibilidades para a alocação de suas reservas financeiras. Dentre as várias possibilidades de investimento estão títulos de renda fixa, ações, fundos de investimento e derivativos. Esse gerente certamente se defrontará com o seguinte questionamento: entre as carteiras que podem ser disponibilizadas para o seu cliente, qual apresentou o melhor desempenho no passado recente?

Uma resposta muito comum a esse questionamento, encontrada, por exemplo, em revistas e jornais que cobrem o mercado de fundos de investimento, reside em efetuar uma comparação direta dos retornos acumulados dos diferentes fundos, ordenando-os do "melhor" (maior retorno acumulado) para o "pior" (menor retorno acumulado). Como abordaremos neste capítulo, é possível realizar uma análise bem mais embasada e profunda das diversas possibilidades de investimento com o uso de diversas metodologias que consideram não apenas retornos (médios ou acumulados), mas também medidas de risco, razões de eficiência, testes estatísticos de aderência e de liquidez, entre outros. É até possível a utilização de critérios qualitativos[42] em tal análise, como ilustrado em Lisboa e Duarte Jr. (2013); Medeiros e Duarte Jr. (2016); e Silva e Duarte (2018), três exemplos práticos do mercado financeiro brasileiro.

---

[42] Por exemplo, *ratings*, experiência passada dos gestores, rotatividade dos profissionais, qualidade dos sistemas computacionais usados, análise das estruturas internas de conformidade, gestão de riscos e auditoria, entre outros critérios qualitativos.

Lembramos que, muito embora o desempenho passado não garanta o desempenho futuro, é sempre importante entender como diferentes carteiras ou gestores se comportaram no passado diante de diferentes condições de mercado, como períodos turbulentos (FRIEND; VICKERS, 1965). Essa é uma tarefa importante da etapa de reavaliação da Política de Investimento, uma vez que permite planejar o futuro com mais conhecimento e segurança[43].

Como as metodologias usadas para a avaliação do desempenho passado de carteiras ativas e passivas indexadas diferem entre si, o capítulo se encontra dividido em duas seções, uma para cada estratégia de gestão.

## 9.1 Carteiras Ativas

Nesta primeira seção, consideramos as seguintes metodologias para a análise de desempenho passado de carteiras ativas:

a. Relações de Dominância.
b. Razões de Eficiência.
c. Janelas Móveis.
d. Teste de Jensen.
e. Teste de Treynor e Mazuy.
f. Gráfico de Balzer.
g. Análise de Farrar.

### 9.1.1 Relações de Dominância

Para fins de ilustração numérica, utilizamos os fundos de investimento cujos retornos estão disponibilizados na Tabela 8.5[44]. A Tabela 9.1 resume estatísticas de retorno e risco para o período total de análise dos seis fundos de investimento e do Ibovespa. As duas medidas de retorno adotadas foram o retorno médio e o retorno médio geométrico, enquanto as duas medidas de risco adotadas foram o desvio padrão e o *downside deviation* (com a LIBOR US$ usada como o mínimo retorno aceitável)[45].

---

[43] Conforme explicado no Capítulo 5.
[44] Convém lembrar que são seis fundos de investimento ativos que se propõem a superar o desempenho do Ibovespa. Todos os retornos estão em US$, sendo que as observações são mensais, de novembro de 2010 até fevereiro de 2013, compreendendo 28 meses. A LIBOR US$ exerce o papel do ativo livre de risco.
[45] Caso o leitor não recorde essas quatro medidas, sugerimos a releitura do Capítulo 1, em que todas foram devidamente apresentadas.

Tabela 9.1 – Retorno e risco de seis fundos e do Ibovespa

|  | $F_1$ | $F_2$ | $F_3$ | $F_4$ | $F_5$ | $F_6$ | Ibovespa |
|---|---|---|---|---|---|---|---|
| Retorno Médio | 0,53% | 0,51% | 0,42% | 0,80% | 0,41% | 0,54% | -0,88% |
| Retorno Médio Geométrico | 0,34% | 0,41% | 0,18% | 0,69% | 0,11% | 0,37% | -1,27% |
| Desvio Padrão | 6,12% | 4,50% | 6,87% | 4,84% | 7,65% | 5,69% | 8,84% |
| *Downside Deviation* | 4,04% | 2,81% | 4,74% | 3,18% | 5,61% | 3,84% | 6,31% |

Fonte: o autor

A possibilidade mais simples para a comparação do desempenho passado de carteiras de investimento requer o estabelecimento das relações de dominância entre as carteiras de interesse, como devidamente explicado no Capítulo 6[46].

Como primeiro exemplo, ao considerarmos somente o retorno médio para a escolha dos melhores fundos entre os seis, rotularemos $F_4$ como aquele de melhor desempenho, resultando no seguinte ordenamento de dominância: $F_4 \succ F_6 \succ F_1 \succ F_2 \succ F_3 \succ F_5 \succ$ Ibovespa [47]. Caso façamos essa comparação com o uso do retorno médio geométrico, o ordenamento resulta ser $F_4 \succ F_2 \succ F_6 \succ F_1 \succ F_3 \succ F_5 \succ$ Ibovespa, com poucas alterações em relação ao primeiro ordenamento[48].

É possível também compararmos os seis fundos com o uso do desvio padrão[49], o que nos levaria ao seguinte ordenamento de dominância: $F_2 \succ F_4 \succ F_6 \succ F_1 \succ F_3 \succ F_5 \succ$ Ibovespa . Por fim, mencionamos que o uso do *downside deviation* resultaria nesse mesmo último ordenamento.

---

[46] Caso o leitor não tenha lido ainda a seção 6.1, sugerimos fortemente que o faça neste momento.

[47] Conforme já explicado no Capítulo 6, a comparação de estimativas (como na Tabela 9.1) requer o uso de testes de hipóteses estatísticos. Lembremos que, por exemplo, os valores 0,53% e 0,51% para os retornos médios dos fundos $F_1$ e $F_2$ são estatísticas e, portanto, não devem ser comparadas diretamente, como se fossem números quaisquer. Nesse caso, é imperativo realizar um teste de hipóteses, a determinado nível de significância, para verificar se a hipótese de diferença entre os retornos médios estimados se verifica efetivamente ou não. Assim como no Capítulo 6, neste capítulo, faremos as comparações diretamente, por uma questão de simplicidade e fluidez dos resultados sob a ótica financeira, entendendo que estamos abdicando do rigor estatístico que requer cada comparação, com o uso de testes de hipóteses estatísticos.

[48] Lembremos o que já foi ilustrado numericamente no Capítulo 1: diferentes medidas de retorno e risco podem levar a diferentes conclusões no que se refere ao desempenho relativo de carteiras de investimento.

[49] Novamente, lembramos que seria necessário a utilização de testes de hipóteses para a comparação das volatilidades dos fundos, como explicado no Capítulo 6. Mais uma vez, apenas por questão de fluidez, faremos as comparações diretas das estimativas como se fossem números quaisquer.

Ainda mais interessante é a comparação dos desempenhos passados dos fundos com a utilização conjunta de uma medida de retorno e uma medida de risco de mercado. Por exemplo, na Figura 9.1 estão exibidas as disposições gráficas com o retorno médio e o desvio padrão dos seis fundos e do Ibovespa, em que observamos as seguintes relações de dominância[50]:

a. $F1 \succ F3, F5,$ Ibovespa.
b. $F2 \succ F3, F5,$ Ibovespa.
c. $F3 \succ F5,$ Ibovespa.
d. $F4 \succ F1, F3, F5, F6,$ Ibovespa.
e. $F5 \succ$ Ibovespa.
f. $F6 \succ F1, F3, F5,$ Ibovespa.

Figura 9.1 – Retornos médios e volatilidades de seis fundos

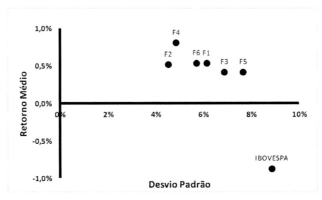

Fonte: o autor

A Figura 9.2 exibe as disposições dos retornos médios geométricos e *downside deviation* dos seis fundos e do Ibovespa. As seguintes relações de dominância podem ser obtidas a partir dessa última figura:

a. $F1 \succ F3, F5,$ Ibovespa.
b. $F2 \succ F1, F3, F5, F6,$ Ibovespa.
c. $F3 \succ F5,$ Ibovespa.
d. $F4 \succ F1, F3, F5, F6,$ Ibovespa.

---

[50] Em linha com a Figura 6.2, Capítulo 6.

e. $F5 \succ$ Ibovespa.
f. $F6 \succ F1, F3, F5,$ Ibovespa.

Figura 9.2 – Retornos médios geométricos e *downside deviation* de seis fundos

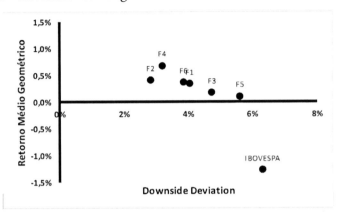

Fonte: o autor

Observamos nos dois casos (Figuras 9.1 e 9.2) que apenas os fundos $F_2$ e $F_4$ nunca são dominados por outro fundo, o que já parece indicar que devam estar entre aqueles com o melhor desempenho para o período de análise.

### 9.1.2 Razões de Eficiência

O uso de relações de dominância é laborioso como os resultados da subseção anterior ilustram. Naturalmente, se forem considerados centenas de carteiras para efeito de comparação, a tarefa de estabelecer todas as relações de dominância demandará muito esforço do analista.

Um segundo ponto negativo que pode ser apontado para o uso de relações de dominância é que nem todas as comparações são possíveis, como ilustrado pelos fundos de investimento $F_2$ e $F_4$, para os quais não há dominância relativa.

Uma alternativa interessante para as relações de dominância é a utilização das chamadas razões de eficiência. Nesse caso, uma única estatística é adotada, o que facilita a comparação do desempenho passado de carteiras de investimento. De forma objetiva, busca-se estimar a razão entre uma medida de retorno e uma medida de risco:

$$\text{Razão de Eficiência} = \frac{\text{Medida de Retorno}}{\text{Medida de Risco}} \qquad (9.1)$$

Como vimos no Capítulo 6, quanto maior a medida de retorno e menor a medida de risco de uma carteira de investimentos, tanto melhor essa deve ser considerada. Em outros termos, o ideal é escolher carteiras que maximizam a razão de eficiência.

A razão de eficiência mais conhecida e utilizada na prática do mercado financeiro brasileiro é a denominada Razão de Sharpe, obtida como

$$\text{Razão de Sharpe} = \frac{\mu_C - r_{LR}}{\sigma_C} \qquad (9.2)$$

em que a distribuição de retornos da carteira é tal que $R_C \sim N(\mu_C, \sigma_C^2)$ e o retorno do ativo livre de risco é denotado por $r_{LR}$. Um exercício simples de geometria nos leva a concluir que a Razão de Sharpe da carteira de mercado M (Figura 8.5) nada mais é do que a inclinação da *Capital Market Line*.

Um alerta importante deve ser feito neste ponto em relação ao uso da Razão de Sharpe. Suponhamos que existam duas carteiras, tais que $R_A \sim N(5\%, 15\%^2)$ e $R_B \sim N(5\%, 20\%^2)$. Ao compará-las, observamos que podemos considerar a primeira carteira, A, como dominante em relação à segunda, B, dado que as duas possuem o mesmo nível de retorno esperado, mas a primeira apresenta menor risco. Assumindo o retorno do ativo livre de risco em 10%, obtemos como valores para a Razão de Sharpe de A e B as quantidades[51] $-\frac{1}{3}$ e $-\frac{1}{4}$, respectivamente. Como $-\frac{1}{3} < -\frac{1}{4}$, o uso direto da Razão de Sharpe nos leva a concluir que a segunda carteira, B, resulta dominante quando comparada à carteira A. Observamos, portanto, uma contradição presente. O motivo para tal é que a Razão de Sharpe não deve ser utilizada para fins de análise de desempenho passado de carteiras de investimento quando for negativa, devendo ser ignorada, pois levará a conclusões erradas quando do estabelecimento de relações de dominância. No caso acima, devemos considerar que a carteira A é dominante quando comparada à carteira B.

---

[51] Temos para a carteira A que $\dfrac{5\% - 10\%}{15\%} = -\dfrac{1}{3}$, enquanto para a carteira B que $\dfrac{5\% - 10\%}{20\%} = -\dfrac{1}{4}$.

O processo de estimação da Razão de Sharpe requer a obtenção de estimativas para os parâmetros $\mu_C$ e $\sigma_C$. Se $r_1, \ldots, r_n$ denotarem observações para os retornos de uma carteira, a estimativa de máxima verossimilhança sob a hipótese de normalidade da Razão de Sharpe é dada pela

$$\text{Razão de Sharpe} = \frac{\frac{\sum_{i=1}^{n} r_i}{n} - r_{LR}}{\sqrt{\frac{\sum_{i=1}^{n}(r_i - \bar{r})^2}{n}}} \qquad (9.3)$$

A Tabela 9.2 resume as estimativas obtidas para a Razão de Sharpe dos seis fundos e do Ibovespa com o uso da estatística (9.3), quando a taxa mensal de LIBOR US$ é adotada para o retorno do ativo livre de risco. Observamos que o valor estimado para o Ibovespa resulta ser negativo[52], sendo esse o motivo para que acabe desconsiderada da análise. Agora é possível estabelecer o ordenamento do desempenho passado das seis carteiras de investimento[53]: $F_4 \succ F_2 \succ F_6 \succ F_1 \succ F_3 \succ F_5$.

Outra razão da eficiência muito utilizada na prática é a chamada Razão de Sortino. Nesse segundo caso, a medida de retorno é como na Razão de Sharpe, mas a medida de risco é alterada do desvio padrão dos retornos para o *downside deviation*. A estimativa é pode ser obtida de

$$\text{Razão de Sortino} = \frac{\frac{\sum_{i=1}^{n} r_i}{n} - r_{LR}}{\sqrt{\frac{\sum_{i=1}^{n}(\mathit{mínimo}(0\,; r_i - r_{MRA}))^2}{n}}} \qquad (9.4)$$

---

[52] A estimativa para a Razão de Sharpe do Ibovespa resulta ser -0,10179, a qual, por ser negativa, não deve ser considerada para fins de análise de desempenho passado.

[53] Mais uma vez, lembramos que estatísticas como (9.3) devem ser comparadas com o uso de testes de hipóteses e não diretamente como se fossem números. O motivo pelo qual escolhemos realizar as comparações diretamente nesse capítulo é para tornar a discussão dinâmica sob o ponto de vista de finanças.

em que, lembrando, $r_{MRA}$ denota o mínimo retorno aceitável[54].

As estimativas para a Razão de Sortino dos seis fundos e do Ibovespa[55] quando o mínimo retorno aceitável é escolhido como sendo a taxa mensal da LIBOR US$ estão colocadas na Tabela 9.2. É possível estabelecer o ordenamento do desempenho passado das seis carteiras de investimento, o que resulta em $F4 \succ F2 \succ F6 \succ F1 \succ F3 \succ F5$, exatamente como já obtido para a Razão de Sharpe[56].

Tabela 9.2 – Estimativas para duas razões de eficiência de seis fundos e do Ibovespa

|  | $F_1$ | $F_2$ | $F_3$ | $F_4$ | $F_5$ | $F_6$ | Ibovespa |
|---|---|---|---|---|---|---|---|
| Razão de Sharpe | 0,08312 | 0,10923 | 0,05740 | 0,16145 | 0,05131 | 0,09024 | Negativa |
| Razão de Sortino | 0,12597 | 0,17476 | 0,08322 | 0,24577 | 0,07001 | 0,13366 | Negativa |

Fonte: o autor

Vale mencionar que nem sempre os ordenamentos obtidos com as duas razões de eficiência apresentadas coincidirão, como no caso do exemplo usado como ilustração numérica.

### 9.1.3 Janela Móvel

Até aqui, limitamos a fazer análises de forma estática, utilizando a totalidade das observações para chegar a eventuais relações de dominân-

---

[54] Vale mencionar, nesse ponto, que a Razão de Sortino foi inicialmente proposta como em (9.4), mas alguns autores a utilizam como $\dfrac{\dfrac{\sum_{i=1}^{n} r_i}{n} - r_{MRA}}{\sqrt{\dfrac{\sum_{i=1}^{n}\left(mínimo\left(0; r_i - r_{MRA}\right)\right)^2}{n}}}$, com a alteração do numerador. Outro comentário importante é que a Razão de Sortino somente estará definida para carteiras com $\sum_{i=1}^{n}\left(mínimo\left(0; r_i - r_{MRA}\right)\right)^2 > 0$.

[55] A estimativa para a Razão de Sortino do Ibovespa resulta ser -0,14257, a qual, por ser negativa, não deve ser considerada para fins de análise de desempenho passado, pelos mesmos motivos já expostos para o caso da Razão de Sharpe.

[56] Repetimos que, assim como no caso da Razão de Sharpe, as estatísticas da Razão de Sortino devem ser comparadas com o uso de testes de hipóteses. Com o único objetivo de tornar a discussão do ponto de vista de finanças mais fluida, adotamos a comparação direta dos valores.

cia. Uma alternativa interessante é tentar observar como foi a evolução do desempenho de uma carteira de investimentos ao longo do tempo e, assim, buscar compreender a dinâmica do desempenho da carteira para diferentes instantes de tempo.

Por exemplo, consideramos avaliar a evolução do retorno médio dos fundos $F_1$ e $F_2$ quando comparados ao Ibovespa, ao longo do tempo, com uma janela móvel de doze meses, conforme a Figura 9.3.

Figura 9.3 - Evolução do retorno médio de dois fundos e do Ibovespa

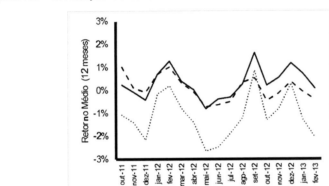

Fonte: o autor

O modo pelo qual as estimativas na Figura 9.3 foram obtidas está ilustrado na Figura 9.4. A primeira estimativa para o retorno médio é obtida com os dados compreendidos entre novembro de 2010 e outubro de 2011, cobrindo o período de doze meses[57], em que resulta a estimativa para outubro de 2011, conforme a Tabela 9.3[58]. A seguir, para a determinação da segunda estimativa para o retorno médio, em novembro de 2011, a janela móvel avança um mês no final (de outubro de 2011 para novembro de 2011) e um mês no início (de novembro de 2010 para dezembro de 2010), mantendo assim doze observações (correspondendo a um ano). A

---

[57] Não há regra rígida para a escolha do comprimento da janela móvel. Nos exemplos ilustrativos deste capítulo usamos somente janelas anuais, ou seja, cobrindo períodos de doze meses.

[58] Para $F_1$, o retorno médio de outubro de 2011 é dado por , o de novembro de 2011 por $-0,08\% \approx \dfrac{(3,17\% - 4,05\% \ldots + 18,04\% - 5,52\%)}{12}$, e assim por diante até o de fevereiro de 2013, dado por.

terceira estimativa para o retorno médio, em dezembro de 2011, é obtida avançando mais uma vez a janela móvel no final (de novembro de 2011 para dezembro de 2011) e no início (de dezembro de 2010 para janeiro de 2011). A representação gráfica da quarta (janeiro de 2012) e da quinta (fevereiro de 2012) estimativas estão dadas na Figura 9.4. O processo avançará até a décima sétima (e última) estimativa para o retorno médio, em fevereiro de 2013, como ilustrado na última coluna da Figura 9.4.

Tabela 9.3 – Estimação do retorno médio de dois fundos e do Ibovespa

|  | $F_1$ | Ret. Médio de $F_1$ | $F_2$ | Ret. Médio de $F_2$ | Ibovespa | Ret. Médio do Ibovespa |
|---|---|---|---|---|---|---|
| Nov./10 | -1,66% |  | 3,95% |  | -5,02% |  |
| Dez./10 | 3,17% |  | 2,83% |  | 5,43% |  |
| Jan./11 | -4,05% |  | -1,73% |  | -4,35% |  |
| Fev./11 | 1,26% |  | 1,91% |  | 1,96% |  |
| Mar./11 | 5,07% |  | 4,63% |  | 3,82% |  |
| Abr./11 | 2,08% |  | 1,61% |  | -0,18% |  |
| Maio/11 | 0,56% |  | -1,34% |  | -2,70% |  |
| Jun./11 | -1,79% |  | -0,87% |  | -2,27% |  |
| Jul./11 | 0,57% |  | -4,08% |  | -5,45% |  |
| Ago./11 | -4,27% |  | -4,72% |  | -5,83% |  |
| Set./11 | -16,05% |  | -1,33% |  | -20,73% |  |
| Out./11 | 18,04% | 0,24% | 11,42% | 1,02% | 22,45% | -1,07% |
| Nov./11 | -5,52% | -0,08% | -7,09% | 0,10% | -9,10% | -1,41% |
| Dez./11 | -0,89% | -0,41% | 0,56% | -0,09% | -3,67% | -2,17% |
| Jan./12 | 9,46% | 0,71% | 7,71% | 0,70% | 19,87% | -0,15% |
| Fev./12 | 7,98% | 1,27% | 5,80% | 1,03% | 6,17% | 0,20% |
| Mar./12 | -5,43% | 0,40% | -3,96% | 0,31% | -8,05% | -0,79% |
| Abr./12 | -2,37% | 0,03% | -2,96% | -0,07% | -7,70% | -1,42% |
| Maio/12 | -9,38% | -0,80% | -9,12% | -0,72% | -17,54% | -2,65% |
| Jun./12 | 3,25% | -0,38% | 0,23% | -0,63% | -0,20% | -2,48% |
| Jul./12 | 1,55% | -0,30% | -2,48% | -0,49% | 1,77% | -1,88% |

|  | $F_1$ | Ret. Médio de $F_1$ | $F_2$ | Ret. Médio de $F_2$ | Ibovespa | Ret. Médio do Ibovespa |
|---|---|---|---|---|---|---|
| Ago./12 | 2,57% | 0,27% | 5,39% | 0,35% | 2,35% | -1,20% |
| Set./12 | 0,35% | 1,63% | 0,93% | 0,54% | 4,04% | 0,87% |
| Out./12 | 1,02% | 0,22% | -0,46% | -0,45% | -3,59% | -1,30% |
| Nov./12 | -1,46% | 0,55% | -3,06% | -0,12% | -2,92% | -0,79% |
| Dez./12 | 6,75% | 1,19% | 6,38% | 0,37% | 9,37% | 0,30% |
| Jan./13 | 3,91% | 0,73% | 2,56% | -0,06% | 0,77% | -1,29% |
| Fev./13 | 0,13% | 0,07% | 1,68% | -0,41% | -3,28% | -2,08% |

Fonte: o autor

Figura 9.4 – Dados para janelas móveis

| Primeira Estimativa (out./11) | Segunda Estimativa (nov./11) | Terceira Estimativa (dez./11) | Quarta Estimativa (jan./12) | Quinta Estimativa (fev./12) | ... | Déc. Sét. Estimativa (fev./13) |
|---|---|---|---|---|---|---|
| nov./10 | nov./10 | nov./10 | nov./10 | nov./10 | ... | nov./10 |
| dez./10 | dez./10 | dez./10 | dez./10 | dez./10 | ... | dez./10 |
| jan./11 | jan./11 | jan./11 | jan./11 | jan./11 | ... | jan./11 |
| fev./11 | fev./11 | fev./11 | fev./11 | fev./11 | ... | fev./11 |
| mar./11 | mar./11 | mar./11 | mar./11 | mar./11 | ... | mar./11 |
| abr./11 | abr./11 | abr./11 | abr./11 | abr./11 | ... | abr./11 |
| mai./12 | mai./12 | mai./12 | mai./12 | mai./12 | ... | mai./12 |
| jun./11 | jun./11 | jun./11 | jun./11 | jun./11 | ... | jun./11 |
| jul./11 | jul./11 | jul./11 | jul./11 | jul./11 | ... | jul./11 |
| ago./11 | ago./11 | ago./11 | ago./11 | ago./11 | ... | ago./11 |
| set./11 | set./11 | set./11 | set./11 | set./11 | ... | set./11 |
| out./11 | out./11 | out./11 | out./11 | out./11 | ... | out./11 |
| nov./11 | nov./11 | nov./11 | nov./11 | nov./11 | ... | nov./11 |
| dez./11 | dez./11 | dez./11 | dez./11 | dez./11 | ... | dez./11 |
| jan./12 | jan./12 | jan./12 | jan./12 | jan./12 | ... | jan./12 |
| fev./12 | fev./12 | fev./12 | fev./12 | fev./12 | ... | fev./12 |
| mar./12 | mar./12 | mar./12 | mar./12 | mar./12 | ... | mar./12 |
| abr./12 | abr./12 | abr./12 | abr./12 | abr./12 | ... | abr./12 |
| mai./12 | mai./12 | mai./12 | mai./12 | mai./12 | ... | mai./12 |
| jun./12 | jun./12 | jun./12 | jun./12 | jun./12 | ... | jun./12 |
| jul./12 | jul./12 | jul./12 | jul./12 | jul./12 | ... | jul./12 |
| ago./12 | ago./12 | ago./12 | ago./12 | ago./12 | ... | ago./12 |
| set./12 | set./12 | set./12 | set./12 | set./12 | ... | set./12 |
| out./12 | out./12 | out./12 | out./12 | out./12 | ... | out./12 |
| nov./12 | nov./12 | nov./12 | nov./12 | nov./12 | ... | nov./12 |
| dez./12 | dez./12 | dez./12 | dez./12 | dez./12 | ... | dez./12 |
| jan./13 | jan./13 | jan./13 | jan./13 | jan./13 | ... | jan./13 |
| fev./13 | fev./13 | fev./13 | fev./13 | fev./13 | ... | fev./13 |

Fonte: o autor

Da Figura 9.3 podemos constatar que:

a. O Ibovespa apresentou consistentemente o menor nível de retorno médio dentre as três carteiras.

b. Até agosto de 2012, os desempenhos dos fundos $F_1$ e $F_2$ no que se refere ao retorno médio foram próximos, com melhora relativa de $F_1$ em relação a $F_2$ de setembro de 2012 até o final do período de análise.

A Figura 9.5 resume visualmente o desempenho dos fundos $F_1$ e $F_2$ e do Ibovespa quando o desvio padrão é utilizado como medida de risco. As estimativas da Figura 9.5 estão exibidas na Tabela 9.4[59]. Podemos observar as evoluções temporais do *downside deviation*[60] para as mesmas três carteiras na Figura 9.6, com as estimativas exibidas na Tabela 9.5[61]. Dessas duas últimas figuras constatamos que:

a. O Ibovespa apresenta sempre os maiores níveis de risco para as duas medidas exibidas.

---

[59] Para $F_1$, o desvio padrão de outubro de 2011 é dado por,

$$7,45\% \approx \sqrt{\left(\left(-1,66\% - 0,24\%\right)^2 + \left(3,17\% - 0,24\%\right)^2 + \ldots + \left(-16,05\% - 0,24\%\right)^2 + \left(18,04\% - 0,24\%\right)^2\right)\Big/12}$$

o de novembro de 2011 por,

$$7,60\% \approx \sqrt{\left(\left(3,17\% + 0,08\%\right)^2 + \left(-4,05\% + 0,08\%\right)^2 + \ldots + \left(18,04\% + 0,08\%\right)^2 + \left(-5,52\% + 0,08\%\right)^2\right)\Big/12}$$

e assim por diante até o de fevereiro de 2013, dado por

$$4,15\% \approx \sqrt{\left(\left(-5,43\% - 0,07\%\right)^2 + \left(-2,37\% - 0,07\%\right)^2 + \ldots + \left(3,91\% - 0,07\%\right)^2 + \left(0,13\% - 0,07\%\right)^2\right)\Big/12}.$$

[60] O mínimo retorno aceitável utilizado foi a LIBOR US$ mensal, como na Tabela 9.1.

[61] Temos para $F_1$, o *downside deviation* de outubro de 2011 é dado por

$$4,99\% \approx \sqrt{\left(\left(min\{0;-1,66\% - 0,02\%\}\right)^2 + \left(min\{0;3,17\% - 0,02\%\}\right)^2 + \ldots + \left(min\{0;-16,05\% - 0,02\%\}\right)^2 + \left(min\{0;18,04\% - 0,02\%\}\right)^2\right)\Big/12}$$

$$5,22\% \approx \sqrt{\left(\left(min\{0;3,17\% - 0,02\%\}\right)^2 + \left(min\{0;-4,05\% - 0,02\%\}\right)^2 + \ldots + \left(min\{0;18,04\% - 0,02\%\}\right)^2 + \left(min\{0;-5,52\% - 0,02\%\}\right)^2\right)\Big/12}$$

, o de novembro de 2011 por , e assim por diante até o de fevereiro de 2013, dado por

$$3,24\% \approx \sqrt{\left(\left(min\{0;-5,43\% - 0,02\%\}\right)^2 + \left(min\{0;-2,37\% - 0,02\%\}\right)^2 + \ldots + \left(min\{0;3,91\% - 0,02\%\}\right)^2 + \left(min\{0;0,13\% - 0,02\%\}\right)^2\right)\Big/12}.$$

b. O fundo $F_1$ apresenta maiores níveis de risco quando comparado ao fundo $F_2$ no período inicial de análise, com os valores se aproximando de outubro de 2012 em diante.

Figura 9.5 – Evolução do desvio padrão de dois fundos e do Ibovespa

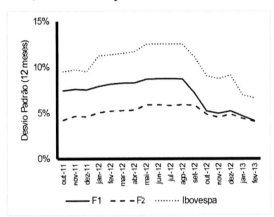

Fonte: o autor

Tabela 9.4 – Estimação do desvio padrão de dois fundos e do Ibovespa

| | $F_1$ | Desv. Pad. de $F_1$ | $F_2$ | Desv. Pad. de $F_2$ | Ibovespa | Desv. Pad. do Ibovespa |
|---|---|---|---|---|---|---|
| Nov./10 | -1,66% | | 3,95% | | -5,02% | |
| Dez./10 | 3,17% | | 2,83% | | 5,43% | |
| Jan./11 | -4,05% | | -1,73% | | -4,35% | |
| Fev./11 | 1,26% | | 1,91% | | 1,96% | |
| Mar./11 | 5,07% | | 4,63% | | 3,82% | |
| Abr./11 | 2,08% | | 1,61% | | -0,18% | |
| Maio/11 | 0,56% | | -1,34% | | -2,70% | |
| Jun./11 | -1,79% | | -0,87% | | -2,27% | |
| Jul./11 | 0,57% | | -4,08% | | -5,45% | |
| Ago./11 | -4,27% | | -4,72% | | -5,83% | |
| Set./11 | -16,05% | | -1,33% | | -20,73% | |
| Out./11 | 18,04% | 7,45% | 11,42% | 4,24% | 22,45% | 9,52% |

| | | | | | | |
|---|---|---|---|---|---|---|
| Nov./11 | -5,52% | 7,60% | -7,09% | 4,68% | -9,10% | 9,73% |
| Dez./11 | -0,89% | 7,54% | 0,56% | 4,61% | -3,67% | 9,52% |
| Jan./12 | 9,46% | 7,91% | 7,71% | 5,05% | 19,87% | 11,25% |
| Fev./12 | 7,98% | 8,17% | 5,80% | 5,23% | 6,17% | 11,38% |
| Mar./12 | -5,43% | 8,27% | -3,96% | 5,28% | -8,05% | 11,53% |
| Abr./12 | -2,37% | 8,29% | -2,96% | 5,34% | -7,70% | 11,69% |
| Maio/12 | -9,38% | 8,68% | -9,12% | 5,89% | -17,54% | 12,51% |
| Jun./12 | 3,25% | 8,75% | 0,23% | 5,90% | -0,20% | 12,53% |
| Jul./12 | 1,55% | 8,76% | -2,48% | 5,84% | 1,77% | 12,55% |
| Ago./12 | 2,57% | 8,70% | 5,39% | 5,90% | 2,35% | 12,54% |
| Set./12 | 0,35% | 7,19% | 0,93% | 5,88% | 4,04% | 11,11% |
| Out./12 | 1,02% | 5,23% | -0,46% | 4,87% | -3,59% | 9,03% |
| Nov./12 | -1,46% | 4,97% | -3,06% | 4,53% | -2,92% | 8,74% |
| Dez./12 | 6,75% | 5,23% | 6,38% | 4,88% | 9,37% | 9,12% |
| Jan./13 | 3,91% | 4,69% | 2,56% | 4,42% | 0,77% | 6,98% |
| Fev./13 | 0,13% | 4,15% | 1,68% | 4,10% | -3,28% | 6,62% |

Fonte: o autor

Figura 9.6 – Evolução do *downside deviation* de dois fundos e do Ibovespa

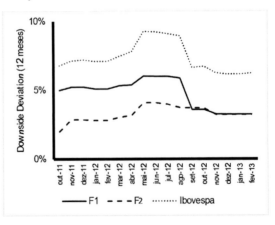

Fonte: o autor

Tabela 9.5 – Estimação do *Downside Deviation* de Dois Fundos e do Ibovespa

|  | $F_1$ | *Down. Dev.* de $F_1$ | $F_2$ | *Down. Dev.* de $F_2$ | Ibovespa | *Down. Dev.* do Ibovespa |
|---|---|---|---|---|---|---|
| Nov./10 | -1,66% |  | 3,95% |  | -5,02% |  |
| Dez./10 | 3,17% |  | 2,83% |  | 5,43% |  |
| Jan./11 | -4,05% |  | -1,73% |  | -4,35% |  |
| Fev./11 | 1,26% |  | 1,91% |  | 1,96% |  |
| Mar./11 | 5,07% |  | 4,63% |  | 3,82% |  |
| Abr./11 | 2,08% |  | 1,61% |  | -0,18% |  |
| Maio/11 | 0,56% |  | -1,34% |  | -2,70% |  |
| Jun./11 | -1,79% |  | -0,87% |  | -2,27% |  |
| Jul./11 | 0,57% |  | -4,08% |  | -5,45% |  |
| Ago./11 | -4,27% |  | -4,72% |  | -5,83% |  |
| Set./11 | -16,05% |  | -1,33% |  | -20,73% |  |
| Out./11 | 18,04% | 4,99% | 11,42% | 1,98% | 22,45% | 6,78% |
| Nov./11 | -5,52% | 5,22% | -7,09% | 2,85% | -9,10% | 7,13% |
| Dez./11 | -0,89% | 5,23% | 0,56% | 2,85% | -3,67% | 7,21% |
| Jan./12 | 9,46% | 5,09% | 7,71% | 2,80% | 19,87% | 7,10% |
| Fev./12 | 7,98% | 5,09% | 5,80% | 2,80% | 6,17% | 7,10% |
| Mar./12 | -5,43% | 5,33% | -3,96% | 3,03% | -8,05% | 7,47% |
| Abr./12 | -2,37% | 5,38% | -2,96% | 3,15% | -7,70% | 7,79% |
| Maio/12 | -9,38% | 6,02% | -9,12% | 4,09% | -17,54% | 9,27% |
| Jun./12 | 3,25% | 6,00% | 0,23% | 4,08% | -0,20% | 9,24% |
| Jul./12 | 1,55% | 6,00% | -2,48% | 3,97% | 1,77% | 9,11% |
| Ago./12 | 2,57% | 5,87% | 5,39% | 3,73% | 2,35% | 8,95% |
| Set./12 | 0,35% | 3,60% | 0,93% | 3,71% | 4,04% | 6,65% |
| Out./12 | 1,02% | 3,60% | -0,46% | 3,71% | -3,59% | 6,73% |
| Nov./12 | -1,46% | 3,25% | -3,06% | 3,22% | -2,92% | 6,25% |
| Dez./12 | 6,75% | 3,24% | 6,38% | 3,22% | 9,37% | 6,16% |
| Jan./13 | 3,91% | 3,24% | 2,56% | 3,22% | 0,77% | 6,16% |
| Fev./13 | 0,13% | 3,24% | 1,68% | 3,22% | -3,28% | 6,23% |

Fonte: o autor

É possível também obter estimativas para as razões de Sharpe e de Sortino com o uso de janelas móveis: a evolução temporal dessas duas razões estão disponibilizadas nas Figuras 9.7 e 9.8. Os valores correspondentes estão exibidos nas Tabelas 9.6 e 9.7, os quais deixamos como dever de casa para o leitor reproduzir[62].

Podemos observar que há semelhança no que se refere às evoluções das duas razões. Comparativamente, $F_2$ apresenta desempenho superior a $F_1$ no período inicial (de outubro de 2011 até abril de 2012), com os desempenhos relativos se invertendo no período final (de julho de 2012 até fevereiro de 2013).

Figura 9.7 – Evolução da razão de Sharpe de dois fundos e do Ibovespa

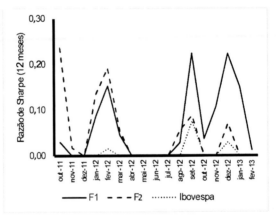

Fonte: o autor

---

[62] Como já explicado, valores negativos das razões de eficiência devem ser ignorados, conforme feito nas Figuras 9.7 e 9.8.

Figura 9.8 – Evolução da razão de Sortino de dois fundos e do Ibovespa

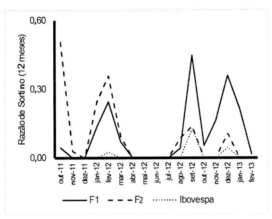

Fonte: o autor

Tabela 9.6 – Estimação da razão de Sharpe de dois fundos e do Ibovespa

| | $F_1$ | Raz. Sharpe de $F_1$ | $F_2$ | Raz. Sharpe de $F_2$ | Ibovespa | Raz. Sharpe. do Ibovespa |
|---|---|---|---|---|---|---|
| Nov./10 | -1,66% | | 3,95% | | -5,02% | |
| Dez./10 | 3,17% | | 2,83% | | 5,43% | |
| Jan./11 | -4,05% | | -1,73% | | -4,35% | |
| Fev./11 | 1,26% | | 1,91% | | 1,96% | |
| Mar./11 | 5,07% | | 4,63% | | 3,82% | |
| Abr./11 | 2,08% | | 1,61% | | -0,18% | |
| Maio/11 | 0,56% | | -1,34% | | -2,70% | |
| Jun./11 | -1,79% | | -0,87% | | -2,27% | |
| Jul./11 | 0,57% | | -4,08% | | -5,45% | |
| Ago./11 | -4,27% | | -4,72% | | -5,83% | |
| Set./11 | -16,05% | | -1,33% | | -20,73% | |
| Out./11 | 18,04% | 0,03 | 11,42% | 0,24 | 22,45% | negativa |
| Nov./11 | -5,52% | negativa | -7,09% | 0,02 | -9,10% | negativa |
| Dez./11 | -0,89% | negativa | 0,56% | negativa | -3,67% | negativa |
| Jan./12 | 9,46% | 0,09 | 7,71% | 0,13 | 19,87% | negativa |
| Fev./12 | 7,98% | 0,15 | 5,80% | 0,19 | 6,17% | 0,02 |

| | $F_1$ | Raz. Sharpe de $F_1$ | $F_2$ | Raz. Sharpe de $F_2$ | Ibovespa | Raz. Sharpe. do Ibovespa |
|---|---|---|---|---|---|---|
| Mar./12 | -5,43% | 0,05 | -3,96% | 0,05 | -8,05% | negativa |
| Abr./12 | -2,37% | negativa | -2,96% | negativa | -7,70% | negativa |
| Maio/12 | -9,38% | negativa | -9,12% | negativa | -17,54% | negativa |
| Jun./12 | 3,25% | negativa | 0,23% | negativa | -0,20% | negativa |
| Jul./12 | 1,55% | negativa | -2,48% | negativa | 1,77% | negativa |
| Ago./12 | 2,57% | 0,03 | 5,39% | 0,06 | 2,35% | negativa |
| Set./12 | 0,35% | 0,22 | 0,93% | 0,09 | 4,04% | 0,08 |
| Out./12 | 1,02% | 0,04 | -0,46% | 0,00 | -3,59% | negativa |
| Nov./12 | -1,46% | 0,11 | -3,06% | negativa | -2,92% | negativa |
| Dez./12 | 6,75% | 0,22 | 6,38% | 0,07 | 9,37% | 0,03 |
| Jan./13 | 3,91% | 0,15 | 2,56% | negativa | 0,77% | negativa |
| Fev./13 | 0,13% | 0,01 | 1,68% | negativa | -3,28% | negativa |

Fonte: o autor

Tabela 9.7 – Estimação da razão de Sortino de dois fundos e do Ibovespa

| | $F_1$ | Raz. Sortino de $F_1$ | $F_2$ | Raz. Sortino de $F_2$ | Ibovespa | Raz. Sortino do Ibovespa |
|---|---|---|---|---|---|---|
| Nov./10 | -1,66% | | 3,95% | | -5,02% | |
| Dez./10 | 3,17% | | 2,83% | | 5,43% | |
| Jan./11 | -4,05% | | -1,73% | | -4,35% | |
| Fev./11 | 1,26% | | 1,91% | | 1,96% | |
| Mar./11 | 5,07% | | 4,63% | | 3,82% | |
| Abr./11 | 2,08% | | 1,61% | | -0,18% | |
| Maio/11 | 0,56% | | -1,34% | | -2,70% | |
| Jun./11 | -1,79% | | -0,87% | | -2,27% | |
| Jul./11 | 0,57% | | -4,08% | | -5,45% | |
| Ago./11 | -4,27% | | -4,72% | | -5,83% | |
| Set./11 | -16,05% | | -1,33% | | -20,73% | |
| Out./11 | 18,04% | 0,04 | 11,42% | 0,51 | 22,45% | negativa |

|  | $F_1$ | Raz. Sortino de $F_1$ | $F_2$ | Raz. Sortino de $F_2$ | Ibovespa | Raz. Sortino do Ibovespa |
|---|---|---|---|---|---|---|
| Nov./11 | -5,52% | negativa | -7,09% | 0,03 | -9,10% | negativa |
| Dez./11 | -0,89% | negativa | 0,56% | negativa | -3,67% | negativa |
| Jan./12 | 9,46% | 0,14 | 7,71% | 0,24 | 19,87% | negativa |
| Fev./12 | 7,98% | 0,25 | 5,80% | 0,36 | 6,17% | 0,02 |
| Mar./12 | -5,43% | 0,07 | -3,96% | 0,10 | -8,05% | negativa |
| Abr./12 | -2,37% | negativa | -2,96% | negativa | -7,70% | negativa |
| Maio/12 | -9,38% | negativa | -9,12% | negativa | -17,54% | negativa |
| Jun./12 | 3,25% | negativa | 0,23% | negativa | -0,20% | negativa |
| Jul./12 | 1,55% | negativa | -2,48% | negativa | 1,77% | negativa |
| Ago./12 | 2,57% | 0,04 | 5,39% | 0,09 | 2,35% | negativa |
| Set./12 | 0,35% | 0,45 | 0,93% | 0,14 | 4,04% | 0,13 |
| Out./12 | 1,02% | 0,05 | -0,46% | negativa | -3,59% | negativa |
| Nov./12 | -1,46% | 0,16 | -3,06% | negativa | -2,92% | negativa |
| Dez./12 | 6,75% | 0,36 | 6,38% | 0,11 | 9,37% | 0,04 |
| Jan./13 | 3,91% | 0,22 | 2,56% | negativa | 0,77% | negativa |
| Fev./13 | 0,13% | 0,02 | 1,68% | negativa | -3,28% | negativa |

Fonte: o autor

### 9.1.4 Teste de Jensen

Como visto no capítulo anterior, o teste de Jensen (ou teste do alfa) consiste em verificar estatisticamente o sinal do parâmetro $\alpha_{P,M}$ no modelo de regressão linear simples (DRAPER; SMITH, 1998):

$$r_j^P - r_{LR} = \alpha_{P,M} + \beta_{P,M} \times \left(r_j^M - r_{LR}\right) + \varepsilon_j \quad j = 1,\ldots,m \quad (9.5)$$

com o uso de

$$H_0: \quad \alpha_{P,M} = 0 \quad (9.6)$$
$$H_1: \quad \alpha_{P,M} \neq 0$$

a determinado nível de significância, em que $r_1^P, \ldots, r_m^P$ são observações coletadas do retorno da carteira de investimento $P$, $r_1^M, \ldots, r_m^M$ são observações coletadas para o retorno da carteira de mercado $M$ e $r_{LR}$ denota o retorno do ativo livre de riscos.

Caso haja evidência estatística de que $\alpha_{P,M} > 0$, podemos qualificar o desempenho da carteira $P$ como "bom" durante o período de análise quando comparado ao desempenho da carteira de mercado. Ao reavaliarmos a Tabela 8.7, observamos que os desempenhos de todos os seis fundos de investimento podem ser considerados "bons" para o nível de significância de 10%, com evidência estatística (para o período analisado) de que todos os alfas resultam positivos. Por outro lado, se reduzimos o nível de significância para 1%, somente para os fundos $F_1$, $F_4$ e $F_6$ podemos afirmar o bom desempenho segundo o teste de Jensen.

Na prática do mercado financeiro brasileiro, é comum que analistas se refiram às carteiras com $\alpha_{P,M} > 0$ como "carteiras que têm alfa", o que deve ser entendido como tendo tido um bom desempenho no passado recente.

### 9.1.5 Teste de Treynor & Mazuy

Como visto também no capítulo anterior, o teste de Treynor & Mazuy (ou teste do gama) consiste em verificar estatisticamente o sinal do parâmetro $\gamma_{P,M}$ no modelo de regressão linear polinomial de segundo grau (DRAPER; SMITH, 1998):

$$r_j^P - r_{LR} = \alpha_{P,M} + \beta_{P,M} \times \left(r_j^M - r_{LR}\right) + \gamma_{P,M} \times \left(r_j^M - r_{LR}\right)^2 + \varepsilon_j \quad j=1,\ldots,m \quad (9.7)$$

com o uso de

$$H_0: \gamma_{P,M} = 0 \quad (9.8)$$
$$H_1: \gamma_{P,M} \neq 0$$

a determinado nível de significância, em que $r_1^P, \ldots, r_m^P$ são observações coletadas do retorno da carteira de investimento $p$, $r_1^M, \ldots, r_m^M$ são observações coletadas para o retorno da carteira de mercado $M$ e $r_{LR}$ denota o retorno do ativo livre de riscos.

Caso haja evidência estatística de que $\gamma_{P,M} > 0$, podemos qualificar o desempenho da carteira $p$ como "bom" durante o período de análise no que se refere à habilidade do gestor em executar *market timing* em relação à carteira de mercado. Da Tabela 8.8 identificamos que nenhum dos seis fundos de investimento pode ser considerado como tendo evidência de "bom" desempenho de *market timing* ao nível de significância de 10%. Observemos que não rejeitamos a hipótese nula em (9.8) ao nível de significância de 10% para $F_1$, $F_2$ e $F_3$. Ao nível de significância de 5%, há evidência estatística de que $F_4$ e $F_6$ apresentaram gamas negativos, o que deve ser entendido como um desempenho "ruim"; e, por fim, para o nível de significância de 1%, especificamente no caso de $F_5$, há evidência estatística de desempenho ainda pior no que se refere a *market timing* (como devidamente ilustrado na Figura 8.8).

### 9.1.6 Gráfico de Balzer

Partindo do conceito da representação da evolução temporal da gestão de uma carteira com janelas móveis, é possível obtermos os chamados gráficos de Balzer (BALZER, 1995).

Como primeiro exemplo, na Tabela 9.8, consideremos a evolução do retorno médio e desvio padrão do fundo $F_1$ com o uso de uma janela móvel de doze meses. A Figura 9.9 representa a evolução temporal do desempenho desse fundo entre outubro de 2011 ("Início") e fevereiro de 2013 ("Fim"), com cada bolinha representando um mês durante o período de análise.

Tabela 9.8 – Dados para o gráfico de Balzer do fundo $F_1$

|         | Retorno Mensal | Retorno Médio | Desvio Padrão |
|---------|----------------|---------------|---------------|
| Nov./10 | -1,66%         |               |               |
| Dez./10 | 3,17%          |               |               |
| Jan./11 | -4,05%         |               |               |
| Fev./11 | 1,26%          |               |               |

|  | Retorno Mensal | Retorno Médio | Desvio Padrão |  |
|---|---|---|---|---|
| Mar./11 | 5,07% |  |  |  |
| Abr./11 | 2,08% |  |  |  |
| Maio/11 | 0,56% |  |  |  |
| Jun./11 | -1,79% |  |  |  |
| Jul./11 | 0,57% |  |  |  |
| Ago./11 | -4,27% |  |  |  |
| Set./11 | -16,05% |  |  |  |
| Out./11 | 18,04% | 0,24% | 7,45% | Início |
| Nov./11 | -5,52% | -0,08% | 7,60% |  |
| Dez./11 | -0,89% | -0,41% | 7,54% |  |
| Jan./12 | 9,46% | 0,71% | 7,91% |  |
| Fev./12 | 7,98% | 1,27% | 8,17% |  |
| Mar./12 | -5,43% | 0,40% | 8,27% |  |
| Abr./12 | -2,37% | 0,03% | 8,29% |  |
| Maio/12 | -9,38% | -0,80% | 8,68% |  |
| Jun./12 | 3,25% | -0,38% | 8,75% |  |
| Jul./12 | 1,55% | -0,30% | 8,76% |  |
| Ago./12 | 2,57% | 0,27% | 8,70% |  |
| Set./12 | 0,35% | 1,63% | 7,19% |  |
| Out./12 | 1,02% | 0,22% | 5,23% |  |
| Nov./12 | -1,46% | 0,55% | 4,97% |  |
| Dez./12 | 6,75% | 1,19% | 5,23% |  |
| Jan./13 | 3,91% | 0,73% | 4,69% |  |
| Fev./13 | 0,13% | 0,07% | 4,15% | Fim |

Fonte: o autor

Figura 9.9 – Gráfico de Balzer para o fundo $F_1$

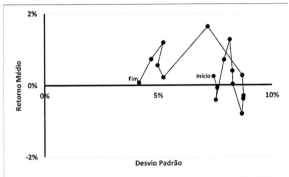

Fonte: o autor

Para entendermos como foi o desempenho ilustrado na Figura 9.9, devemos considerar a Figura 9.10. Observemos que uma carteira que apresenta melhora na sua gestão ao longo do período analisado deve se encaminhar para o canto "Bom"[63], por outro lado, uma carteira que apresenta piora na sua gestão ao longo do tempo deve se encaminhar para o canto "Ruim"[64]. Ao considerarmos a evolução do desempenho do fundo $F_1$ na Figura 9.9, concluímos, em linhas gerais, que há redução do nível de risco (desvio padrão) com a manutenção do nível de retorno (retorno médio) entre o início e o fim da análise, o que nos permite concluir ter havido pequena melhora de seu desempenho no período analisado.

Figura 9.10 – Gráfico de Balzer para a evolução de uma carteira de investimento

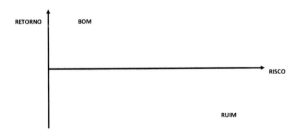

Fonte: o autor

---
[63] Em outros termos, deve mostrar aumento do retorno e redução do risco.
[64] Em outros termos, deve mostrar redução do retorno e aumento do risco.

É possível adaptar a Figura 9.9 para a comparação direta de duas carteiras de investimento, como ilustrado na Figura 9.11 para o fundo $F_1$ e o Ibovespa, cujos dados estão na Tabela 9.9. Na Figura 9.11 está retratada a evolução no período de outubro de 2011 até fevereiro de 2013 da diferença entre o retorno médio e o desvio padrão do fundo $F_1$ e do Ibovespa[65].

Para analisar como foi o desempenho relativo do fundo $F_1$ e do Ibovespa, devemos considerar a Figura 9.12. Podemos observar nessa figura que o desempenho da primeira carteira melhora em relação ao da segunda, se os pontos se encaminharem para o canto "Bom"[66]; enquanto há piora no caso de se encaminharem para o canto "Ruim" [67]. Na Figura 9.11, como os pontos estão concentrados no segundo quadrante, notamos que o fundo $F_1$ apresentou desempenho superior ao Ibovespa[68], com pequena evolução na direção do canto "Bom" no período de análise.

Figura 9.11 – Gráfico de Balzer para o fundo $F_1$ e o Ibovespa

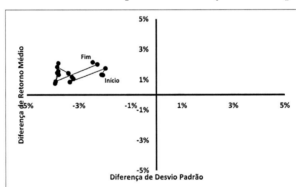

Fonte: o autor

---

[65] Por exemplo, podemos observar na Tabela 9.9 que, para o mês de outubro de 2011, o retorno médio estimado para o fundo $F_1$ foi aproximadamente 0,24%, enquanto o retorno médio do Ibovespa — 1,07%, o que resulta na diferença 1,31%. Analogamente, também para outubro de 2011, o desvio padrão estimado para o fundo $F_1$ foi de 7,45%, enquanto para o Ibovespa de aproximadamente 9,52%, resultando na diferença — 2,07%. O ponto "Início" na Figura 9.11 é exatamente ( — 2,07%, 1,31%). Considerando agora o ponto "Fim", relacionado a fevereiro de 2013, esse corresponde às coordenadas ( — 2,47%, 2,15%) na Figura 9.11, obtidas da diferença entre as estimativas para o desvio padrão ($-2,47\% \approx 4,15\% - 6,62\%$) e para o retorno médio ($2,15\% \approx 0,07\% - \left(-2,08\%\right)$) do fundo $F_1$ e do Ibovespa.

[66] Em outros termos, há aumento do retorno da primeira carteira em relação ao retorno da segunda carteira, ao mesmo tempo em que há diminuição do risco da primeira carteira em relação à segunda carteira.

[67] Em outros termos, há diminuição do retorno da primeira carteira em relação ao retorno da segunda carteira, ao mesmo tempo em que há aumento do risco da primeira carteira em relação à segunda carteira.

[68] Devemos observar que, para todos os meses entre outubro de 2011 e fevereiro de 2013, o retorno médio do fundo $F_1$ manteve-se acima do retorno médio do Ibovespa, enquanto o desvio padrão manteve-se abaixo.

GESTÃO DE CARTEIRAS DE INVESTIMENTOS: TEORIA E PRÁTICA

Tabela 9.9 – Dados para o gráfico de Balzer do fundo $F_1$ e do Ibovespa

|  | Ret. Men. ($F_1$) | Ret. Méd. ($F_1$) | Desv. Pad. ($F_1$) | Ret. Men. (Ibov.) | Ret. Méd. (Ibov.) | Desv. Pad. (Ibov.) | Diferença Ret. Méd. | Diferença Desv. Pad. | |
|---|---|---|---|---|---|---|---|---|---|
| Nov./10 | -1,66% |  |  | -5,02% |  |  |  |  |  |
| Dez./10 | 3,17% |  |  | 5,43% |  |  |  |  |  |
| Jan./11 | -4,05% |  |  | -4,35% |  |  |  |  |  |
| Fev./11 | 1,26% |  |  | 1,96% |  |  |  |  |  |
| Mar./11 | 5,07% |  |  | 3,82% |  |  |  |  |  |
| Abr./11 | 2,08% |  |  | -0,18% |  |  |  |  |  |
| Maio/11 | 0,56% |  |  | -2,70% |  |  |  |  |  |
| Jun./11 | -1,79% |  |  | -2,27% |  |  |  |  |  |
| Jul./11 | 0,57% |  |  | -5,45% |  |  |  |  |  |
| Ago./11 | -4,27% |  |  | -5,83% |  |  |  |  |  |
| Set./11 | -16,05% |  |  | -20,73% |  |  |  |  |  |
| Out./11 | 18,04% | 0,24% | 7,45% | 22,45% | -1,07% | 9,52% | 1,31% | -2,07% | Início |
| Nov./11 | -5,52% | -0,08% | 7,60% | -9,10% | -1,41% | 9,73% | 1,34% | -2,13% |  |
| Dez./11 | -0,89% | -0,41% | 7,54% | -3,67% | -2,17% | 9,52% | 1,76% | -1,98% |  |
| Jan./12 | 9,46% | 0,71% | 7,91% | 19,87% | -0,15% | 11,25% | 0,86% | -3,34% |  |
| Fev./12 | 7,98% | 1,27% | 8,17% | 6,17% | 0,20% | 11,38% | 1,07% | -3,21% |  |
| Mar./12 | -5,43% | 0,40% | 8,27% | -8,05% | -0,79% | 11,53% | 1,19% | -3,26% |  |
| Abr./12 | -2,37% | 0,03% | 8,29% | -7,70% | -1,42% | 11,69% | 1,44% | -3,40% |  |
| Maio/12 | -9,38% | -0,80% | 8,68% | -17,54% | -2,65% | 12,51% | 1,85% | -3,83% |  |
| Jun./12 | 3,25% | -0,38% | 8,75% | -0,20% | -2,48% | 12,53% | 2,10% | -3,79% |  |
| Jul./12 | 1,55% | -0,30% | 8,76% | 1,77% | -1,88% | 12,55% | 1,58% | -3,79% |  |
| Ago./12 | 2,57% | 0,27% | 8,70% | 2,35% | -1,20% | 12,54% | 1,47% | -3,83% |  |
| Set./12 | 0,35% | 1,63% | 7,19% | 4,04% | 0,87% | 11,11% | 0,77% | -3,92% |  |
| Out./12 | 1,02% | 0,22% | 5,23% | -3,59% | -1,30% | 9,03% | 1,52% | -3,80% |  |
| Nov./12 | -1,46% | 0,55% | 4,97% | -2,92% | -0,79% | 8,74% | 1,34% | -3,77% |  |
| Dez./12 | 6,75% | 1,19% | 5,23% | 9,37% | 0,30% | 9,12% | 0,89% | -3,89% |  |
| Jan./13 | 3,91% | 0,73% | 4,69% | 0,77% | -1,29% | 6,98% | 2,02% | -2,29% |  |
| Fev./13 | 0,13% | 0,07% | 4,15% | -3,28% | -2,08% | 6,62% | 2,15% | -2,47% | Fim |

Fonte: o autor

Figura 9.12 – Gráfico de Balzer para a comparação de duas carteiras

Fonte: o autor

Naturalmente, não há motivo para que o retorno médio e o desvio padrão sejam usadas sempre como as medidas de retorno e risco, respectivamente. Outras medidas de retorno e risco podem ser usadas, como o retorno médio geométrico e o *downside deviation*. Como ilustração gráfica, quando substituímos na Tabela 9.9 o retorno médio pelo retorno médio geométrico e o desvio padrão pelo *downside deviation*[69], obtemos a Tabela 9.10. Os dados nessa última tabela podem ser usados para alterar as Figuras 9.9 e 9.11, conforme ilustrado nas Figuras 9.13 e 9.14, respectivamente. Por fim, podemos observar que os comentários feitos para a Figura 9.9 continuam válidos, em linhas gerais, para a Figura 9.13, valendo o mesmo nos casos das Figuras 9.11 e 9.14.

---

[69] Estimado com a taxa mensal LIBOR US$ no papel do mínimo retorno aceitável.

Tabela 9.10 – Dados para o gráfico de Balzer do fundo $F_1$ e do Ibovespa

| | Ret. Men. ($F_1$) | Ret. Geom. ($F_1$) | Down. Dev. ($F_1$) | Ret. Men. (Ibov.) | Ret. Geom. (Ibov.) | Down. Dev. (Ibov.) | Diferença Ret. Geom. | Diferença Down. Dev. | |
|---|---|---|---|---|---|---|---|---|---|
| Nov./10 | -1,66% | | | -5,02% | | | | | |
| Dez./10 | 3,17% | | | 5,43% | | | | | |
| Jan./11 | -4,05% | | | -4,35% | | | | | |
| Fev./11 | 1,26% | | | 1,96% | | | | | |
| Mar./11 | 5,07% | | | 3,82% | | | | | |
| Abr./11 | 2,08% | | | -0,18% | | | | | |
| Maio/11 | 0,56% | | | -2,70% | | | | | |
| Jun./11 | -1,79% | | | -2,27% | | | | | |
| Jul./11 | 0,57% | | | -5,45% | | | | | |
| Ago./11 | -4,27% | | | -5,83% | | | | | |
| Set./11 | -16,05% | | | -20,73% | | | | | |
| Out./11 | 18,04% | -0,03% | 5,04% | 22,45% | -1,52% | 6,78% | -1,74% | 1,49% | Início |
| Nov./11 | -5,52% | -0,36% | 5,02% | -9,10% | -1,88% | 7,13% | -2,11% | 1,52% | |
| Dez./11 | -0,89% | -0,70% | 5,02% | -3,67% | -2,62% | 7,21% | -2,18% | 1,92% | |
| Jan./12 | 9,46% | 0,40% | 4,89% | 19,87% | -0,77% | 7,10% | -2,20% | 1,17% | |
| Fev./12 | 7,98% | 0,94% | 5,12% | 6,17% | -0,43% | 7,10% | -1,97% | 1,37% | |
| Mar./12 | -5,43% | 0,06% | 5,17% | -8,05% | -1,44% | 7,47% | -2,30% | 1,49% | |
| Abr./12 | -2,37% | -0,31% | 5,79% | -7,70% | -2,08% | 7,79% | -2,01% | 1,76% | |
| Maio/12 | -9,38% | -1,17% | 5,79% | -17,54% | -3,42% | 9,27% | -3,48% | 2,24% | |
| Jun./12 | 3,25% | -0,76% | 5,76% | -0,20% | -3,25% | 9,24% | -3,48% | 2,49% | |
| Jul./12 | 1,55% | -0,68% | 5,76% | 1,77% | -2,65% | 9,11% | -3,34% | 1,97% | |
| Ago./12 | 2,57% | -0,11% | 5,64% | 2,35% | -1,98% | 8,95% | -3,31% | 1,87% | |
| Set./12 | 0,35% | 1,39% | 3,46% | 4,04% | 0,27% | 6,65% | -3,19% | 1,12% | |
| Out./12 | 1,02% | 0,08% | 3,48% | -3,59% | -1,71% | 6,73% | -3,25% | 1,79% | |
| Nov./12 | -1,46% | 0,43% | 3,12% | -2,92% | -1,17% | 6,25% | -3,12% | 1,60% | |
| Dez./12 | 6,75% | 1,05% | 3,11% | 9,37% | -0,12% | 6,16% | -3,04% | 1,17% | |
| Jan./13 | 3,91% | 0,62% | 3,11% | 0,77% | -1,55% | 6,16% | -3,04% | 2,17% | |
| Fev./13 | 0,13% | -0,01% | 3,31% | -3,28% | -2,31% | 6,23% | -2,92% | 2,30% | Fim |

Fonte: o autor

Figura 9.13 – Gráfico de Balzer para o fundo $F_1$

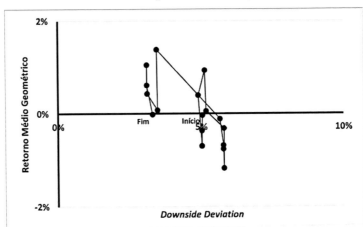

Fonte: o autor

Figura 9.14 – Gráfico de Balzer para o fundo $F_1$ e o Ibovespa

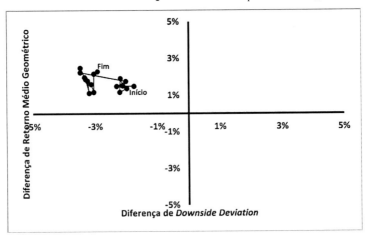

Fonte: o autor

### 9.1.7 Análise de Farrar

Outra possibilidade para a análise de desempenho de carteiras ativas é a chamada Análise de Farrar (FARRAR, 1962; FRIEND; VICKERS, 1965). Consideramos essa análise a mais abrangente entre aquelas apresentadas até aqui por dois motivos:

a. Todos as carteiras são consideradas simultaneamente para efeito da determinação de suas relações de dominância.
b. A estrutura de retorno e risco[70] do conjunto completo de carteiras é usada na análise.

Para entendermos a análise de Farrar, devemos reconsiderar o problema de obter uma aproximação para a fronteira eficiente de um conjunto de carteiras de investimentos, como ilustrado numericamente no Capítulo 6 pela Tabela 6.4, Figura 6.7, Tabela 6.5 e Figura 6.8.

Naquele exercício numérico, consideramos os mesmos seis fundos de investimentos da Tabela 8.5, ou seja, os mesmos utilizados no capítulo atual. Relembrando, a aproximação à fronteira eficiente dada na Figura 6.7 considera a estruturação de um fundo-de-fundos que permite alocações de qualquer montante em qualquer um dos seis fundos $F_1, ..., F_6$.

Podemos observar das alocações na Tabela 6.5 que somente dois fundos recebem aportes: $F_2$ e $F_4$. Em outras palavras, quando considerados em condições iguais para possível alocação e consideradas todas as carteiras eficientes compondo a fronteira eficiente, da menos arriscada (com retorno esperado mínimo) até a mais arriscada (com retorno esperado máximo), as possibilidades de investimento em $F_1$, $F_3$, $F_5$ e $F_6$ são dominadas pelas possibilidades de investimento apenas em $F_2$ e $F_4$. Logo, podemos afirmar que $F_2$ e $F_4$ são dominantes em relação a $F_1$, $F_3$, $F_5$ e $F_6$, segundo Farrar (1962), devendo esses quatro últimos fundos serem ignorados para investimento. Resumindo, fica estabelecido pela análise de Farrar que $F_2$ e $F_4$ dominam $F_1$, $F_3$, $F_5$ e $F_6$, muito embora não seja possível estabelecer uma relação de dominância direta entre $F_2$ e $F_4$.

## 9.2 Carteiras Passivas Indexadas

Na segunda seção deste capítulo, consideramos as seguintes metodologias para a análise de desempenho passado de carteiras passivas:

a. Relações de Dominância.
b. Janelas Móveis.
c. Teste de Jensen.

---

[70] Incluindo a matriz de covariância dos retornos de todos os ativos.

d.  Teste de Treynor e Mazuy.
e.  Gráfico de Balzer.

## 9.2.1 Relações de Dominância

O primeiro passo para o estabelecimento de relações de dominância, no caso de carteiras passivas indexadas, é a identificação da carteira de referência a ser usada, como explicado no Capítulo 4. Por exemplo, reconsideremos os dados na Tabela 4.11 relativos aos fundos de índice BOVA11 e XBOV11 cobrindo um período de seis meses, ambos indexados ao Ibovespa. É possível calcularmos medidas de retorno e risco relativos, como exibido na Tabela 4.12, como o erro de acompanhamento médio, o erro de acompanhamento médio geométrico, o desvio padrão do erro de acompanhamento e o valor médio quadrático do erro de acompanhamento[71].

Dada uma carteira passiva indexada, feita a escolha de uma medida de retorno relativo e uma medida de risco relativa, podemos estabelecer as suas regiões de dominância conforme a Figura 9.15:

a.  Qualquer carteira na região "Dominante" apresenta menor risco relativo e menor retorno relativo em valor absoluto, devendo ser preferida.

b.  Qualquer carteira na região "Dominada" apresenta maior risco relativo e maior retorno relativo em valor absoluto, devendo ser preterida.

c.  Por fim, nas regiões hachuradas estão aquelas carteiras com maior risco relativo e menor retorno relativo em valor absoluto, ou menor risco relativo e maior retorno relativo em valor absoluto, o que caracteriza indiferença.

---

[71] Lembrando, as duas primeiras são medidas de retorno relativo enquanto as duas últimas são medidas de risco relativo, como explicado no Capítulo 4.

Figura 9.15 – Regiões de dominância para uma carteira passiva indexada

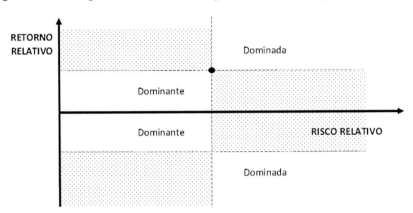

Fonte: o autor

Tomando os valores na Tabela 4.12, selecionando a medida de retorno relativa como o erro médio quadrático e a medida de risco relativo como o desvio padrão dos erros de acompanhamento, obtemos que $\left|\hat{\mu}_{BOVA11}^{EA}\right| = 0,00002\% < 0,00177\% = \left|\hat{\mu}_{XBOV11}^{EA}\right|$, enquanto $\hat{\sigma}_{BOVA11}^{EA} = 0,15760\% > 0,08686\% = \hat{\sigma}_{XBOV11}^{EA}$, o que não permite estabelecer qualquer dominância entre o BOVA11 e o XBOV11 para o período de análise adotado na Tabela 4.11[72].

### 9.2.2 Janelas Móveis

Em linha com o que já abordamos anteriormente para carteiras ativas, é possível utilizar janelas móveis para a análise da evolução do desempenho de carteiras passivas indexadas.

Como ilustração, consideremos as Figuras 9.16, 9.17 e 9.18, em que estão exibidas as evoluções do erro de acompanhamento médio, desvio padrão do erro de acompanhamento e valor médio quadrático do erro de

---

[72] Conforme já explicado no Capítulo 6, a comparação de estimativas (como na Tabela 4.12) requer o uso de testes de hipóteses estatísticos. Lembremos que, por exemplo, os valores 0,15760% e 0,08686% são estimativas e, portanto, não devem ser comparadas diretamente, como se fossem números quaisquer, sendo necessária a realização de um teste de hipóteses a determinado nível de significância para verificar se há diferença significativa entre os desvios padrões. Por uma questão de simplicidade e fluidez dos resultados sob a ótica financeira, comparamos os valores diretamente, entendendo que estamos abdicando do rigor estatístico que requer o uso de testes de hipóteses estatísticos. Isso vale para o restante deste capítulo, quando outras estimativas forem comparadas.

acompanhamento, respectivamente, para o BOVA11 e XBOV11 para um período de três meses usando janelas móveis de três meses com retornos diários. Podemos observar dessas figuras que:

a. No caso da Figura 9.16, temos que o erro de acompanhamento médio de cada um dos fundos de índices oscila praticamente no mesmo nível, levando-nos a compreender que o desempenho de ambos se equivale.
b. No caso das Figuras 9.17 e 9.18, observamos que as estimativas para BOVA11 e XBOV11 exibem tendência de queda, indicando que ambos apresentam melhoras na gestão para o período analisado. Porém, quando comparamos os valores estimados para BOVA11 aos valores obtidos para XBOV11, observamos que as estimativas do primeiro estiveram sempre acima das estimativas do segundo, o que indica que o desempenho do XBOV11 deve ser considerado como superior ao do BOVA11.

Figura 9.16 – Evolução do erro de acompanhamento médio

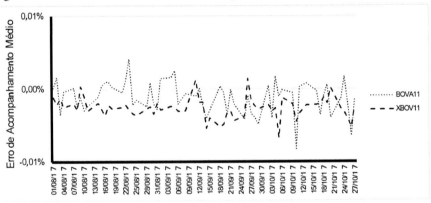

Fonte: o autor

Figura 9.17 – Evolução do desvio padrão do erro de acompanhamento

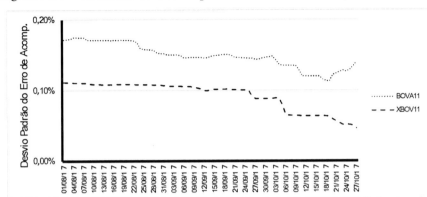

Fonte: o autor

Figura 9.18 – Evolução do valor médio quadrático do erro de acompanhamento

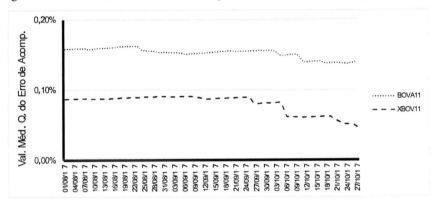

Fonte: o autor

### 9.2.3 Teste de Jensen

Na Figura 9.19 estão exibidos os retornos[73] do BOVA11 quando grafados contra os retornos do Ibovespa; e, de forma similar, a Figura 9.20 traz os retornos do XBOV11 em relação aos retornos do Ibovespa, tendo sido considerados todos os retornos diários entre 28/04/2017 e 27/10/2017, em um total de 127 pontos, correspondendo a um período de seis meses, conforme a Tabela 4.11.

---

[73] Todos calculados com a subtração do retorno do ativo livre de risco, representado no restante desse capítulo pela SELIC.

Nos dois casos podemos facilmente observar a existência de dois *outliers*[74] e prováveis relações lineares entre os retornos do BOVA11 e do Ibovespa, e dos retornos do XBOV11 e do Ibovespa, o que nos leva naturalmente às seguintes perguntas:

a. De fato, existe uma relação linear entre os retornos do BOVA11 e do Ibovespa?

b. De fato, existe uma relação linear entre os retornos do XBOV11 e do Ibovespa?

Figura 9.19 – Retornos do BOVA11 versus retornos do Ibovespa

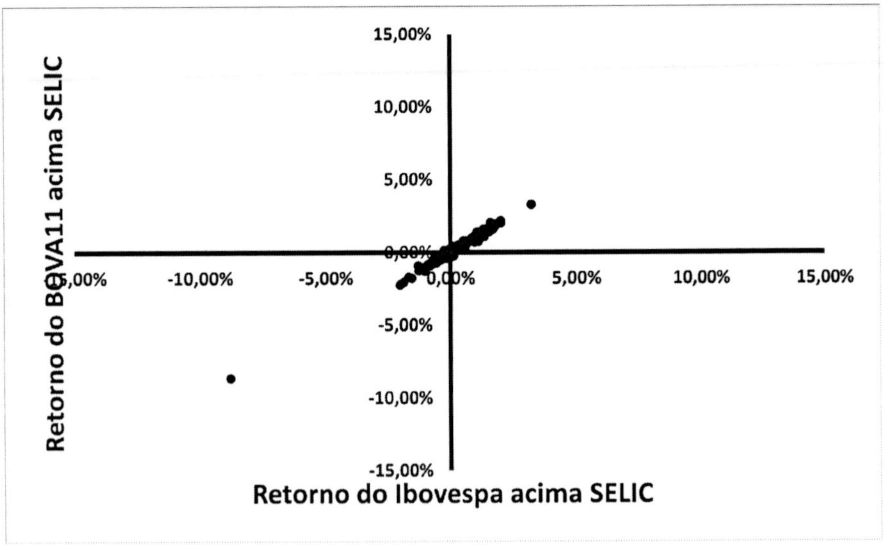

Fonte: o autor

---

[74] Como em oportunidades anteriores, manteremos os dois *outliers* nas análises do restante deste capítulo, assim como não utilizaremos técnicas de estimação robusta. Para o leitor interessado no uso de técnicas de estimação robusta, voltamos a sugerir Huber e Ronchetti (2009) e Maronna *et al.* (2018).

Figura 9.20 – Retornos do XBOV11 versus retornos do Ibovespa

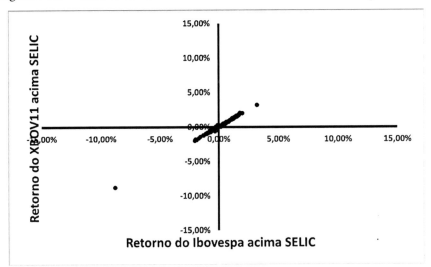

Fonte: o autor

Em busca dessas respostas, consideramos adaptar o teste de Jensen apresentado inicialmente no Capítulo 8, e já usado anteriormente neste capítulo para o caso de carteiras ativas. Por exemplo, para o caso do BOVA11 e do Ibovespa, podemos escrever que

$$r_j^{BOVA11} - r_j^{SELIC} = \alpha_{BOVA11,IBOV} + \beta_{BOVA11,IBOV} \times \left(r_j^{IBOV} - r_j^{SELIC}\right) + \varepsilon_j, j = 1,\ldots,m \quad (9.9)$$

em que $r_1^{BOVA11},\ldots,r_m^{PBOVA11}$ são observações coletadas do retorno do BOVA11 e $r_1^{IBOV},\ldots,r_m^{IBOV}$ são observações coletadas para o retorno do Ibovespa, com a SELIC representando a taxa de remuneração do ativo livre de risco.

Obviamente, uma carteira passiva indexada não deve possuir um valor para o parâmetro alfa que seja diferente de zero. Em outros termos, caso a indexação tenha sido boa e fixado um nível de significância para o teste de Jensen, não desejamos rejeitar a hipótese nula do teste

$$H_0: \quad \alpha_{BOVA11,IBOV} = 0 \quad (9.10)$$
$$H_1: \quad \alpha_{BOVA11,IBOV} \neq 0$$

em favor da hipótese alternativa.

Por exemplo, ao utilizarmos o método de estimação de mínimos quadrados ordinários para obtenção de estimativas para o parâmetro $\alpha_{BOVA11,IBOV}$ em (9.9), com $\varepsilon_1, \varepsilon_2, \ldots, \varepsilon_m$ independentes e identicamente distribuídos com distribuição $N(0, \sigma^2)$, obtemos os valores disponibilizados na Tabela 9.11. Repetindo a análise para o caso do fundo de índice XBOV11, obtemos os outros valores disponibilizados na Tabela 9.11.

Tabela 9.11 – Valores do alfa de dois fundos de índice

| $\alpha_{BOVA11,IBOV}$ (P-Valor) | $\alpha_{XBOV11,IBOV}$ (P-Valor) |
|---|---|
| -0,00000315 (98,22%) | 0,00000957 (90,22%) |

Fonte: o autor

Podemos observar da Tabela 9.11 que nos dois casos (BOVA11 e XBOV11) a hipótese nula de (9.10) não deve ser rejeitada em favor da hipótese alternativa aos níveis de significância de 1%, 5% e 10%; o que nos permite assumir que a gestão passiva indexada do BOVA11 e XBOV11, para o período de análise, não pode ser considerada insatisfatória tomando como base o teste de Jensen[75].

Outro exemplo numérico é fornecido pela aplicação do teste de Jensen para o desempenho do PIBB11 em relação ao índice de mercado IBrX-50, durante o ano de 2020, considerados retornos diários. A Figura 9.21 traz os erros de acompanhamento diários para o período de análise, enquanto a Figura 9.22 exibe os retornos acumulados do fundo de índice e sua carteira de referência. Aparentemente, baseados em uma simples inspeção visual, podemos observar que o desempenho pode ser considerado adequado, apesar dos erros de acompanhamento ficarem mais voláteis no período crítico da pandemia do Covid-19 durante o ano de 2020[76].

---

[75] Como mais uma informação, citamos que a estatística $F$ (DRAPER; SMITH, 1998) para a regressão com o BOVA11 assume valor 7.618, enquanto a regressão com o XBOV11 assume valor 24.844, indicando que, nos dois casos, temos ajustes lineares relevantes.

[76] Final de fevereiro até o início de agosto.

Figura 9.21 – Erros de acompanhamento do PIBB11 no ano de 2020

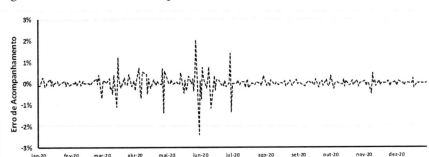

Fonte: o autor

Figura 9.22 – Retornos acumulados do PIBB11 e do IBrX-50 para o ano de 2020

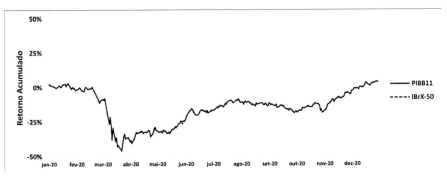

Fonte: o autor

De novo, é possível aplicar o teste de Jensen aos dados para verificar se os gestores do PIBB11 realizaram um bom trabalho na indexação ao IBrX-50 durante o ano 2020. A Figura 9.23 exibe os retornos diários do PIBB11 e do IBrX-50[77] para aquele ano (total de 251 observações), em que podemos assumir, por mera inspeção visual, parecer haver uma relação linear entre os retornos. Naturalmente, é possível efetuar o ajuste usando para tal estimativas de mínimos quadrados ordinários para obter que $\alpha_{PIBB11, IBrX-50} = 0,00000621$. Ao realizarmos o teste de hipóteses

---

[77] Todos subtraídos da taxa SELIC diária, a qual foi adotada como o ativo livre de riscos.

$$H_0: \alpha_{PIBB11,IBrX-50} = 0 \qquad (9.11)$$
$$H_1: \alpha_{PIBB11,IBrX-50} \neq 0$$

para o qual o P-Valor resulta ser 97,75%, concluímos não haver fundamento estatístico para supor que $\alpha_{PIBB11,IBrX-50} \neq 0$ [78]. Em outros termos, segundo a aplicação do teste de Jensen, não há evidência estatística de que a gestão do PIBB11 não tenha sido boa durante o ano de 2020.

Figura 9.23 – Retornos do PIBB11 versus retornos do IBrX-50

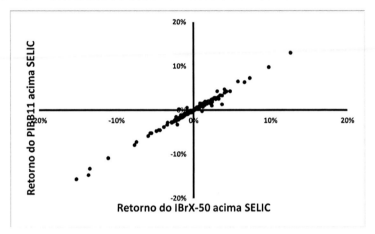

Fonte: o autor

### 9.2.4 Teste de Treynor e Mazuy

Assim como feito anteriormente para o teste de Jensen, é possível adaptar o teste de Treynor e Mazuy para a análise de carteiras passivas indexadas.

Como exemplo, consideremos analisar se o gestor do BOVA11 realizou *market timing* quando da gestão do referido fundo de índice durante o período de 28/04/2017 até 27/10/2017, baseado em um total de 127 retornos diários. Para tal, recordemos que o teste de Treynor e Mazuy requer testar estatisticamente se

---

[78] Citamos que a estatística $F$ para essa regressão assume valor 16.042, indicando que temos um ajuste linear relevante.

$$H_0: \gamma_{BOVA11,IBOV} = 0 \qquad (9.12)$$
$$H_1: \gamma_{BOVA11,IBOV} \neq 0$$

a determinado nível de significância, assumindo o modelo de regressão polinomial de segundo grau

$$r_j^{BOVA11} - r_j^{SELIC} = \alpha_{BOVA11,Ibovespa} + \beta_{BOVA11,Ibovespa} \times \left( r_j^{Ibovespa} - r_j^{SELIC} \right) \qquad (9.13)$$

$$+ \gamma_{BOVA11,Ibovespa} \times \left( r_j^{Ibovespa} - r_j^{SELIC} \right)^2 + \varepsilon_j \quad \forall j = 1, \ldots, m$$

Lembrando, caso a hipótese nula acabe rejeitada em favor da hipótese alternativa a determinado nível de significância, diremos que o gestor efetuou *market timing*. Obviamente, no caso de uma carteira passiva indexada, devemos esperar que a hipótese nula não seja rejeitada, o que indicaria não haver evidência estatística de *market timing*, como seria razoável esperar de um bom gestor passivo.

Como primeiro exemplo numérico, consideremos analisar o desempenho do BOVA11 segundo o teste de Treynor e Mazuy para o período citado. O valor estimado para $\gamma_{BOVA11,IBOV}$ está na Tabela 9.12, assim como o P-Valor associado ao teste (9.12). Um segundo exemplo numérico, cujos resultados também estão na Tabela 9.12, está relacionado à análise do fundo de índice XBOV11.

Podemos observar que nos dois casos não há evidência estatística de *market timing* para o período analisado aos níveis de significância de 1%, 5% e 10%. Em outros termos, a utilização do teste de Treynor e Mazuy não indica a utilização de *market timing* por parte dos gestores do BOVA11 e XBOV11 no período de análise[79].

---

[79] Citamos que a estatística $F$ para essa regressão com o BOVA11 assume valor 3.824, enquanto a regressão com o XBOV11 assume valor 12.363, indicando que nos dois casos temos ajustes polinomiais de segunda ordem altamente relevantes.

Tabela 9.12 – Valores do gama de dois fundos de índice

| $\gamma_{BOVA11,IBOV}$ (P-Valor) | $\gamma_{XBOV11,IBOV}$ (P-Valor) |
|---|---|
| 0,28829 (22,87%) | -0,08403 (52,36%) |

Fonte: o autor

Podemos agora realizar a análise do PIBB11 em relação ao IBrX-50 para o ano de 2020, usando para tal retornos diários. Ao realizarmos as estimações com mínimos quadrados ordinários, obtemos que $\gamma_{BOVA11,IBOV} = -0,17796$, cujo P-Valor para o teste

$$H_0: \gamma_{PIBB11,IBxX-50} = 0 \quad (9.14)$$
$$H_1: \gamma_{PIBB11,IBxX-50} \neq 0$$

é igual a 4,69%, o que nos leva a rejeitar a hipótese nula, por exemplo, para um nível de significância de 5%. Em outros termos, não é possível afastar completamente a hipótese de *market timing* para o PIBB11 de acordo com o teste de Treynor e Mazuy, quando usando dados de retornos diários para o ano de 2020.

### 9.2.5 Gráfico de Balzer

Abordamos anteriormente o uso do gráfico de Balzer para carteiras ativas. É possível adaptar a metodologia para o caso de carteiras passivas indexadas.

Uma vez escolhidas a medida de retorno relativo e a de risco relativo, a Figura 9.24 resume as posições consideradas boas e ruins no caso da evolução temporal da gestão de uma carteira passiva indexada:

a. Caso o retorno relativo e o risco relativo estejam sendo reduzidos em valor absoluto, isso indica melhora na qualidade da gestão ao longo do tempo e, como consequência, o gráfico de Balzer deve se encaminhar para as posições rotuladas como "bom".

b. Caso o retorno relativo e o risco relativo estejam sendo aumentados em valor absoluto, isso indica piora na qualidade da gestão ao longo do tempo e, como consequência, o gráfico de Balzer deve se encaminhar para as posições rotuladas como "ruim".

Figura 9.24 – Gráfico de Balzer para a evolução de uma carteira passiva indexada

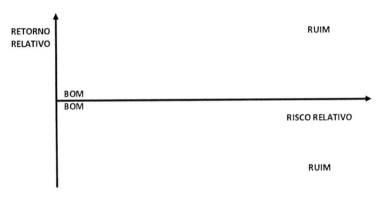

Fonte: o autor

Como um primeiro exemplo numérico consideremos a evolução temporal do PIBB11 contra o IBrX-50 durante o período crítico da pandemia do Covid-19 no ano de 2020. A Tabela 9.13 resume os cálculos obtidos[80] quando o erro de acompanhamento médio e o desvio padrão do erro de acompanhamento são escolhidos para representar o retorno relativo e o risco relativo, respectivamente. A Figura 9.25 exibe o gráfico de Balzer, do qual podemos observar que:

a. Os pontos de início e de fim do gráfico de Balzer estão próximos na Figura 9.24, o que revela que o desempenho no início de 2020 foi equivalente ao desempenho no fim do mesmo ano.

b. Ao longo do ano há uma grande variação no desvio padrão do erro de acompanhamento, com os menores valores no início e no fim do ano e valores mais elevados durante os períodos críticos da pandemia em 2020.

c. Ao longo do ano não há grande variação no erro de acompanhamento médio, exceto por curtos períodos nos momentos críticos da pandemia.

---

[80] Valores estimados com erros de acompanhamento diários e uma janela móvel de 21 dias úteis, representado um período de um mês.

d. De uma forma geral, podemos afirmar que o PIBB11 começou e terminou o ano de 2020 com uma boa gestão, tendo sido tal gestão impactada negativamente (como seria razoável esperar) nos períodos críticos da pandemia.

Tabela 9.13 – Resumo dos cálculos obtidos para o PIBB11 versus IBrX-50

|  | Erro de Acomp. Médio | Desvio Padrão do Erro de Acomp. |  |
|---|---|---|---|
| 30/01/20 | 0,00% | 0,12% | Início |
| 31/01/20 | 0,00% | 0,12% |  |
| 03/02/20 | 0,01% | 0,11% |  |
| 04/02/20 | 0,00% | 0,10% |  |
| 05/02/20 | -0,01% | 0,09% |  |
| ⋮ | ⋮ | ⋮ |  |
| 22/12/20 | 0,00% | 0,10% |  |
| 23/12/20 | 0,00% | 0,10% |  |
| 28/12/20 | -0,01% | 0,09% |  |
| 29/12/20 | 0,00% | 0,09% |  |
| 30/12/20 | 0,00% | 0,09% | Fim |

Fonte: o autor

Figura 9.25 – Gráfico de Balzer para o PIBB11 no ano de 2020

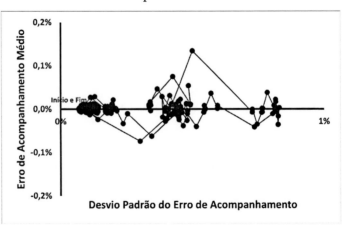

Fonte: o autor

Dois outros exemplos de gráfico de Balzer estão nas Figuras 9.26 e 9.27, para os fundos de índice BOVA11 e XBOV11, respectivamente. Os valores calculados para os dois fundos de índice estão resumidos na Tabela 9.14.

Podemos observar na Figura 9.26 que o início e o final do gráfico de Balzer estão próximos, com os níveis mais elevados para o desvio padrão dos erros de acompanhamento. Ao longo do período de análise, o erro de acompanhamento médio é pouco alterado, mas o desvio padrão do erro de acompanhamento é inicialmente reduzido, sinalizando melhora inicial na gestão, mas depois volta a aumentar, sinalizando piora na gestão.

Figura 9.26 – Gráfico de Balzer para o BOVA11 versus Ibovespa

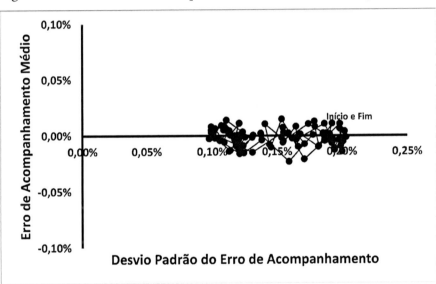

Fonte: o autor

Por sua vez, na Figura 9.27 observamos que o início e o fim do gráfico de Balzer estão próximos, com níveis mais baixos para o desvio padrão dos erros de acompanhamento. Ao longo do período de análise, o erro de acompanhamento médio é pouco alterado, mas o desvio padrão do erro de acompanhamento sofre aumento no início, sinalizando piora inicial na gestão, sendo que depois sofre redução, sinalizando melhora na gestão.

Figura 9.27 – Gráfico de Balzer para o XBOV11 versus Ibovespa

[Gráfico: eixo Y "Erro de Acompanhamento Médio" de -0,10% a 0,10%; eixo X "Desvio Padrão do Erro de Acompanhamento" de 0,00% a 0,25%; marcação "Início e Fim"]

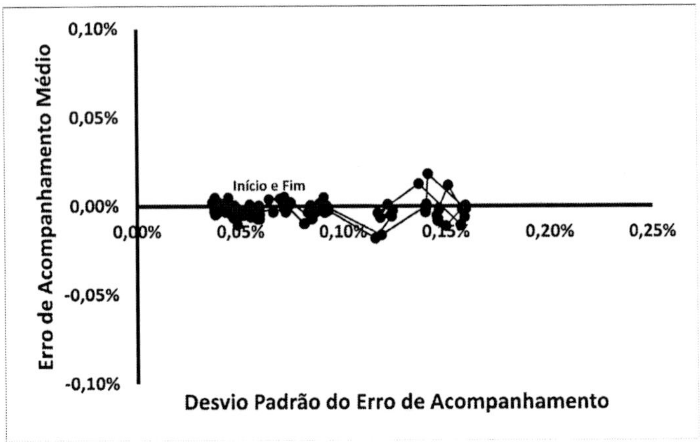

Fonte: o autor

Tabela 9.14 – Resumo dos cálculos obtidos para BOVA11 e XBOV11 versus Ibovespa

|  | BOVA11 Erro de Acomp. Médio | BOVA11 Desvio Padrão do Erro de Acomp. | XBOV11 Erro de Acomp. Médio | XBOV11 Desvio Padrão do Erro de Acomp. |
|---|---|---|---|---|
| 29/05/17 | 0,01% | 0,18% | 0,00% | 0,06% |
| 30/05/17 | 0,01% | 0,18% | 0,00% | 0,07% |
| 31/05/17 | -0,01% | 0,18% | 0,01% | 0,07% |
| 01/06/17 | 0,00% | 0,19% | 0,00% | 0,07% |
| 02/06/17 | 0,00% | 0,19% | 0,00% | 0,07% |
| ⋮ | ⋮ | ⋮ | ⋮ | ⋮ |
| 23/10/17 | 0,00% | 0,15% | 0,00% | 0,04% |
| 24/10/17 | 0,01% | 0,15% | 0,00% | 0,04% |
| 25/10/17 | 0,00% | 0,16% | 0,00% | 0,04% |
| 26/10/17 | -0,02% | 0,17% | 0,00% | 0,04% |
| 27/10/17 | 0,00% | 0,19% | 0,00% | 0,04% |

Fonte: o autor

Como ilustrado, o gráfico de Balzer é uma ferramenta de análise útil quando há interesse em avaliar a evolução temporal do desempenho de uma carteira passiva indexada.

# 10

# ANÁLISE DE GESTORES DE CARTEIRAS DE INVESTIMENTO

*Um bom exemplo é o melhor sermão.*

*(Benjamin Franklin)*

No capítulo anterior, consideramos o problema de comparar o desempenho passado de carteiras de investimentos. Diferentes possibilidades para a referida comparação foram apresentadas, as quais facilitam sobremaneira a análise do processo de investimento. Entretanto, como diferentes carteiras podem ser geridas por diferentes gestores, uma pergunta surge naturalmente: como comparar os gestores de diferentes carteiras de investimento? Esse é o assunto que abordamos neste capítulo.

O leitor deve perceber que o problema deste capítulo é bem mais geral que o do capítulo anterior, uma vez que um gestor pode ser o responsável pela administração de várias carteiras de investimento. Portanto, a comparação de diferentes gestores de carteiras demanda, em adição ao que já foi apresentado no capítulo anterior, a inclusão de critérios que cubram tópicos potencialmente díspares como estrutura organizacional existente para suporte do processo de tomada de decisão do gestor, experiência dos profissionais que o auxiliam, evolução temporal do montante sob gestão, *ratings*, estrutura de conformidade e auditoria (interna e externa) etc.

Como o tema deste capítulo pode resultar muito abrangente, dificultando a apresentação de forma objetiva e sintetizada, tomamos uma abordagem baseada em um pequeno exemplo com dados reais do mercado financeiro brasileiro: o ordenamento (do melhor para o pior) de cinco gestores de recursos de terceiros que se encontravam atuantes no Brasil em outubro de 2012.

Como vários critérios podem ser utilizados para efeito de comparação dos gestores, alguns qualitativos, outros quantitativos, muitos possivelmente conflitantes, a apresentação deste capítulo está calcada no uso de metodologias da área do conhecimento chamada de Análise de Decisão

Multicritério (ROY, 1996; SAATY; VARGAS, 2014). Várias metodologias propostas na literatura desta área de conhecimento podem ser adotadas, mas, apenas para fins de ilustração numérica, escolhemos um dos métodos mais simples, o *Technique for Order Preference by Similarity to Ideal Solution* (HWANG; YOON, 1981), usualmente denominado pelo acrônimo TOPSIS.

## 10.1 Análise de Decisão Multicritério: Uma Breve Introdução

Qualquer Metodologia Multicritério de Auxílio à Tomada de Decisão (MMATD) é composta por (GOMES; GOMES, 2019):

a. Um conjunto de alternativas – como a lista com todos os gestores de recursos de terceiros em análise.

b. Um conjunto de critérios – por exemplo, a lista composta pelos elementos que devem direcionar a análise comparativa dos diferentes gestores.

c. Um conjunto de pesos – com as importâncias relativas dos critérios, segundo opinião do tomador de decisão interessado na comparação dos gestores.

O primeiro ponto que demanda atenção está relacionado à escolha dos critérios, que devem:

a. Ser relevantes para a comparação das alternativas, ou seja, devem facilitar a comparação das alternativas indicando idealmente qual é a preferida quando comparadas aos pares.

b. Ser independentes, ou seja, devem produzir resultados que sejam minimamente afetados por outros critérios.

c. Ser operacionais, ou seja, devem ser de fácil obtenção e interpretação.

Os MMATD podem ser classificados em:

a. Procedimentos de classificação, quando as alternativas são classificadas em diferentes classes. A classificação de alternativas pode se dar de duas formas:

i Escolha Única, quando somente a "melhor" alternativa é escolhida, com as demais rejeitadas.

ii Várias Classes, quando as alternativas são separadas em classes, como alternativas "boas", "regulares" e "ruins".

b. Procedimentos de ordenação, quando as alternativas são ordenadas da "melhor" para a "pior". O exemplo numérico apresentado neste capítulo, com o uso da MMATD TOPSIS, está baseado em um procedimento de ordenação.

Os MMATD podem ser classificados em:

a. Escola Francesa, como os métodos Electre e Prométhée.
b. Escola Americana, como a Teoria da Utilidade Multiatributo e o Método da Análise Hierárquica.
c. Métodos Híbridos, como o Tomada de Decisão Interativa e Multicritério (TODIM) e o TOPSIS.

Os MMATD são particularmente úteis quando o tomador de decisão deseja:

a. Comparar um número elevado de gestores, buscando a redução da quantidade inicial para que, em uma segunda etapa, com um menor número de gestores, seja possível realizar uma análise mais detalhada dos remanescentes.
b. Misturar critérios quantitativos, não necessariamente restritos a medidas de retorno e risco. Por exemplo, para um determinado conjunto de gestores pode ser interessante adotar critérios quantitativos, como o montante de recursos sob gestão, os anos de atuação da empresa no mercado ou o número de colaboradores. Se forem vários critérios quantitativos, eles não necessitarão estar em uma mesma unidade de medição (por exemplo, R$), mas podem ser apresentados em diferentes medidas (por exemplo, R$, anos de atuação, número de colaboradores etc.).
c. Utilizar critérios qualitativos. Nesse caso, há duas possibilidades:
a. Critérios qualitativos baseados em estatísticas, índices ou qualquer outra medida numérica. Nesse caso, em vez de usar diretamente as quantidades numéricas como critérios quantitativos, o tomador de decisão prefere estratificar as alternativas. Por exemplo, o tomador de decisão pode preferir classificar o tempo de existência de uma empresa gestora em "longo", "médio" ou "curto", usando os anos de existência desde a sua criação[1].

---

[1] Uma possibilidade seria rotular gestoras com mais de vinte anos de atuação como "longo", aquelas com o tempo de existência entre vinte e dez anos como "médio" e, por fim, aquelas com tempo de existência menor

b. Critérios julgamentais, nos quais são atribuídos diretamente conceitos às diferentes alternativas, por exemplo, "experiente" ou "inexperiente" no caso do corpo diretivo de uma gestora; ou questões relativas à reputação da empresa junto ao mercado financeiro, a qual pode ser rotulada como "boa", "regular" ou "ruim", tudo de acordo com a opinião do tomador de decisão.

## 10.2 Um Exemplo Prático

### 10.2.1 Dados

Consideremos o problema prático de comparar cinco empresas de gestão de recursos de terceiros atuantes no país. Desejamos, ao final, ordená-las da "melhor" para a "pior", em linha com um conjunto de critérios e importâncias relativas estabelecidas por um tomador de decisão[2].

Por uma questão de sigilo e dado que alguns critérios envolvem o julgamento de características dos cinco gestores, eles não serão identificados explicitamente na apresentação, mas simplesmente chamados de Gestor 1, Gestor 2, Gestor 3, Gestor 4 e Gestor 5.

Vale mencionar que todas as informações disponibilizadas neste capítulo foram coletadas e verificadas em visitas in loco (*due diligences*), realizadas por profissionais de um fundo de pensão a cada empresa gestora.

A estrutura hierárquica dos critérios, em dois níveis, está exibida na Figura 10.1.

---

que dez anos como "curto".

[2] No caso específico do exemplo apresentado, o tomador de decisão foi o diretor de investimentos de um fundo de pensão que estava considerando terceirizar parte de seus recursos em 2012 e, para tal, desejava identificar os "melhores" gestores dentre os inicialmente escolhidos para análise. O autor deste livro participou do citado processo de seleção como consultor externo e, portanto, obteve acesso a todos os dados da análise, dos quais apenas uma fração é aqui disponibilizada aos leitores por questões educacionais, com o devido conhecimento do diretor de investimento do fundo de pensão.

## Figura 10.1 – Níveis hierárquicos dos critérios

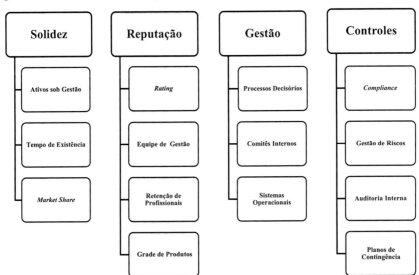

Fonte: o autor

Os quatro critérios e quatorze subcritérios usados na apresentação deste capítulo são:

a. No primeiro nível hierárquico estão os quatro critérios consolidadores, denominados de agora em diante por Solidez, Reputação, Gestão e Controles.

b. No segundo nível hierárquico estão os quatorze subcritérios adotados para a efetiva comparação dos cinco gestores. Para o critério Solidez e Gestão foram adotados três subcritérios, enquanto para os critérios Reputação e Controles forma adotados quatro subcritérios[3].

Os critérios e os subcritérios adotados podem ser entendidos como:

a. O critério Solidez está dividido em três subcritérios:

i. Ativos sob Gestão compara as alternativas no que se refere ao montante sob gestão. Para o exemplo numérico deste capítulo, as gestoras foram estratificadas, com o primeiro estrato correspondendo

---

[3] Mencionamos que não há qualquer limitação para a escolha do número de critérios ou subcritérios, o que permite ao tomador de decisão total flexibilidade ao usar um MMATD.

a valores acima de R$10 bilhões, o segundo estrato correspondendo a valores entre R$10 bilhões e R$5 bilhões, o terceiro estrato correspondendo a valores entre R$5 bilhões e R$1 bilhão e, finalmente, no último extrato, abaixo de R$1 bilhão. A hipótese é que as empresas no primeiro estrato devem ser preferidas sobre as demais, aquelas no segundo estrato devem ser preferidas em relação às empresas no terceiro e quatro estratos, e assim por diante[4]. Trata-se de um critério qualitativo, cuja determinação é, entretanto, quantitativa.

ii. Tempo de Existência compara as alternativas no que se refere ao tempo de atuação das empresas gestoras no mercado financeiro. Para o exemplo numérico deste capítulo, as gestoras foram estratificadas, com o primeiro estrato correspondendo a pelo menos 15 anos de existência, o segundo estrato correspondendo a valores entre 15 anos e 10 anos, o terceiro estrato correspondendo a valores entre 10 anos e 5 anos e, no último extrato, valores inferiores a 5 anos. A hipótese é que as empresas no primeiro estrato devem ser preferidas sobre as demais, aquelas no segundo estrato devem ser preferidas em relação às empresas no terceiro e quatro estratos, e assim por diante. Trata-se de um critério qualitativo, cuja determinação é, entretanto, quantitativa.

iii *Market Share* compara as alternativas no que se refere ao seu posicionamento segundo ordenamento da ANBIMA a respeito do volume sob gestão. Para o exemplo numérico deste capítulo, as gestoras foram estratificadas, com o primeiro estrato correspondendo da 1ª até a 10ª maior gestora em volume sob gestão, o segundo estrato correspondendo da 11ª até a 30ª maior, o terceiro estrato correspondendo da 31ª maior até a 60ª maior e, finalmente, no último extrato, da 61ª em diante. A hipótese é que as empresas no primeiro estrato devem ser preferidas sobre as demais, aquelas no segundo estrato devem ser preferidas em relação às empresas no terceiro e quatro estratos, e assim por diante. Trata-se de um critério qualitativo, cuja determinação é, entretanto, quantitativa.

b. O critério Reputação está dividido em quatro subcritérios:

i. *Rating* busca comparar a qualidade do *rating* publicado por empresas de análise independentes sobre a gestora de recursos de terceiros. Trata-se de um critério qualitativo, obtido de análise julgamental, que

---

[4] O racional nos MMATD é que se existem dois gestores iguais em todos os subcritérios, exceto Ativos sob Gestão, então quando comparados, aquele que pertencer ao estrato com o maior volume sob gestão deve ser o preferido.

pode resultar em três possibilidades: "Bom", "Aceitável" ou "Inexistente". O julgamento "Bom" se refere aos *ratings* conferidos por empresas de análise com atuação internacional e que foram considerados satisfatórios pelo tomador de decisão. O julgamento "Inexistente" se refere à situação de não divulgação pública do *rating* por parte da empresa gestora. Todos os demais casos foram classificados como "Aceitável". A hipótese é que se a análise julgamental resultar "Bom", a empresa gestora deve ser preferida segundo esse subcritério em relação a todas as outras gestoras que tenham sido julgadas como "Aceitável" ou "Inexistente". De forma similar, empresas consideradas "Aceitável" devem ser preferidas quando comparadas às empresas rotuladas "Inexistente", e preteridas quando comparadas às empresas rotuladas "Bom". A pior situação é aquela retratada pela não divulgação de um *rating*, resultando no rótulo "Inexistente", o que deve ser entendido como desinteresse por parte da empresa gestora em ter a sua estrutura interna avaliada por terceiros, algo que deve ser entendido como negativo.

ii. Equipe de Gestão busca comparar a qualidade das equipes que compõem as diferentes gestoras de recursos de terceiros. Trata-se de um critério qualitativo, obtido de análise julgamental, cujo resultado pode ser: "Boa", "Regular" ou "Ruim". O julgamento "Boa" se refere às equipes de profissionais com experiência comprovada nos mercados financeiros, formados em boas instituições de ensino, discretos (ou seja, sem exposição desnecessária na mídia) e que não tenham sido condenados pela justiça. As outras duas notas, "Regular" e "Ruim", refletem equipes julgadas como de pior qualidade após a *due diligence*, com "Regular" representando um estágio intermediário entre "Boa" e "Ruim". A hipótese é que se a análise julgamental resultar "Boa", a gestora deve ser preferida quando comparada às gestoras rotuladas como "Regular" ou "Ruim". A pior nota é "Ruim", sendo que as gestoras que a recebem devem ser preteridas em relação às que acabaram rotuladas como "Boa" ou "Regular".

iii. Retenção de Profissionais busca comparar a capacidade da empresa em atrair e reter bons profissionais. Trata-se de um critério qualitativo, obtido de análise julgamental, cujo resultado é o mesmo do subcritério anterior: "Boa", "Regular" ou "Ruim". O julgamento "Boa" se refere à capacidade de reter bons profissionais, exibindo baixo *turnover*, o que deve gerar cultura interna e uma equipe coesa para a gestão de recursos de terceiros. As outras duas notas, "Regular" e "Ruim", refletem gestoras que apresentam menor capacidade de retenção de seus profissionais, conforme verificado na *due diligence*, com o rótulo "Ruim" indicando a pior situação. A hipótese é que se a análise julgamental resultar "Boa", a gestora deve ser preferida quando comparada às gestoras rotuladas como "Regular" ou "Ruim". Gestoras com nota "Regular" devem ser preteridas quando comparadas às gestoras com notas "Boa" e preferidas quando compradas às gestoras com nota "Ruim". A pior situação é dada pelas empresas gestoras com nota "Ruim", que devem ser preteridas quando comparadas às empresas com notas "Boa" e "Regular".

iv. Grade de Produtos busca comparar a diversidade dos produtos oferecidos aos clientes da empresa. Trata-se de um critério qualitativo, obtido de análise julgamental, que pode resultar em duas classificações: "Diversificada" ou "Concentrada". O julgamento "Diversificada" se refere a uma oferta com vários produtos, que cobrem diferentes classes de ativos, para diferentes segmentos de clientes (em função do patrimônio pessoal). O julgamento "Concentrada" se refere a uma oferta com poucos produtos. As empresas gestoras cujas grades de produtos forem rotuladas como "Diversificada" devem ser preferidas quando compradas às empresas cujas grades de produtos resultarem "Concentrada".

c. O critério Gestão está dividido em três subcritérios:

i. Processos Decisórios buscam comparar como é o processo de tomada de decisão na empresa gestora de recursos de terceiros. Trata-se de um critério qualitativo, obtido de análise julgamental, cuja análise pode resultar em duas classificações: "Compartilhada" ou "Concentrada". No caso "Compartilhada", há um grupo emponderado para a tomada de decisão composto por pessoas com diferentes conhecimentos e experiências profissionais, como crédito, análise fundamentalista, macroeconomia, conformidade, contratos/jurídico, mercado de capitais, consultores externos etc. No caso "Compartilhada", a decisão de investimento somente é tomada após as diferentes recomendações terem sido ouvidas e ponderadas; ao contrário do caso "Concentrada", em que uma pessoa (ou poucas) toma as decisões sem considerar a opiniões de outros profissionais. As empresas gestoras que forem rotuladas como "Compartilhada" devem ser preferidas quando compradas às empresas cujos processos decisórios resultarem na classificação "Concentrada".

ii. Comitês Internos buscam comparar como estão estruturados os comitês na empresa gestora de recursos de terceiros. Trata-se de um critério qualitativo, obtido de análise julgamental, cuja análise pode resultar em duas classificações: "Ativos" ou "Inativos". O julgamento "Ativos" se refere à existência de comitês (comitê de riscos, comitê de auditoria, comitê de investimento etc.), na empresa gestora, que influenciam diretamente o processo de tomada de decisão, tendo presentes os principais gestores de forma participativa e responsável. O julgamento "Inativos" se refere à inexistência de comitês internos ou comitês sem poder para influenciar o processo de tomada de decisão na empresa gestora. As empresas gestoras que forem rotuladas como "Ativos" devem ser preferidas quando compradas às empresas da classificação "Inativos".

iii. Sistemas Operacionais buscam comparar quais sistemas de suporte ao processo de tomada de decisão estão disponíveis na empresa gestora de recursos de terceiros. Trata-se de um critério qualitativo, obtido de análise julgamental, cuja análise pode resultar em duas classificações: "Confiáveis" ou "Duvidosos". O julgamento "Confiáveis" se refere à existência de bons sistemas computacionais disponíveis para uso por áreas como controladoria, *trading*, gestão de riscos, análise fundamentalista, entre outras, incluídos as bases de dados financeiras e macroeconômicas acessadas. O julgamento "Duvidosos" se refere aos sistemas computacionais considerados pouco confiáveis, como ilustrado pela guarda de dados de carteiras de clientes em planilhas Excel, ou, até mesmo, o cálculo de exposições e a marcação-a-mercado das carteiras feitas como uso de calculadoras financeiras (como HP12C). As empresas gestoras que forem rotuladas como "Confiáveis" devem ser preferidas quando compradas às empresas cujos sistemas operacionais resultarem na classificação "Duvidosos".

d. O critério Controles está dividido em quatro subcritérios:

i. *Compliance* permite a comparação das gestoras no que se refere à estrutura da área de conformidade da gestora, conforme análise feita durante a *due diligence*. Trata-se de um critério qualitativo, obtido de análise julgamental, cujo resultado pode resultar em três possibilidades: "Adequada", "Inadequada" ou "Inexistente". Várias perguntas e verificações podem ser feitas in loco durante a *due diligence* para a aferição da qualidade da estrutura e atuação da área de conformidade de uma gestora, por exemplo, questões relativas à existência de um código de ética assinado por todos os colaboradores, à prevenção, à lavagem de dinheiro, ao financiamento do terrorismo incluindo treinamentos internos regulares nos dois assuntos, entre outras. A hipótese é que se a área de conformidade da gestora for considerada "Adequada", então, a gestora deve ser preferida em relação a todas as outras gestoras cujas áreas de conformidade tenham sido julgadas como "Inadequada" ou "Inexistente". A pior situação é aquela retratada pela inexistência de um profissional atuante na área de conformidade. Gestoras que foram classificadas como "Inexistente" durante a *due diligence* devem ser preteridas em relação às gestoras cujas área de conformidade acabaram rotuladas como "Adequada" ou "Inadequada".

ii. Gestão de Riscos permite a comparação das alternativas no que se refere à estrutura da área de gestão de riscos, a qual também deve ser analisada durante a *due diligence*. Trata-se de um critério qualitativo, obtido de análise julgamental, resultando nas mesmas três possibilidades do subcritério *Compliance*, ou seja, "Adequada", "Inadequada" e "Inexistente". Perguntas e verificações que podem ser feitas in loco durante a *due diligence* para a aferição da qualidade da estrutura e atuação da área de gestão de riscos de uma gestora incluem, por exemplo, questões relativas ao controle de liquidez das carteiras, ao acompanhamento das exposições ao risco de crédito, ao cálculo diário e acompanhamento do *Value-at-Risk* de todas as carteiras, aos eventuais controles internos impostos ao uso de derivativos, entre outras, com especial atenção à inserção do *Chief Risk Officer* no processo de tomada de decisão da gestora. De novo, a hipótese é que se a área de gestão de riscos da gestora for considerada "Adequada", a gestora deve ser preferida sobre as demais gestoras cujas áreas de gestão de riscos tenham sido julgadas "Inadequada" ou "Inexistente". A pior situação é, novamente, aquela retratada pela inexistência de uma área de gestão de riscos, quando a gestora deve ser rotulada no que se refere a esse subcritério como "Inexistente".

iii. Auditoria Interna permite a comparação das alternativas no que se refere à estrutura da área de auditoria interna. Trata-se, mais uma vez, de um critério qualitativo, obtido de análise julgamental, resultando nas mesmas três possibilidades dos últimos dois subcritérios anteriores. Perguntas e verificações que podem ser feitas in loco durante a *due diligence* para a aferição da qualidade da estrutura e atuação da área de auditoria interna de uma gestora incluem, por exemplo, questões relativas ao quadro de pessoal (experiência, senioridade etc.), facilidade de acesso aos demais colaboradores e informações, periodicidade da análise de áreas potencialmente mais sensíveis (como mesa de operações) etc. De novo, a hipótese é que se a área de auditoria interna da gestora for considerada "Adequada", a gestora deve ser preferida sobre aquelas cujas áreas de auditoria interna tenham sido julgadas "Inadequada" ou "Inexistente". A pior situação é, mais uma vez, aquela retratada pela não existência da área, com a gestora rotulada "Inexistente" nesse subcritério.

iv. Planos de Contingência permitem a comparação das gestoras no que se refere à existência e à viabilidade de planos para a continuidade da operação da empresa diante de eventos considerados atípicos, como incêndios, ataques cibernéticos ou greves. Trata-se também de um critério qualitativo obtido de análise julgamental, resultando nas mesmas três possibilidades dos três subcritérios precedentes. Perguntas e verificações que podem ser feitas durante a *due diligence* sobre os eventuais planos de contingência incluem questões como manutenção da operação e recuperação de informações em caso de ataque cibernético, acesso dos colaboradores ao local de trabalho em caso de chuvas fortes, reestruturação da operação da empresa em caso de incêndio, entre outras. De novo, a hipótese é que se os planos de contingência existirem e forem considerados apropriadas, a classificação da gestora nesse subcritério deve ser considerada "Adequada", e ela deve ser preferida sobre aquelas cujas classificações tenham sido julgadas "Inadequada" ou "Inexistente". A pior situação é, como nos três casos anteriores, a não existência de planos de contingência para situações extremas, quando a empresa será rotulada "Inexistente" para esse subcritério.

A classificação dos cinco gestores, segundo os quatro critérios e quatorze subcritérios, está resumida na Tabela 10.1, em que podemos inferir que:

a. O Gestor 1 apresenta as melhores avaliações em todos os subcritérios, com exceção ao "Retenção de Profissionais", sendo, naturalmente, um bom candidato para a terceirização de recursos.

b. O Gestor 2 e o Gestor 3 apresentam avaliações iguais em vários subcritérios, com exceção a dois, o que sinaliza que devem ter avaliações próximas.

c. O Gestor 4 tem avaliações que usualmente são melhores do que aquelas dadas ao Gestor 5, e, por outro lado, são usualmente piores do que as avaliações do Gestor 2 e do Gestor 3.

d. O Gestor 5 apresenta as piores avaliações em quase todos os subcritérios e, portanto, não parece ser um bom candidato para a terceirização de recursos.

Tabela 10.1 – Classificação de cinco gestores de recursos de terceiros

| Critérios & Subcritérios | Gestor 1 | Gestor 2 | Gestor 3 | Gestor 4 | Gestor 5 |
|---|---|---|---|---|---|
| **Solidez** | | | | | |
| Volume sob Gestão | Acima de R$10 bilhões | Acima de R$10 bilhões | Entre R$5 e R$10 bilhões | Entre R$5 e R$10 bilhões | Abaixo de R$1 bilhão |
| Tempo de Existência | Acima de 15 anos | Entre 10 e 15 anos | Entre 10 e 15 anos | Entre 5 e 10 anos | Abaixo de 5 anos |
| Market Share | 1º - 10º | 11º - 30º | 11º - 30º | 11º - 30º | 61º em diante |
| **Reputação** | | | | | |
| Ratings | Bom | Aceitável | Aceitável | Aceitável | Inexistente |
| Equipe de Gestão | Boa | Boa | Boa | Regular | Ruim |
| Retenção de Profissionais | Regular | Boa | Boa | Boa | Regular |
| Grade de Produtos | Diversificada | Diversificada | Diversificada | Diversificada | Concentrada |
| **Gestão** | | | | | |
| Processos Decisórios | Compartilhada | Compartilhada | Compartilhada | Compartilhada | Concentrada |
| Comitês | Ativos | Ativos | Ativos | Inativos | Inativos |
| Sistemas Computacionais | Confiáveis | Confiáveis | Confiáveis | Confiáveis | Duvidosos |
| **Controles** | | | | | |
| Compliance | Adequada | Adequada | Adequada | Inadequada | Inexistente |
| Gestão de Riscos | Adequada | Adequada | Adequada | Adequada | Inadequada |
| Auditoria Interna | Adequada | Adequada | Adequada | Inadequada | Inexistente |
| Planos de Contingência | Adequada | Inadequada | Adequada | Inadequada | Inexistente |

Fonte: o autor

Um ponto que não vamos discutir neste livro é sobre possíveis incertezas nas análises dispostas na Tabela 10.1. Por exemplo, se considerarmos o subcritério Equipe de Gestão e avaliarmos o rótulo atribuído ao Gestor 4, temos como resultado "Regular". Será que outro avaliador poderia ter atribuído como resultado "Boa"? Ou será que ainda um terceiro avaliador poderia ter atribuído como resultado "Ruim"? Em outros termos, qualquer critério julgamental pode carregar incertezas na sua atribuição, as quais podem alterar ao final o ordenamento das alternativas[5]. A modelagem de incertezas em MMATD pode ser convenientemente tratada com o uso da matemática *fuzzy*, cuja análise está acima da nossa demanda matemática neste livro. Recomendamos a leitura de Kahraman (2010) e Munda (1995) para os interessados na teoria sobre a aplicação da matemática *fuzzy* aos MMATD; e Duarte Jr. (2018) e Duarte Jr. e Silva (2018) para duas aplicações práticas ao mercado financeiro brasileiro. No restante deste capítulo, não incorporaremos incertezas aos critérios julgamentais, mantendo assim o nível matemático demandado baixo para a compreensão dos resultados.

Para o ordenamento das cinco alternativas é importante a utilização de um MMATD que leve em consideração conjuntamente todos os critérios e subcritérios dispostos na Figura 10.1 e Tabela 10.1, que permita a obtenção de soluções de compromisso (GOMES; GOMES, 2019), o que fazemos a seguir, com o uso do MMATD TOPSIS.

### 10.2.2 TOPSIS

A aplicação do TOPSIS requer, de início, a determinação das importâncias relativas dos critérios e dos subcritérios. Em outros termos, o tomador de decisão deve especificar claramente, para cada par, qual critério é o mais importante. Por exemplo, se o subcritério *Rating* é comparado ao subcritério *Compliance*, o tomador de decisão deve especificar qual o mais importante ou informar que os dois são igualmente importantes.

Para efeito de ilustração numérica, iniciamos a nossa análise estabelecendo que os quatorze subcritérios são igualmente importantes, o que nos permite conferir a cada um uma importância de $\dfrac{1}{14}$.

---

[5] Em outros termos, os critérios julgamentais são dependentes dos avaliadores que os obtêm.

Se denotarmos o conjunto de subcritérios por , temos que os componentes do vetor de pesos são tais que $S$ = {Volume sob Gestão, Tempo de Existência, ..., Panos de Contingência} $w_i = \dfrac{1}{14}$, $i \in S$, conforme resumido na Tabela 10.2.

Tabela 10.2 – Vetor de pesos

| Critérios & Subcritérios | |
|---|---|
| **Solidez** | |
| Volume sob Gestão | $\dfrac{1}{14}$ |
| Tempo de Existência | $\dfrac{1}{14}$ |
| *Market Share* | $\dfrac{1}{14}$ |
| **Reputação** | |
| *Ratings* | $\dfrac{1}{14}$ |
| Equipe de Gestão | $\dfrac{1}{14}$ |
| Retenção de Profissionais | $\dfrac{1}{14}$ |
| Grade de Produtos | $\dfrac{1}{14}$ |
| **Gestão** | |
| Processos Decisórios | $\dfrac{1}{14}$ |
| Comitês | $\dfrac{1}{14}$ |
| Sistemas Computacionais | $\dfrac{1}{14}$ |
| **Controles** | |

| | |
|---|---|
| Compliance | $\dfrac{1}{14}$ |
| Gestão de Riscos | $\dfrac{1}{14}$ |
| Auditoria Interna | $\dfrac{1}{14}$ |
| Planos de Contingência | $\dfrac{1}{14}$ |

Fonte: o autor

Como verificaremos adiante, diferentes vetores de pesos para os critérios podem levar a diferentes ordenamentos para as alternativas. É, portanto, recomendável que seja feita uma análise de sensibilidade sobre as importâncias relativas dos critérios e dos subcritérios, algo que ilustraremos detalhadamente adiante.

Um segundo passo do TOPSIS requer que os critérios qualitativos sejam todos convertidos com o uso de escalas numéricas. Várias possibilidades são possíveis aqui, sendo uma aquela resumida nas Tabelas 10.3, 10.4, 10.5 e 10.6 para os subcritérios dos critérios Solidez, Reputação, Gestão e Controles, respectivamente. Novamente, dependendo de como as escalas de conversão forem estabelecidas, o ordenamento final poderá ser alterado, o que torna recomendável uma análise de sensibilidade, dessa feita para as escalas de conversão adotadas, o que também exibiremos detalhadamente adiante.

Tabela 10.3 – Subcritérios de Solidez e escala para conversão numérica

| Subcritérios | Melhor Julgamento | | | Pior Julgamento |
|---|---|---|---|---|
| Volume sob Gestão | Acima de R$10 bilhões | Entre R$5 e R$10 bilhões | Entre R$1 e R$5 bilhões | Abaixo de R$1 bilhão |
| Tempo de Existência | Acima de 15 anos | Entre 10 e 15 anos | Entre 5 e 10 anos | Abaixo de 5 anos |
| Market Share | 1º - 10º | 11º - 30º | 31º - 60º | 61º em diante |

| Escala de Conversão | 5 | 3 | 2 | 1 |
|---|---|---|---|---|

Fonte: o autor

Tabela 10.4 – Subcritérios de Reputação e escala para conversão numérica

| Subcritérios | Melhor Julgamento | | Pior Julgamento |
|---|---|---|---|
| *Ratings* | Bom | Aceitável | Inexistente |
| Equipe de Gestão | Boa | Regular | Ruim |
| Retenção de Profissionais | Boa | Regular | Ruim |
| Grade de Produtos | Diversificada | | Concentrada |
| **Escala de Conversão** | 3 | 2 | 1 |

Fonte: o autor

Tabela 10.5 – Subcritérios de Gestão e escala para conversão numérica

| Subcritérios | Melhor Julgamento | Pior Julgamento |
|---|---|---|
| Processos Decisórios | Compartilhada | Concentrada |
| Comitês | Ativos | Inativos |
| Sistemas Computacionais | Confiáveis | Duvidosos |
| **Escala de Conversão** | 2 | 1 |

Fonte: o autor

Tabela 10.6 – Subcritérios de Controles e escala para conversão numérica

| Subcritérios | Melhor Julgamento | | Pior Julgamento |
|---|---|---|---|
| *Compliance* | Adequada | Inadequada | Inexistente |
| Gestão de Riscos | Adequada | Inadequada | Inexistente |
| Auditoria Interna | Adequada | Inadequada | Inexistente |
| Planos de Contingência | Adequada | Inadequada | Inexistente |
| **Escala de Conversão** | 4 | 2 | 1 |

Fonte: o autor

Com o uso das quatro escalas de conversão anteriores é agora possível converter todos os critérios qualitativos da Tabela 10.1 em quantidades, conforme resumido na Tabela 10.7, denominada doravante Matriz de Decisão. Denotaremos no restante do capítulo o elemento geral da Matriz de Decisão por $d_{ij}$, com $i \in S$ e $j \in G$, onde $G = \{$Gestor 1, Gestor 2, ..., Gestor 5$\}$.

Tabela 10.7 – Matriz de Decisão

| Critérios & Subcritérios | Gestor 1 | Gestor 2 | Gestor 3 | Gestor 4 | Gestor 5 |
|---|---|---|---|---|---|
| Critérios & Subcritérios | Gestor 1 | Gestor 2 | Gestor 3 | Gestor 4 | Gestor 5 |
| **Solidez** | | | | | |
| Volume sob Gestão | 5 | 5 | 3 | 3 | 1 |
| Tempo de Existência | 5 | 3 | 3 | 2 | 1 |
| *Market Share* | 5 | 3 | 3 | 3 | 1 |
| **Reputação** | | | | | |
| *Ratings* | 3 | 2 | 2 | 2 | 1 |
| Equipe de Gestão | 3 | 3 | 3 | 2 | 1 |
| Retenção de Profissionais | 2 | 3 | 3 | 3 | 2 |
| Grade de Produtos | 3 | 3 | 3 | 3 | 1 |
| **Gestão** | | | | | |
| Processos Decisórios | 2 | 2 | 2 | 2 | 1 |
| Comitês | 2 | 2 | 2 | 1 | 1 |
| Sistemas Computacionais | 2 | 2 | 2 | 2 | 1 |
| **Controles** | | | | | |
| *Compliance* | 4 | 4 | 4 | 2 | 1 |
| Gestão de Riscos | 4 | 4 | 4 | 4 | 2 |
| Auditoria Interna | 4 | 4 | 4 | 2 | 1 |
| Planos de Contingência | 4 | 2 | 4 | 2 | 1 |

Fonte: o autor

O próximo passo é obter a Matriz de Decisão Normalizada[6], conforme Tabela 10.8, cujo elemento geral, $n_{ij}, i \in S, j \in G$, pode ser obtido de

---

[6] Como já colocado anteriormente neste capítulo, não vamos explicar o MMATD TOPSIS, mas somente usá-lo como ilustração numérica para o ordenamento dos cinco gestores em nosso exemplo. Voltamos a recomendar

$$n_{ij} = \frac{w_i \times d_{ij}}{\sqrt{\sum_{l \in G} d_{il}^2}} \forall i \in S \text{ e } j \in G \qquad (10.1)$$

## Tabela 10.8 – Matriz de Decisão Normalizada[7]

| Critérios & Subcritérios | Gestor 1 | Gestor 2 | Gestor 3 | Gestor 4 | Gestor 5 |
|---|---|---|---|---|---|
| **Solidez** | | | | | |
| Volume sob Gestão | 4,2995% | 4,2995% | 2,5797% | 2,5797% | 0,8599% |
| Tempo de Existência | 5,1549% | 3,0929% | 3,0929% | 2,0620% | 1,0310% |
| Market Share | 4,9057% | 2,9434% | 2,9434% | 2,9434% | 0,9811% |
| **Reputação** | | | | | |
| Ratings | 4,5686% | 3,0457% | 3,0457% | 3,0457% | 1,5229% |
| Equipe de Gestão | 3,7881% | 3,7881% | 3,7881% | 2,5254% | 1,2627% |
| Retenção de Profissionais | 2,4147% | 3,6221% | 3,6221% | 3,6221% | 2,4147% |

---

ao leitor interessado em detalhes sobre o MMATD TOPSIS a leitura de Hwang e Yoon (1981).

[7] Por exemplo, para o subcritério Volume sob Gestão temos que $4,2995\% \approx \dfrac{\left(\dfrac{1}{14}\right) \times 5}{\sqrt{5^2 + 5^2 + 3^2 + 3^2 + 1^2}}$,

$2,5797\% \approx \dfrac{\left(\dfrac{1}{14}\right) \times 3}{\sqrt{5^2 + 5^2 + 3^2 + 3^2 + 1^2}}$ e $0,8599\% \approx \dfrac{\left(\dfrac{1}{14}\right) \times 1}{\sqrt{5^2 + 5^2 + 3^2 + 3^2 + 1^2}}$ ; enquanto

para o subcritério Planos de Contingência temos $4,4621\% \approx \dfrac{\left(\dfrac{1}{14}\right) \times 4}{\sqrt{4^2 + 2^2 + 4^2 + 2^2 + 1^2}}$,

$2,2311\% \approx \dfrac{\left(\dfrac{1}{14}\right) \times 2}{\sqrt{4^2 + 2^2 + 4^2 + 2^2 + 1^2}}$ e $1,1155\% \approx \dfrac{\left(\dfrac{1}{14}\right) \times 1}{\sqrt{4^2 + 2^2 + 4^2 + 2^2 + 1^2}}$.

| Critérios & Subcritérios | Gestor 1 | Gestor 2 | Gestor 3 | Gestor 4 | Gestor 5 |
|---|---|---|---|---|---|
| Grade de Produtos | 3,5228% | 3,5228% | 3,5228% | 3,5228% | 1,1743% |
| **Gestão** | | | | | |
| Processos Decisórios | 3,4648% | 3,4648% | 3,4648% | 3,4648% | 1,7324% |
| Comitês | 3,8180% | 3,8180% | 3,8180% | 1,9090% | 1,9090% |
| Sistemas Computacionais | 3,4648% | 3,4648% | 3,4648% | 3,4648% | 1,7324% |
| **Controles** | | | | | |
| *Compliance* | 3,9246% | 3,9246% | 3,9246% | 1,9623% | 0,9811% |
| Gestão de Riscos | 3,4648% | 3,4648% | 3,4648% | 3,4648% | 1,7324% |
| Auditoria Interna | 3,9246% | 3,9246% | 3,9246% | 1,9623% | 0,9811% |
| Planos de Contingência | 4,4621% | 2,2311% | 4,4621% | 2,2311% | 1,1155% |

Fonte: o autor

De posse da Matriz de Decisão Normalizada, podemos obter as chamadas Solução Ideal Positiva e Solução Ideal Negativa, dadas na Tabela 10.9 e denotadas daqui em diante por $\varphi_i^+$ e $\varphi_i^-$, com $i \in S$, respectivamente.

Tabela 10.9 – Soluções Ideais[8]

| Critérios & Subcritérios | Solução Ideal Positiva | Solução Ideal Negativa |
|---|---|---|
| **Solidez** | | |
| Volume sob Gestão | 4,2995% | 0,8599% |
| Tempo de Existência | 5,1549% | 1,0310% |
| *Market Share* | 4,9057% | 0,9811% |

---

[8] Vale mencionar que, no caso específico dessa ilustração numérica, $\varphi_i^+ = \text{máximo}_{j \in G} \left\{ n_{ij} \right\}$ e $\varphi_i^- = \text{mínimo}_{j \in G} \left\{ n_{ij} \right\}$, $i \in S$. Por exemplo, temos que $\varphi_{\text{Volume sob Gestão}}^+ = 4,2995\%$ e $\varphi_{\text{Volume sob Gestão}}^- = 0,8599\%$. Para o caso geral, recomendamos mais uma vez a leitura de Hwang & Yoon (1981).

| Critérios & Subcritérios | Solução Ideal Positiva | Solução Ideal Negativa |
|---|---|---|
| **Reputação** | | |
| Ratings | 4,5686% | 1,5229% |
| Equipe de Gestão | 3,7881% | 1,2627% |
| Retenção de Profissionais | 3,6221% | 2,4147% |
| Grade de Produtos | 3,5228% | 1,1743% |
| **Gestão** | | |
| Processos Decisórios | 3,4648% | 1,7324% |
| Comitês | 3,8180% | 1,9090% |
| Sistemas Computacionais | 3,4648% | 1,7324% |
| **Controles** | | |
| Compliance | 3,9246% | 0,9811% |
| Gestão de Riscos | 3,4648% | 1,7324% |
| Auditoria Interna | 3,9246% | 0,9811% |
| Planos de Contingência | 4,4621% | 1,1155% |

Fonte: o autor

O próximo passo do MMATD TOPSIS requer a obtenção das distâncias absolutas de cada alternativa para a Solução Ideal Positiva, assim como para a Solução Ideal Negativa. Denotamos tais distâncias por $\theta_j^+$ e $\theta_j^-$, $j \in G$, que devem ser obtidas de

$$\theta_j^+ = \sqrt{\sum_{i \in S}\left(n_{ij} - \varphi_i^+\right)^2} \qquad (10.2)$$

e

$$\theta_j^- = \sqrt{\sum_{i \in S}\left(n_{ij} - \varphi_i^-\right)^2} \qquad (10.3)$$

e se encontram disponibilizadas na Tabela 10.10.

Tabela 10.10 – Distâncias Absolutas[9]

| Distância | Gestor 1 | Gestor 2 | Gestor 3 | Gestor 4 | Gestor 5 |
|---|---|---|---|---|---|
| Solução Ideal Positiva | 1,2074% | 3,9242% | 3,6577% | 6,0507% | 10,3944% |
| Solução Ideal Negativa | 10,3240% | 8,1745% | 8,2405% | 5,5616% | 0,0000% |

Fonte: o autor

Finalmente, partindo da Tabela 10.10, chegamos às proximidades relativas, denotadas $\gamma_j$, $j \in G$, obtidas de

$$\gamma_j = \frac{\varphi_j^-}{\varphi_j^+ + \varphi_j^-} \tag{10.4}$$

cujos valores estão resumidos na Tabela 10.11. O leitor pode facilmente verificar que $0 \leq \gamma_j \leq 1$, $j \in G$.

Tabela 10.11 –
Proximidades Relativas[10]

|  | Gestor 1 | Gestor 2 | Gestor 3 | Gestor 4 | Gestor 5 |
|---|---|---|---|---|---|
| Proximidade Relativa | 0,8953 | 0,6757 | 0,6926 | 0,4789 | 0,0000 |

Fonte: o autor

Com as proximidades relativas calculadas é, finalmente, possível visualizar o ordenamento das alternativas, da melhor para a pior, para o exemplo considerado, quanto maior a proximidade relativa de uma alternativa, melhor deve ser a sua classificação. Portanto, partindo da Tabela 10.11, temos que o ordenamento final das cinco alternativas nos leva às seguintes relações de preferência: Gestor 1 ≻ Gestor 3 ≻ Gestor 2 ≻ Gestor 4 ≻ Gestor 5.

Os valores das proximidades relativas são importantes também e não somente o ordenamento. Por exemplo, podemos perceber que o Gestor 3 e

---

[9] Por exemplo, temos que

$$\theta_{Gestor1}^+ = \sqrt{(4,2995\% - 4,2995\%)^2 + (5,1549\% - 5,1549\%)^2 + \ldots + (4,4621\% - 4,4621\%)^2} \approx 1,2074\%$$

e $\theta_{Gestor1}^- = \sqrt{(4,2995\% - 0,8599\%)^2 + (5,1549\% - 1,0310\%)^2 + \ldots + (4,4621\% - 1,1155\%)^2} \approx 10,3240\%$.

[10] Por exemplo, temos que $\gamma_{Gestor1} = \dfrac{\varphi_{Gestor1}^-}{\varphi_{Gestor1}^+ + \varphi_{Gestor1}^-} \approx \dfrac{10,3240\%}{1,2074\% + 10,3240\%} \approx 0,8953$.

o Gestor 2 possuem valores próximos na Tabela 10.11, o que pode sinalizar que sejam considerados equivalentes.

### 10.2.3 Análises de Sensibilidade

Como já mencionado, a escolha de diferentes importâncias relativas aos subcritérios ou de diferentes escalas de conversão podem levar a diferentes ordenamentos. Uma possibilidade para averiguar como os resultados do ordenamento são impactados por esses parâmetros é a realização de análises de sensibilidade, o que ilustramos numericamente no restante deste capítulo[11].

Consideramos inicialmente alterar as importâncias relativas dos subcritérios, mantendo as escalas de conversão fixadas, como nas Tabelas 10.3, 10.4, 10.5 e 10.6. Duas análises de sensibilidade são apresentadas a seguir, com os vetores de pesos alterados em linha com a Tabela 10.12:

a. Na Análise de Sensibilidade I, os subcritérios relacionados ao critério consolidador Solidez recebem importância relativa duas vezes superior aos demais subcritérios (relacionados aos critérios consolidadores Reputação, Gestão e Controles).

b. Na Análise de Sensibilidade II, os subcritérios relacionados ao critério consolidador Controles recebem importância relativa duas vezes superior aos demais subcritérios (relacionados aos critérios consolidadores Solidez, Reputação e Gestão).

---

[11] Outra possibilidade é o uso de matemática *fuzzy*, como já mencionado anteriormente. O uso da matemática *fuzzy* resulta em um tratamento mais elegante do ponto de vista de modelagem matemática, porém mais demandante do ponto de vista matemático e computacional.

Tabela 10.12 – Uma análise de sensibilidade para o vetor de pesos

| Critérios & Subcritérios | Pesos Iguais | Análise de Sensibilidade I | Análise de Sensibilidade II |
|---|---|---|---|
| Solidez | $\dfrac{3}{14}$ | $\dfrac{6}{17}$ | $\dfrac{3}{18}$ |
| Volume sob Gestão | $\dfrac{1}{14}$ | $\dfrac{2}{17}$ | $\dfrac{1}{18}$ |
| Tempo de Existência | $\dfrac{1}{14}$ | $\dfrac{2}{17}$ | $\dfrac{1}{18}$ |
| Market Share | $\dfrac{1}{14}$ | $\dfrac{2}{17}$ | $\dfrac{1}{18}$ |
| Reputação | $\dfrac{4}{14}$ | $\dfrac{4}{17}$ | $\dfrac{4}{18}$ |
| Ratings | $\dfrac{1}{14}$ | $\dfrac{1}{17}$ | $\dfrac{1}{18}$ |
| Equipe de Gestão | $\dfrac{1}{14}$ | $\dfrac{1}{17}$ | $\dfrac{1}{18}$ |
| Retenção de Profissionais | $\dfrac{1}{14}$ | $\dfrac{1}{17}$ | $\dfrac{1}{18}$ |
| Grade de Produtos | $\dfrac{1}{14}$ | $\dfrac{1}{17}$ | $\dfrac{1}{18}$ |
| Gestão | $\dfrac{3}{14}$ | $\dfrac{3}{17}$ | $\dfrac{3}{18}$ |
| Processos Decisórios | $\dfrac{1}{14}$ | $\dfrac{1}{17}$ | $\dfrac{1}{18}$ |
| Comitês | $\dfrac{1}{14}$ | $\dfrac{1}{17}$ | $\dfrac{1}{18}$ |
| Sistemas Computacionais | $\dfrac{1}{14}$ | $\dfrac{1}{17}$ | $\dfrac{1}{18}$ |

| Critérios & Subcritérios | Pesos Iguais | Análise de Sensibilidade I | Análise de Sensibilidade II |
|---|---|---|---|
| Controles | $\dfrac{4}{14}$ | $\dfrac{4}{17}$ | $\dfrac{4}{18}$ |
| *Compliance* | $\dfrac{1}{14}$ | $\dfrac{1}{17}$ | $\dfrac{2}{18}$ |
| Gestão de Riscos | $\dfrac{1}{14}$ | $\dfrac{1}{17}$ | $\dfrac{2}{18}$ |
| Auditoria Interna | $\dfrac{1}{14}$ | $\dfrac{1}{17}$ | $\dfrac{2}{18}$ |
| Planos de Contingência | $\dfrac{1}{14}$ | $\dfrac{1}{17}$ | $\dfrac{2}{18}$ |

Fonte: o autor

Os resultados dessas duas análises de sensibilidade estão resumidos na Tabela 10.13 e Figura 10.2:

a. O Gestor 3 é aquele com maior sensibilidade às análises feitas. Os demais gestores apresentam apenas pequenas variações para as suas proximidades relativas.

b. As posições do Gestor 1, Gestor 4 e Gestor 5 acabaram mantidas para as duas análises de sensibilidade. Há inversão das posições somente para o Gestor 2 e Gestor 3: para a Análise de Sensibilidade I, o Gestor 2 deve ser preferido sobre o Gestor 3; com a situação se invertendo para a Análise de Sensibilidade II. Essas inversões de posições no ordenamento podem ser entendidas como uma indicação de que o Gestor 2 e o Gestor 3 apresentam resultados equivalentes, não havendo clara indicação de dominância de um em relação ao outro para pequenas alterações nos dados. Por outro lado, o fato do Gestor 1 ter ficado como o preferido nas duas análises de sensibilidade é uma indicação de que ele é um bom candidato para a terceirização dos recursos. O contrário pode ser dito sobre o Gestor 4 e o Gestor 5: os dois não parecem ser boas alternativas para a terceirização de recursos, dado que sempre estiveram nas piores posições após o ordenamento.

Tabela 10.13 – Resumo de duas análises de sensibilidade para o vetor de pesos

|  | Gestor 1 | Gestor 2 | Gestor 3 | Gestor 4 | Gestor 5 |
|---|---|---|---|---|---|
| Pesos Iguais | 0,8953 | 0,6757 | 0,6926 | 0,4789 | 0,0000 |
| Análise de Sensibilidade I | 0,9276 | 0,6410 | 0,5957 | 0,4437 | 0,0000 |
| Análise de Sensibilidade II | 0,9216 | 0,6756 | 0,7770 | 0,4487 | 0,0000 |

Fonte: o autor

Figura 10.2 – Disposição gráfica dos resultados de duas análises de sensibilidade

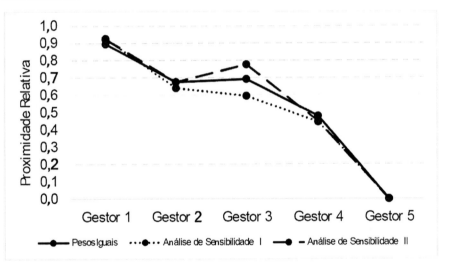

Fonte: o autor

Decidimos realizar também duas análises de sensibilidade para as escalas de conversão, como o vetor de pesos mantido conforme o exemplo ilustrativo inicial[12].

Na Análise de Sensibilidade III, uma única alteração foi feita na escala de conversão dos subcritérios relacionados ao critério Reputação, com os melhores julgamentos passando da escala "3" para a escala "4", conforme a comparação da Tabela 10.14 e da Tabela 10.4 permite compreender. Nesse caso, o interesse é diferenciar ainda mais gestores que receberam os melhores julgamentos quando comparados aos

---

[12] Ou seja, conforme os valores na Tabela 10.2.

demais segundo o critério Reputação. Os novos valores obtidos para as proximidades relativas estão fornecidos na Tabela 10.15 e Figura 10.3, nas quais percebemos apenas pequenas modificações nos valores, sem alterações no ordenamento.

Na Análise de Sensibilidade IV, uma única alteração foi feita na escala de conversão dos subcritérios relacionados ao critério Controles, com os melhores julgamentos passando da escala "4" para a escala "5", conforme a comparação da Tabela 10.16 e da Tabela 10.6 permite compreender. De novo, o interesse é diferenciar ainda mais gestores que receberam os melhores julgamentos quando comparados aos demais no critério Controles. Os novos valores obtidos para as proximidades relativas estão também resumidos na Tabela 10.15 e Figura 10.3, nas quais percebemos, mais uma vez, apenas pequenas modificações nos valores das proximidades relativas, sem alterações no ordenamento.

Por fim, na Análise de Sensibilidade V, a alteração feita ocorreu na escala de conversão dos subcritérios relacionados ao critério Controles, com os melhores julgamentos passando da escala "4" para a escala "3", conforme a comparação da Tabela 10.17 e da Tabela 10.6 permite compreender. Essa análise vai na direção contrária à Análise de Sensibilidade IV, dado que diferencia menos gestores que receberam os melhores julgamentos quando comparados aos demais. Os valores obtidos para as proximidades relativas estão também resumidos na Tabela 10.15 e Figura 10.3, em que percebemos apenas pequenas modificações nos valores das proximidades relativas, porém com alteração no ordenamento entre o Gestor 2 e o Gestor 3.

Tabela 10.14 – Subcritérios de Reputação e escala para conversão numérica

| Subcritérios | Melhor Julgamento | | Pior Julgamento |
|---|---|---|---|
| Ratings | Bom | Aceitável | Inexistente |
| Equipe de Gestão | Boa | Regular | Ruim |
| Retenção de Profissionais | Boa | Regular | Ruim |
| Grade de Produtos | Diversificada | | Concentrada |
| **Escala de Conversão** | 4 | 2 | 1 |

Fonte: o autor

Tabela 10.15 – Resumo de duas análises de sensibilidade para o vetor de pesos

|  | Gestor 1 | Gestor 2 | Gestor 3 | Gestor 4 | Gestor 5 |
|---|---|---|---|---|---|
| Pesos Iguais | 0,8953 | 0,6757 | 0,6926 | 0,4789 | 0,0000 |
| Análise de Sensibilidade III | 0,8500 | 0,6546 | 0,6682 | 0,4671 | 0,0000 |
| Análise de Sensibilidade IV | 0,8983 | 0,6638 | 0,7031 | 0,4599 | 0,0000 |
| Análise de Sensibilidade V | 0,8906 | 0,6903 | 0,6755 | 0,5087 | 0,0000 |

Fonte: o autor

Figura 10.3 – Disposição gráfica dos resultados de duas análises de sensibilidade

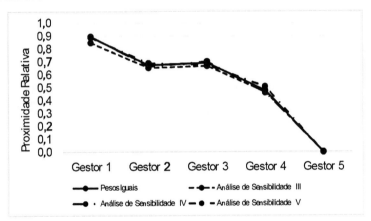

Fonte: o autor

Tabela 10.16 – Subcritérios de Controles e escala para conversão numérica

| Subcritérios | Melhor Julgamento |  | Pior Julgamento |
|---|---|---|---|
| Compliance | Adequada | Inadequada | Inexistente |
| Gestão de Riscos | Adequada | Inadequada | Inexistente |
| Auditoria Interna | Adequada | Inadequada | Inexistente |
| Planos de Contingência | Adequada | Inadequada | Inexistente |
| **Escala de Conversão** | 5 | 2 | 1 |

Fonte: o autor

Tabela 10.17 – Subcritérios de Controles e escala para conversão numérica

| Subcritérios | Melhor Julgamento | | Pior Julgamento |
|---|---|---|---|
| *Compliance* | Adequada | Inadequada | Inexistente |
| Gestão de Riscos | Adequada | Inadequada | Inexistente |
| Auditoria Interna | Adequada | Inadequada | Inexistente |
| Planos de Contingência | Adequada | Inadequada | Inexistente |
| **Escala de Conversão** | 3 | 2 | 1 |

Fonte: o autor

Concluindo, para as cinco análises de sensibilidade, temos que o Gestor 1 merece séria consideração para a terceirização de recursos, enquanto o Gestor 4 e o Gestor 5 devem ser preteridos em relação aos demais. No que se refere ao Gestor 2 e Gestor 3, os seus julgamentos resultam parecidos, por vezes com alternância dos dois nos ordenamentos obtidos com as análises de sensibilidade, o que não permite identificar uma clara percepção de preferência entre eles.

# REFERÊNCIAS

*Nós participamos, de certo modo, em ações nobres
quando as elogiamos de forma sincera.*

*(François De La Rochefoucauld)*

ALMEIDA, Caio; DUARTE JR., Antonio; FERNANDES, Cristiano. A generalization of principal component analysis for non-observable term structures in emerging markets. *International Journal of Theoretical and Applied Finance*, [s. l.], v. 6, p. 885-903, 2003.

ALMEIDA, Caio; DUARTE JR., Antonio; FERNANDES, Cristiano. Credit spread arbitrage in emerging eurobond markets. *Journal of Fixed Income*, [s. l.], v. 10, p. 100-111, 2000.

ALMEIDA, Caio; DUARTE JR., Antonio; FERNANDES, Cristiano. Decomposing and simulating the movements of term structures of interest rate in emerging eurobond marketss. *Journal of Fixed Income*, [s. l.], v. 8, p. 1-21, 1998.

ALMEIDA, Caio; DUARTE JR., Antonio; FERNANDES, Cristiano. Interest rate risk measurement in brazilian sovereing markets. *Estudos Econômicos*, [s. l.], v. 34, p. 321-344, 2004.

BALZER, Leslie. Snail Trials: measuring fund manager risk/return performance over time. *Journal of Investing*, [s. l.], v. 4, p. 8-18, 1995.

BICKEL, Peter; DOKSUM, Keneth. *Mathematical Statistics*: basic ideas and selected topics. New Jersey: Prentice Hall, 2000.

BLACK, Fisher; LITTERMAN, Robert. Asset allocation: combining investors' views with markets expectations. *Journal of Fixed Income*, [s. l.], v. 1, p. 7-18, 1991.

BODIE, Zvi; KANE, Alex; Marcus, Alan. *Investments*. New York: McGraw-Hill, 2013.

BOTEV, Zdravko; GROTOWSKI, Joseph; KROESE, Dirk. Kernel density estimation via diffusion. *Annals of Statistics*, [s. l.], v. 38, p. 2916-2957, 2010.

BRUCE, Brian. (org.). *Enhanced index strategies for the multi-manager portfolio*. New York: Institutional Investor Inc., 1998.

CARINO, David; KENT, Terry; MYERS, David; STACY, Celine; SYLVANUS, Mike; TURNER, Andrew; WATANABE, Kouji; ZIEMBA, William. The Russell-Yasuda Kasai Model: an asset-liability model for a japanese insurance company using multistage stochastic programming. *Interfaces*, [s. l.], v. 24, p. 29-49, 1994.

COCHRAN, William. *Sampling techniques*. New York: Wiley, 1977.

CRUM, Roy; KLINGMAN, Darwin; TAVIS, Lee. Implementation of large-scale financial planning models: solution efficient transformations. *Journal of Financial and Quantitative Analysis*, [s. l.], v. 13, p. 87-102, 1979.

DRAPER, Norman; SMITH, Harry. *Applied regression analysis*. New York: Wiley, 1998.

DUARTE JR., Antonio. A comparative study of downside risk and volatilily in asset allocation. *Investigación Operativa*, [s. l.], v. 4, p. 213-228, 1994.

DUARTE JR., Antonio. Applying the TODIM fuzzy method to the valuation of brazilian banks. *Pesquisa Operacional*, [s. l.], v. 38, p. 154-171, 2018.

DUARTE JR., Antonio. Model risk and risk management. *Derivatives Quarterly*, [s. l.], v. 3, p. 60-72, 1997a.

DUARTE JR., Antonio. A framework for the active management of a global currency fund. *Brazilian Review of Econometrics*, [s. l.], v. 17, p. 1-19, 1997b.

DUARTE JR., Antonio. Fast computation of efficient portfolios. *Journal of Risk*, [s. l.], v. 1, p. 71-94, 1999.

DUARTE JR., Antonio. Fund of hedge funds: implementation and operation. *Revista de Economia Aplicada*, [s. l.], v. 6, p. 793-801, 2002.

DUARTE JR., Antonio. *Gestão de riscos no Brasil para fundos de investimentos*. São Paulo: Pearson, 2005.

DUARTE JR., Antonio. Index-linked fund management. *In*: BRUCE, Brian (org.). *Enhanced index strategies for the multi-manager portfolio*. New York: Institutional Investor Inc., 1998a.

DUARTE JR., Antonio. Optimal value-at-risk hedge using simulation methods. *Derivatives Quarterly*, [s. l.], v. 5, p. 67-75, 1998b.

DUARTE JR., Antonio; ALCÂNTARA, Sílvia. Mean-value-at-risk optimal portfolios with derivatives. *Derivatives Quarterly*, [s. l.], v. 6, p. 56-63, 1999.

DUARTE JR., Antonio; MAIA, Luiza. Optimal portfolios with derivatives. *Derivatives Quarterly*, [s. l.], v. 4, p. 53-62, 1997.

DUARTE JR., Antonio; MENDES, Beatriz. Robust hedging using futures contracts with an application to emerging markets. *Journal of Derivatives*, [s. l.], v. 6, p. 75-95, 1998a.

DUARTE JR., Antonio; MENDES, Beatriz. Robust estimation of systematic risk in emerging stock markets. *Emerging Markets Quarterly*, [s. l.], v. 2, p. 85-94, 1998b.

DUARTE JR., Antonio; MENDES, Beatriz. Robust estimation for ARCH models. *Revista de Econometria*, [s. l.], v. 19, p. 139-180, 1999.

DUARTE JR., Antonio; RAJAGOPAL, Ram. A scenario-based approach to optimal currency overlay. *Journal of Portfolio Management*, [s. l.], v. 25, p. 51-59, 1999.

DUARTE JR., Antonio; SILVA, Raphael. Gestão de riscos de mercado durante períodos turbulentos. *Revista de Finanças Aplicadas*, [s. l.], v. 2, p. 1-26, 2015.

DUARTE JR., Antonio; SILVA, Hugo. Equity valuation with fuzzy multicriteria decision analysis. *Revista Brasileira de Finanças*, [s. l.], v. 16, p. 221-249, 2018.

ELTON, Edwin; GRUBER, Martin; BROWN, Stephen; GOETZMANN, William. *Modern portfolio theory and investment analysis*. New York: Wiley, 2006.

FABOZZI, Frank; MANN, Steven. *The handbook of fixed income securities*. New York: McGraw Hill, 2012.

FAMA, Eugene; FRENCH, Kenneth. The cross section of expected stock returns. The *Journal of Finance*, [s. l.], v. 47, p. 427-465, 1992.

FAMA, Eugene; FRENCH, Kenneth. Common risk factors in the returns on stocks and bonds. *Journal of Financial Economics*, [s. l.], v. 33, p. 3-56, 1993.

FAMA, Eugene; FRENCH, Kenneth. A five-factor asset pricing model. *Journal of Financial Economics*, [s. l.], v. 116, p. 1–22, 2015.

FARRAR, Donald. *The investment decision under uncertainty*. New York: Prentice-Hall, 1962.

FERREIRA, Rita; DUARTE JR., Antonio; MENDES, Beatriz. Extreme market events in latin american stock markets. *Journal of Emerging Markets*, [s. l.], v. 5, p. 21-48, 2000.

FISHBURN, Peter. Mean-risk analysis with risk associated with below-target returns. *American Economic Review*, [s. l.], v. 67, p. 116-126, 1977.

FORBES, Catherine; EVANS, Merran; HASTINGS, Nicholas; PEACOCK, Brian. *Statistical distributions*. Hoboken: Wiley, 2011.

FRIEND, Irwin; VICKERS, Douglas. Portfolio selection and investment performance. *Journal of Finance*, [s. l.], v. 20, p. 391-415, 1965.

GERSTING, Judith. *Technical calculus with analytic geometry*. New York: Dover, 1984.

GIBBONS, Jean; CHAKRABORTI, Subhabrata. *Nonparametric statistical inference*. New York: Marcel Dekker, 1992.

GOMES, Luiz; GOMES, Carlos. *Princípios e métodos para a tomada de decisão multicritério*. São Paulo: Atlas, 2019.

HARLOW, William. Asset allocation in a downside risk framework. *Financial Analysts Journal*, [s. l.], v. 49, p. 14-26, 1993.

HILLIER, Frederick; LIEBERMAN, Gerald. *Introduction to operations research*. New York: McGraw-Hill, 1995.

HWANG, Ching-Lai; YOON, Kwangsun. *Multiple attribute decision making*: methods and applications. New York: Springer, 1981.

HUBER, Peter; RONCHETTI, Elvezio. *Robust statistics*. New York: Wiley, 2009.

HULL, John. *Introduction to futures and options markets*. New Jersey: Prentice-Hall, 1995.

JAMES, Barry. *Probabilidade*: um curso em nível intermediário. Rio de Janeiro: IMPA, 2015.

JARROW, Robert; TURNBULL, Stuart. *Derivative securities*. Cleveland: South-Western College Publishing, 1999.

JENSEN, Michael. Risk, the pricing of capital assets, and the evaluation of investment portfolios. *Journal of Business*, [s. l.], v. 42, p. 167-247, 1969.

JOHNSON, Richard; WICHERN, Dean. *Applied multivariate analysis*. New York: Pearson, 2007.

JORION, Philippe. *Value-at-risk*: the new benchmark for managing financial risk. New York: McGraw-Hill, 2006.

KALLBERG, Jerry; ZIEMBA, William. Comparison of alternative utility functions in portfolio selection problems. *Management Science*, [s. l.], v. 29, p. 257-1276, 1983.

KAHRAMAN, Cengiz. *Fuzzy multicriteria decision making*. New York: Springer, 2010.

KEENEY, Ralph; RAIFFA, Howard. *Decisions with multiple objectives*: preferences and value tradeoffs. Cambridge: Cambridge University Press, 1993.

KITCHEN, Joseph. *Calculus of one variable*. New York: Addison-Wesley, 1968.

KOLM, Petter; TUTUNCU, Reha; FABOZZI, Frank. Sixty years of portfolio optimization: practical challenges and current trends. *European Journal of Operational Research*, [s. l.], v. 234, p. 356-371, 2014.

KONNO, Hiroshi; YAMAZAKI, Hiroaki. Mean-absolute deviation portfolio optimization model and its applications to tokyo stock market. *Management Science*, [s. l.], v. 37, p. 519-531, 1991.

KOSKOSIDIS, Yannis; DUARTE JR., Antonio. A scenario-based approach to active asset allocation. *Journal of Portfolio Management*, [s. l.], v. 23, p. 74-85, 1997.

KRISHNAMOORTHY, Kalimuthu. *Handbook of statistical distributions with applications*. Boca Raton: Chapman & Hall, 2006.

LEHMANN, Erich. *Theory of point estimation*. New York: Wiley, 1983.

LEHMANN, Erich; ROMANO, Joseph. *Testing statistical hypothesis*. New York: Springer, 2006.

LEWIS, Alan. Semivariance and the performance of portfolios with options. *Financial Analysts Journal*, [s. l.], v. 46, p. 67-76, 1990.

LISBOA, José; DUARTE JR., Antonio. Seleção de debêntures no mercado de renda fixa brasileiro. *Revista de Finanças Aplicadas*, [s. l.], v. 1, p. 1-22, 2013.

LIU, Shiang. The mean-absolute deviation portfolio selection problem with interval-valued returns. *Journal of Computational and Applied Mathematics*, [s. l.], v. 235, p. 4149-4157, 2011.

LUENBERGER, David. *Investment science*. Oxford: Oxford University Press, 2013.

MAGINN, John; TUTTLE, Donald; PINTO, Jerald; McLEAVEY, Dennis. *Managing investment portfolios*: a dynamic approach. New Jersey: Wiley, 2007.

MANSINI, Renata; SPERANZA, Grazia. An exact approach for portfolio selection with transaction costs and rounds. *IIE Transactions*, [s. l.], v. 37, p. 919-929, 2005.

MANSINI, Renata; OGRYCZAK, Wlodzimiearz; SPERANZA, Grazia. Twenty years of linear-programming-based portfolio optimization. *European Journal of Operational Research*, [s. l.], v. 234, p. 518-535, 2014.

MARKOWITZ, Harry. Portfolio selection. *Journal of Finance*, [s. l.], v. 7, p. 77-91, 1952.

MARKOWITZ, Harry. *Portfolio selection*: efficient diversification of investments. New York: Wiley, 1959.

MARKOWITZ, Harry; TODD, Peter; XU, Gailin; YAMANE, Yuji. Fast computation of mean-variance efficient sets using historical covariances. *Journal of Financial Engineering*, [s. l.], v. 1, p. 117-132, 1992.

MARKOWITZ, Harry; TODD, Peter; XU, Gailin; YAMANE, Yuji. Computation of mean-semivariance efficient sets by the critical line algorithm. *Annals of Operations Research*, [s. l.], v. 45, p. 307-317, 1993.

MARMER, Harry; NG, Louis. Mean-semivariance analysis of option-based strategies. *Financial Analysts Journal*, [s. l.], v. 49, p. 47-54, 1993.

MARONNA, Ricardo; MARTIN, Douglas; YOHAI, Victor; SALIBIÁN-BARRERA, Matias. *Robust statistics*: theory and methods (with R). New York: Wiley, 2018.

MEDEIROS, Luiz; DUARTE JR., Antonio. Investing in private equity in Brazil. *Brazilian Business Review*, [s. l.], v. 13, p. 51-84, 2016.

MENDES, Beatriz; DUARTE JR., Antonio. Robust estimation of systematic risk in emerging stock markets. *Emerging Markets Quarterly*, [s. l.], v. 2, p. 85-94, 1998.

MICHAUD, Richard. The Markowitz optimization enigma: is "optimized" optimal? *Financial Analysts Journal*, [s. l.], v. 45, p. 31-42, 1989.

MULVEY, John; VLADIMIROU, Hercules. Stochastic network optimization models for financial planning. *Annals of Operations Research*, [s. l.], v. 20, p. 187-217, 1990.

MULVEY, John; VLADIMIROU, Hercules. Stochastic network programming for financial planning. *Management Science*, [s. l.], v. 38, p. 1642-1664, 1992.

MUNDA, Giuseppe. *Multicriteria evaluation in a fuzzy environment*: theory and applications. New York: Springer, 1995.

POGUE, Gerald. An extension of the markowitz portfolio selection problem to include variable transaction costs, short sales, leverage policies and taxes. *Journal of Finance*, [s. l.], v. 25, p. 1005-1027, 1970.

REYNA, Fernando; MENDES, Beatriz; DUARTE JR., Antonio. Estructuración de carteras de inversiones con una aplicación em los mercados emergentes latino-americanos de acciones. *Estadística*, [s. l.], v. 49, p. 167-186, 1999.

REYNA, Fernando; MENDES, Beatriz; DUARTE JR., Antonio; PORTO, Oscar. Optimal portfolio structuring in emerging stock markets using robust statistics. *Brazilian Review of Econometrics*, [s. l.], v. 25, p. 139-158, 2005.

ROSENBERG, Bar; GUY, James. Prediction of beta from investment fundamentals: part one, prediction criteria. *Financial Analysts Journal*, [s. l.], v. 32, p. 60-61, 1976a.

ROSENBERG, Bar; GUY, James. Prediction of beta from investment fundamentals: part two. alternative prediction methods. *Financial Analysts Journal*, [s. l.], v. 32, p. 62-70, 1976b.

ROSENBERG, Bar; MARATHE, Vinay. Common factors in security returns: microeconomic determinants and macroeconomic correlates. *Working Paper*, n. 44, Research Program in Finance, Institute of Business and Economic Research, University of California at Berkeley, 1976.

ROSS, Stephen. The arbitrage theory of capital asset pricing. *Journal of Economic Theory*, [s. l.], v. 13, p. 341-360, 1976.

ROSS, Sheldon. *A first course in probability*. New York: Pearson, 2014.

ROY, Bernard. *Multicriteria methodology for decision aiding*. New York: Springer, 1996.

SAATY, Thomas; VARGAS, Luis. Models, methods, concepts & applications of the analytic hierarchy process. *Springer*, New York, 2014.

SILVA, Hugo; DUARTE JR., Antonio. Equity valuation with fuzzy multicriteria decision analysis. *Revista Brasileira de Finanças*, [s. l.], v. 16, p. 221-249, 2018.

SHARPE, William; ALEXANDER, Gordon. *Investments*. New Jersey: Prentice Hall, 1990.

SHARPE, William. Determining a fund's effective asset mix. *Investment Management Review*, [s. l.], v. 2, p. 59-69, 1988.

SHARPE, Willliam. Asset allocation: management style and performance measurement. *Journal of Portfolio Management*, [s. l.], v. 18, p. 7-19, 1992.

SORTINO, Frank; MEER, Richard. Downside risk. *Journal of Portfolio Management*, [s. l.], v. 17, p. 37-43, 1991.

STEVENSON, William. *Estatística aplicada à administração*. São Paulo: Harbra, 2001.

TAHA, Hamdy. *Operations research*: an introduction. New York: Pearson, 2010.

TOBIN, James. Liquidity preference as behavior towards risk. *Review of Economic Studies*, [s. l.], v. 25, p. 65–86, 1958.

TREYNOR, Jack; MAZUY, Kay. Can mutual funds outguess the market? *Harvard Business Review*, [s. l.], v. 44, p. 131-136, 1966.

TUKEY, John. *Exploratory data analysis*. New York: Pearson, 1977.

ZENIOS, Stravos. *Financial optimization*. Cambridge: Cambridge University Press, 1993.